共进与赋能

西藏班（校）35年35人口述史

丹臻群佩 采访·编著

西藏人民出版社

图书在版编目（CIP）数据

共进与赋能：西藏班（校）35年35人口述史/丹臻群佩采访·编著.
——拉萨：西藏人民出版社，2020.12（2021.9重印）
ISBN 978-7-223-06610-5

Ⅰ.①共… Ⅱ.①丹… Ⅲ.①藏族-少数民族教育—教育史—中国 Ⅳ.①G759.2

中国版本图书馆CIP数据核字（2020）第154429号

共进与赋能：西藏班（校）35年35人口述史

编　　著：	丹臻群佩
策　　划：	刘立强　张慧霞
责任编辑：	计美旺扎　张慧霞
装帧设计：	计美旺扎
封面设计：	西藏华鉴文化
出　　版：	西藏人民出版社（拉萨市林廓北路20号）
印　　刷：	拉萨市明鑫印刷有限公司
开　　本：	787×1092　1/16
印　　张：	21
字　　数：	336千字
版　　次：	2020年12月第1版
印　　次：	2021年9月第2次印刷
印　　数：	3,001-5,000
书　　号：	ISBN 978-7-223-06610-5
定　　价：	48.00元

版权所有　翻印必究

序

PREFACE
西藏班（校）
35年35人口述史

「丹心之作 时代厚礼」

胡振民

（全国政协常委、中宣部原副部长、中国文联原党组书记）

"百年大计，教育为本"。国家设立"内地西藏班"，通过内地寄宿学校教育，帮助西藏地区培养骨干人才，也是维护祖国统一和加强民族团结的一项重大教育决策。1984年中央召开第二次西藏工作座谈会并提出"智力援藏"，会议认为，要发展西藏教育，加速培养建设社会主义新西藏人才，单纯以西藏力量和内地派人进藏办教育的力度还不够，必须打破封闭状态，形成立足本地力量辅以内地支援的多渠道办学方式。1984年，中央要求在内地各具备条件的省、市筹建西藏中学并开办西藏班，坚持集中与分散相结合的原则，在内地相关省、市以相对优越的条件、雄厚的师资办学，帮助西藏培养人才。1985年起，全国13个省、市的内地西藏班陆续开班。

自此30余年间，内地西藏班为西藏源源不断地输送了一批又一批人才。莘莘学子展翅腾飞，或在舞象之年；或在笄礼之秋，成为建设新西藏的中坚力量，在未来属于自己的方圆间闪耀着光芒。本书作者作为

1

该项政策众多受益者中的一员、内地西藏班的优秀毕业生代表，怀着一颗感恩的心，笔起1985，回溯35载峥嵘岁月，记述35位典范人物，歌颂这一汪流向雪域高原的至善之水。

西藏是一片神奇的土地，那里的孩子更是充满灵气。我曾为在北京盛基艺术学校成长的藏族孤贫儿童颁发了中国艺术家协会助学金。他们的学习和生活被当时中央电视台"出彩中国人"栏目播出后，打动了无数观众，传递了"少年强则中国强"的正能量。西藏学生对于外面世界的新奇与学习新鲜事物的用心是极为纯粹的，而这样的纯粹往往可以不断带给他们踏实与勤奋的力量。从"小家庭"到"大世界"，这群来自雪域高原的雏鹰在教育、淬炼、成长中最终完成了自我人格的塑造，自我价值的实现。他们在第二故乡扎根生长，如鸟栖树、如鱼潜渊，即使在某些黑夜里泛着思念的泪……

这是一部能够引发强烈共鸣的集体回忆录，一部探讨教育变革及其对人的塑造作用的诚意之作。作者如一位拾光旅者，"一介匹夫，心系家国"。在他的笔下又一次将与"内地西藏班"有关的时代情感重新联系在一起，表达着一份赤子之心，书写着生命发展的无限可能。丹心一片，凝成一份厚礼，献给那段黄金时代。

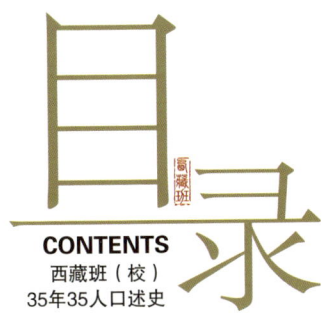

序 "丹心之作 时代厚礼"	胡振民	1
1. 求索在人生路上	顿 珠	1
2. 一条通往理想的启蒙之路	平措罗布	8
3. 为西藏的生态环保事业而奋斗	布 多	17
4. 圣地里萌芽的金色岁月	桑 果	26
5. 牧区少年变身记	努 木	34
6. 繁星过往 美好如是	旺 珍	46
7. 追忆青春：鸿鹄志展异乡梦	巴 塔	55
8. 这也是一条求知的"天路"	贡秋扎西	63
9. 我所怀念与感恩的人和事	多吉罗布	70
10. 西藏班是我的起点与归宿	丹 赳	79
11. 从尼玛旦增到达娃，不只是名字的改变	达 娃	87
12. 路漫漫而我亦在路上	夏格旺堆	100
13. 圣洁雪莲的绽放	尼玛格桑	107
14. 心有向往便有路	德吉措姆	113
15. 以智求学，立身育人	黄 香	120

1

16. 父爱与选择	……………………	达桑阿米	129
17. 厚积薄发　芝麻开花	……………………	多　吉	138
18. 时间记录成长的脚步	……………………	旦　增	146
19. 一座城　一些人　一份情	……………………	其美次仁	154
20. 总有一种力量在召唤	……………………	巴桑次仁	162
21. 从大山深沟处迈进人民大会堂	……………………	江勇西绕	175
22. 教育改变了我和我的墨脱	……………………	格桑德吉	185
23. 内地西藏班走出来的女校长	……………………	巴桑卓玛	196
24. 就这样，御风而行	……………………	鹰萨·罗布次仁	204
25. 我的青春七色光	……………………	洛　色	213
26. "浪奔，浪流"	……………………	罗布占堆	222
27. 爱在阳光下	……………………	慈旦德吉	231
28. 有一种成长叫做水到渠成	……………………	卓　玛	241
29. 我的演员成长之路	……………………	阿旺仁青	249
30. 援藏"后浪"的雪域情结	……………………	王东海	259
31. 心有方向　追光成长	……………………	次仁扎西	268
32. 父亲的三次落泪	……………………	白玛次巴	277
33. 行走在温暖的筑梦路上	……………………	次旺多杰	288
34. 一段青春·多少风华·几载时光	……………………	马艾乃	296
35. 内地西藏班——托起我梦想的支点	………	陈煜文	306

后记　记录背后：为谁辛苦为谁甜 …………… 丹臻群佩　318

当年离家的年轻人，
今天你在哪里？

求索在人生路上

顿 珠

受访嘉宾简介

顿珠：藏族，西藏日土人，1971年11月出生。山西大学附中西藏班初85级校友。1985年，他以阿里地区第三名的成绩考入首届内地西藏班。1992年从江苏省句容农校（中专）毕业。1995年他在选拔考试中脱颖而出，被派往上海，成了上海证券交易所首位藏族"红马甲"。十多年间，他辗转成都、杭州多地为公司开拓业务，积累了丰富经验。历任西藏证券成都营业部副总经理、西藏证券杭州营业部总经理、西藏证券柳梧营业部总经理等职。2011年他加盟中国中投证券，现任中投证券拉萨营业部总经理。

远方有梦　唤我追逐

我叫顿珠，是第一届内地西藏班的学生。大家都知道那个时候西藏的信息相对闭塞，更何况阿里，但有一天，我们很偶然地收到了一个通知，说是可以去内地上学，大家就很踊跃地报名参加了。虽然只有短短一个月左右的时间，但庆幸的是，经过自己的刻苦努力，考上了位于太原的山西大学附属中学。

我选择去内地主要有两个原因：其一是因为父母，他们是西藏和平解放以后第一批被送到内地学习的，他们就读于西藏公学（现西藏民族大学），就因为见过内地的教学条件是什么样子，会给人带来什么变化，所以父母非常支持我去内地上学。

其二与我的一段转学经历有关。因为小时候爸爸被组织派到北京进修一年，我在家里没人照看，所以在阿里读完小学一二年级后，爸爸就把我送到了武汉的姑妈身边，于是我就在武汉大学附属小学读了三年级。记得刚去的时候，我的学习成绩在班上是最差的，但是我不服，觉得自己也能考得和内地的孩子一样好，就特别勤奋，后来达到了班级中等水平。这个时候，父亲进修结束，又把我带回阿里，我开始了小学四年级的学习。

还有一件事对我的触动也特别大，之前我在原校的班级里成绩算比较靠后的那种，但在武汉读了一年回来后，我们进行了一次考试，我的成绩不仅名列班级前茅，尤其是语文和数学都考得特别好，后来小考时我的成绩在整个阿里地区排第三名。我最清楚，那个基础是在武汉打下的，虽然去武汉的时间并不长，但就是短短一年的时间不仅开拓了我的视野，而且提高了我的学习成绩。我就下定决心，要再一次去内地求学！

我家里一共有两个小孩，我是老大，还有一个妹妹，她是内地西藏班87届的，我觉得她去内地上学一定程度上也是受到了我的影响。那时候年纪小，也比较调皮，家里管得又特别严，得知考上内地西藏班的消息后，我就天天盼着出发的那一天，想早一点"自由飞翔"。记得我小学的班主任老师也非常开心，他专门把考上内地的几名学生，叫到了学校附近的一家甜茶馆，请我们喝了几杯甜茶作为庆祝。记得家里还给我买了那时候最高级的糖果——金丝猴奶糖,那时候物质条件很差,我记得一颗糖硬是被掰成了好几块和伙伴们共享了,这就是当时朋友间的庆祝。

去内地西藏班前,我们在阿里大礼堂集中,所有考上内地西藏班的学生和家长都来了。带队老师让我们男女各站成一排,这时,男生队伍里每个人都满脸笑容,而女生队伍里哭成一片。现在回想起来感觉就像是一场大型的告别会。等到外面的车子发动了,我跟父母简单告别了一下,就上车了,也没有回头,因为我注意到了父母眼里有泪光,我特别怕他们在我面前哭出来。

校园时光

当时我们考上西藏班学生一路非常辛苦,我们五十人分乘两辆解放牌卡车,从阿里到乌鲁木齐连续坐了九天九夜。我们坐在卡车后面的车篷里,一天大概要走12个小时,到站以后才能休息。晚上若遇上驿站招待所之类的会停留,但男孩子都要轮流守车,要在车子里睡,因为车子里有很多东西。到了新疆乌鲁木齐,又坐了三天四夜的火车才到达山西太原。

到太原火车站已是晚上11点左右,校长、西藏班的班主任及语文、数学老师都

◆ 1985年阿里地区首批考上内地西藏班的学生在地区礼堂前合影。一排左起第四为顿珠

来接我们了。刚到学校的时候很兴奋，寝室就跟招待所一样，被子、校服、洗漱用品全都配备好了。简单洗漱过后，美美地睡了一觉，因为路上实在太累了。

第二天早上集合，老师开始讲注意事项，完了以后带我们熟悉学校及周边环境。当时我扮演的是一个导游的角色，因为我们班上很多同学都是来自农牧区，第一次出远门，对很多事情都觉得新奇，有些同学根本不会说汉语。所以，入校一段时间我们几个汉语熟练的同学就成了他们学习和生活的引导人。

◆ 1987年父母到太原看望兄妹俩。前排中间为妹妹次仁，三排右一为顿珠

山大附中是山西省的重点中学，办学条件比较好，学生是以汉族同学为主，所以我们和汉族同学的接触也比较多，虽然我们西藏班专门有一栋楼，可与他们的教学楼是紧挨着的，他们一下课也会跑过来跟我们聊天，我们学习上有什么不懂的也会向他们请教。在校期间，学校还举办了"雪莲花艺术节"，不仅是增进藏汉同学文化交流的平台，更是增进民族团结的宝贵契机。

我们班的同学都是从阿里来的，同学之间关系很不错。我们现在在拉萨的同学也会经常聚一聚，每次都很开心，哪个同学有困难我们都会主动帮助，也时常会举办一些有意义的捐助活动，我们特别珍惜初中阶段的友谊。

当年很流行看女排比赛和动画片《聪明的一休》《黑猫警长》等，但学校规定只有周末才能看电视。我对女排的印象比较深，她们的拼搏精神和为国争光的精神对我日后敢打敢拼的性格影响很大。另外，我对历史很感兴趣，初中的时候收音机是我最大的奢侈品，每天中午一下课就要打开收音机听评书演义，那时候我喜欢听的是《新唐传》，从此就对唐朝历史很感兴趣了。后续又看了《康熙王朝》《雍正王朝》后，对清朝的历史也产生了兴趣。历史书，不是说读完一遍就完事了，经典读物会在你人生的不同阶段给你不同的感悟，初中时候我可能更像一个"吃瓜群众"，看的是剧情的精彩，但工作了就能学习到职场经验，而现在再读一遍往往能品味出一种人生之"道"。

不是父母　胜似父母

在内地西藏班求学期间，从生活到学习，都有不少让我心怀感恩的老师。

生活方面，有一位叫措姆的藏族老师，她也来自阿里，对我们的关怀无微不至。当时我们最喜欢吃的就是方便面，但是条件有限，也买不起，她就会用自己的工资给我们买，她的工资也不高，但目的只有一个，就是照顾好我们这些远离家乡的孩子。

学习方面，初中的时候，我印象最深的是教语文的刘文英老师，那时候她都快60岁了，在学校里本来是快退休的人了，但为了接西藏班，她还是硬坚持了三年。她是一位特别能激发学生潜能的老师，当时我在班上的语文水平还是相当不错的，所以她对我要求更严更高，她知道我跟内地的汉族同学比起来，还是有很大差距的，所以她不希望我以在班上的成绩来炫耀，于是她常常在课后给我"开小灶"，手把手地教我书法、写作。说实话，老师没有一分钱的加班费，但她愿意在学生身上花费一辈子时间。

老师们就像自己的父母一样，这个比喻一点也不过，老师们除了在学习上细心指导我们外，生活中也像父母般体贴入微。近几年我与一些老师见过面，有时间也会去学校看他们，2006年我还以校友身份参加了山大附中建校六十周年的大庆。总之，我爱老师们，说句心里话，我现在所取得的成绩，离不开老师们当年的辛苦和付出！

上交所的"藏族红马甲"

上世纪八十年代末，国家的教育条件有限，西藏更是如此。各行各业都

共进与赋能
西藏班(校)35年35人口述史

◆ 初中毕业一年后返校看望班主任老师，并在校门口合影留念

存在大量的人才缺口，不要说大学毕业生，就是中专生也成了稀缺人才。

考虑到早点参加工作，我初中毕业就考了中专，中专三年毕业后，我于1992年就参加工作了。因为我中专学的是畜牧兽医专业，对口分配到了农牧系统，在自治区生物制药厂工作。1993年12月通过统一的招聘考试，我考到了西藏信托下面的证券营业部，那时候叫西藏信托，虽然又到了一个全新的领域，但我觉得这就是我要走的路。

1993年初到证券营业部时，我纯粹是做交易业务的，待了1年多后，单位开始在全国各地设立分公司，那时候刚好要在上海也设立一个营业部，通过内部选拔，我又被分配到上海工作。

刚去上海那年我25岁，在证券系统我被称为"首位藏族红马甲"，这也是一个机遇。上海证券报的记者对我进行了采访，后面在上海证券报、上海电视台进行报道，报道以后我有幸成为西藏第一个"藏族红马甲"。因此，我有幸跟日本首相桥本龙太郎、古巴总统卡斯特罗等高层领导都见过面合过影。

在上海工作三年之后，应父母的要求，我回到了西藏信托投资公司工作。2000年正式成立了西藏证券，通过公司竞聘，我被聘为成都营业部的副总，在成都又待了三年；2003年我在杭州任职总经理之后，于2008年再次回到拉萨。目前我在中国金融股份有限公司拉萨营业部担任总经理一职。

内地求学对我的影响

内地求学好处很多，我暂且不谈国家、民族等大的方面，首先从每一个学生个体来讲，我觉得真的是人生一笔宝贵的财富。

我的性格是比较开朗的，这跟我从小在内地西藏班学习有关。因为那种环境，就会促使你主动去接触新的东西，并且去了解它。当年我跟同校的汉族学生接触很多，关系也很融洽，跟他们接触久了，性格也慢慢变得开朗随和了，让我在以后的人生道路上获益良多。

初中在太原，太原浸透着工业的气息，人也比较直率；后来中专在江苏，在南方如水的城市里生活和学习，被一种柔和和婉约影响着，所以我的性格是粗犷和细腻两者兼有的。平时跟同学聚会，见到老同学就放开了，直率的性格就表现出来了，而在工作中，分析股市时是非常仔细细心的。

在内地西藏班读完初中或者高中、中专，这是人生的一个起点，要实现自身的价值进而奉献社会才是终点。

现在时代不一样了，所以，正在和即将要上内地西藏班的孩子们一定要与时俱进，以感恩的心，在内地西藏班书写属于自己的青春。

一条通往理想的启蒙之路

平措罗布

受访嘉宾简介

平措罗布：藏族，西藏白朗人，1971年12月出生。重庆西藏中学初85级校友，成都西藏中学高89级校友。1996年本科毕业于重庆交通学院（现重庆交通大学），中央党校在职研究生学历。历任西藏自治区交通厅公路规费征稽局拉萨征稽所副所长，交通厅公路规费征稽局养路费征管科科长，自治区交通综合执法总队党委委员、副总队长，交通厅安全监督处副处长等职。2014年担任西藏自治区道路运输管理局（自治区地方海事局）党委副书记、局长。2017年担任西藏交通建设投资有限公司党委书记、董事长。2020年8月任西藏国际旅游文化投资集团总经理。

飞机的尾翼

我叫平措罗布，当年我的父母在当雄县邮电局工作，我和弟弟就在当雄县上学，后来要组建羊八井邮电所，我们又随着父母来到了羊八井。到了那里以后发现没有汉语班，只有藏语班，父母又把我们送到外公所在的堆龙德庆县上学，中间随着我姨妈在古荣乡小学还读了一段时间，先后加起来读了好几所学校。

我父亲是西藏和平解放后第一批去内地学习的藏族学生，曾经就读于西藏公学，学会计出身，到今天我还保留着他的毕业证，那上面有时任校长张国华将军的签章。虽然父亲已经过世了，但在整理他遗物的时候，我看到了他做的一些笔记、一些工作安排，还看到他们单位的一些账本，密密麻麻的，可以说相当用功。而他的理念也是人必须要走出自己的舒适圈，必须要掌握先进的知识，所以他对我们的教育是非常重视的，也对我和弟弟寄予厚望。在羊八井那段时间，父亲把我们家的门背面涂成黑板，一个拼音一个汉字地教我们，我和弟弟就这样跟着他学了很长时间。尽管中间转了好几所学校，转了这么大一圈，但最终回到当雄县小学的时候，我们两个还是班里的前十名。

记得在当雄县小学五年级上半学期时，班里的同学说，小学毕业以后成绩好的人可以到内地去上学，我压根儿没有在乎，或者说不认为是个事实。但是到期末考试的时候，老师在班里正式宣布了这个政策，我们才知道的确要择优录取送到内地培养。我和弟弟当时是同班，平时他成绩比我好一点，但小考那次阴差阳错，我考得比他好，所以我们班里就我和一个女生被录取了。

被录取以后学校通知了家长，父母激动地告诉我："你要到内地去学习了！"我不知道内地是什么状况，但因为我父母在邮电局工作，所以我有机会看到一些杂志和画报，所以始终觉得内地应该是特别美的地方，有高楼大厦、火车飞机，还有很多好玩的，因此我很期待。记得当时还有一个小插曲，我疑惑地问："内地到底会是什么样子呢？"弟弟第一个反应是"特别

| 共进与赋能 |
西藏班（校）35年35人口述史

◆ 1985年刚入校时的合影，右一为平措罗布

热！"那时候我们邮电局有个小温室，他就把我拉到小温室里，说道："哥，你以后要忍受这么高的高温。"让我先做好准备，适应内地的热。

那时候，我们出发可以说是轻装简行，从家里走的时候我就一个包，里面主要是换洗的衣服，这些衣服都是逢年过节才敢穿的。我还带了一点现金，记得母亲把现金扎在一个袋子里，系在我腰间。到了成都以后，学校第一件事情是安排我们洗澡，我发现很多小孩不脱内裤，后来才知道里面有"宝贝"，当然也有害羞的成分。

出发当天，父母、姨妈，还有弟弟都到机场送我了。刚开始父母都在身边，没觉得什么，但当转身那一瞬间，想到自己从此后就要远离家乡和亲人，所有的一切都要靠自己了，突然非常伤感，但我没敢哭，一直忍着，快要掉眼泪的时候就扭头走了。到了内地后，弟弟给我写了一封信，上面画了一个图案，是飞机的尾翼。他在信里说："哥哥，真的太舍不得你了，我一直把飞机看成这个样子。"意思是说他一直望着我们的飞机离去，最后空中只留下飞机尾翼的痕迹，他就把那一幕用铅笔画下来寄给我。看到这封信我确实很感动，也很想他。35年过去了，信虽然找不到了，但是那个飞机尾翼的图案，一直深深印在我的脑海里。

青春可乐味

1985年，我们是第一批去内地西藏班的学生，各级领导都非常重视，我记得学校领导和老师专门来机场接的我们。我最好的兄弟米玛次仁，也是我的初中同学，他从成都一上火车就一直晕到了重庆。到了重庆，我们换乘学校的大巴，因为距离学校还比较远，特别是上歌乐山那段要走很长的盘山公路，他坐在我旁边一直吐个不停，我又是逗他，又是心疼他。这段历史到现在也成了我经常调侃他的好段子。

大巴到达学校时，几乎所有学生都"蔫了"，甚至几名同学下车后仍在路边吐。学校先安排我们回自己的寝室稍作安顿，然后就有老师叫我们去食堂吃饭。一进食堂，就看到每个桌子上都放了两个洗脸盆那么大的塑料盆，里面装的都是大包子，一盆是素菜馅的，一盆是肉馅的。我们几个男同学进去以后，这个盆吃一个，"这是菜包子。"再那个盆吃一个，"哇，这是肉包子。"其中有一个男生比较捣蛋，把对面女生的肉包子和我们的菜包子调换了。

重庆西藏中学的伙食是当年全国内地西藏班里评价最好的。那时候我是班里的生活委员，生活委员的一个职责，就是每天上午第二节课后，要到食堂去领班级的零食和饮料，每个人都有一块面包和一瓶可乐。大多数同学去重庆之前没有喝过可乐，很多是第一次喝，刚开始觉得像中药一样，有点苦，还烫舌头。后来喝习惯了，就爱上了那个味。现在我偶尔还喝点可乐，并不是爱喝，而是为回味青春的味道。

初中阶段大多数时候是快乐的，但也有比较头疼的时候。因为我上初中的时候身体不太好，得过结核病，老师就把我送到了附近的结核病医院。我前前后后加起来估计有八九个月的时间都在医院，这种状况一直持续到了高中。记得第二节课下课，其他同学开始做广播体操的时候，我就要出去打针，整整打了一年的链霉素。医生跟我讲，我有三个空洞，还咳血。那时心里只有一个念头，快点上完学，早点工作，早点孝敬父母。幸好在高三时，病就彻底从我身体里离开了，我恢复得很快，后面再去拍X光检查的时候，医生说病灶都没了。

我特别感谢当年同在堆龙上小学，初中又是同班同学的次仁拉姆（现在是交通设计院的院长），那时候我们的关系非常好，就像亲兄妹一样。我住院那段时间，她经常到医院来看我，来的时候会给我带一封信，信的内容是近期学校里发生的事。我把这些内容全部再抄一遍，让她寄到我家。当年就怕父母知道我在住院，会担心我，就用了这个方法。整个初中四年，我只给父母打过两次电话，都是靠写信。非常着急时才打电话，因为当时电话费很贵,而且还会经常接不上,很多困难我都会自己解决,很怕给家里添麻烦。虽然那时候我们很小,但是特别懂事,很能体谅父母。

人生蜕变

初中的时候,班里的前十名学生会依次被排在榜上,旁边还会贴个小红花,看似简单的小红花,在我们心里就是一面奋斗的旗帜。我当时很喜欢语文课,班主任王天平老师,调动学生学语文的积极性是很有办法的。比如说每周要写一篇周记,可以自己命题,但必须写得深刻有趣。每周六的最后一节课把这一周的周记交上去,王老师会利用周天休息时间选出几篇优秀周记,在周一早读时朗读,因为我多篇周记被老师选上,心里确实很自豪。久而久之,我养成了写日记和周记的习惯,所以我的文笔一直不错,但追根溯源,这都得益于王天平老师。

1989年,我进入了成都西藏中学读高中,也真正开始了自觉式的奋斗,在没有家长和老师监督的时候,也能自己对自己负责,课堂上认真利用好40分钟的时间,课间还会去请教成绩好的同学,我的名次也一直非常稳定,从高二开始,我就考虑上一所好的大学,甚至还会规划大学里应该如何发展。有一次,西藏一些领导到学校来看望慰问我们,给我们带来了问候和祝福,同时也提出了希望和要求。高中毕业回拉萨,第一个印象就是家乡的交通条件怎么那么落后,没有几条像样的公路,到处都是坑坑洼洼的,首府拉萨都这样,其他地方就更别提了。相比内地,西藏还很落后,让我有了努力学习的紧迫感和建设家乡的责任感。

1992年,我考到重庆交通学院(现在叫重庆交通大学)读本科,在上大学之前,我觉得自己还是挺腼腆的一个人,站在讲台上说话都会全身发抖,最高的"官"也只到生活委员。但进入大学后,我内心有了极大的改变和渴望,同时也在慢慢将这些想法付诸于行动,尝试在中学时期完全不敢想象的挑战。所以,在大一的时候,我就去竞选了系体育部部长,不仅选上了,而且因为认真负责,还受到了老师和同学们的广泛认可。这对于曾经一个腼腆的男生来说是多大的鼓舞啊,同时,我也知道了自己有组织管理的潜力。凭借

◆ 在校车前与同学合影

着这种自信和对进步的追求，我又去竞选了连我自己都不敢想象的职位——系学生会主席。经过激烈的竞选过程，意外的是，最终我成功当选为系学生会主席——这是重庆交通学院管理系史上首位少数民族学生会主席。

　　1996年本科毕业后，我在自治区党校又修了经济学本科，同时攻读了经济管理专业的在职研究生。目前，我是西藏交通建设集团董事长、党委书记，兼交通发展集团筹备领导小组成员。后期交建集团要跟交发集团进行企业整合重组，我可能会有新的岗位和新的任务，但无论在哪个岗位上，我觉得人都要学会突破自我，只有这样，才会有更好的发展。

饮水思源　源为吾师

　　我常常说每个内地西藏班老师的背后都有一个动人的故事。

　　高一刚去成都西藏中学的时候，学校正在扩建之中，我们就借读在了四川师范大学附中，由附中的老师来教我们，还给我们腾出了单独的一栋宿舍

◆ 大学岁月的平措罗布

楼。当时四川省委、省政府为了照顾好我们这些藏族学生，还专门从四川请来了一位有教育经验的校长。这位校长对我们特别好，过年的时候还会从家里给我们带糌粑和酥油，我就觉得她特别懂我们，我也非常喜欢她。

还有高中的班主任老师，他不仅是我知识上的老师、生活中的父母，也是我精神上的导师。记得老师会给我们讲很多寓言故事，还教我们写得一手方方正正的好字，也会巧妙地借故事和书法之名，给我们讲一些受用终身的人生道理。那时候我们学的课程特别多，还要经常搞测验，有些时候会感到很累，但看到老师都那么用功，大家都那么用功，你也不好意思不用功。我们宿舍当时早上六点半才开灯，但我们五点半左右就偷偷起来了，然后从宿舍一楼的遮雨篷跳下去，到路灯下面晨读，为的就是提高成绩，不让老师失望。

还记得初中的老师们经常在课堂上说："同学们，以后你们就要奔赴全国各地上高中了，希望你们好好做人、踏实做事。"说完后还会说一句："你们以后肯定会忘了我们。"那时候我在想，老师整整教了我们四年，我们绝对不能忘，也怎么会忘呢？后来我发现时间真的会冲散很多东西，毕业多年后，很多老师的样子渐渐变得模糊。他们曾经为我们藏族学生，为整个西藏，默默无闻地做了很多事情，他们顾不上自己父母和子女，舍小家，顾大家，几十年如一日，却毫无怨言。我希望没毕业的孩子们，平日里多理解一下老师的工作；已毕业的同学们，多联系一下老师；有条件的，可以去看望一下他们，老师们一定会很开心。

窗间过马　我心永恒

回首自己走过的路，1985年我是第一次出发远行，更多的是好奇和忐忑；1989年是第二次，虽然要去不同的城市了，但整个人好像变得比较平静了，没有第一次离开的时候显得那么"悲壮"；三年后的1992年，再一次出发去上大学，就一个亲戚送我去机场，整个过程简单得就像要出一趟差一样。每一次的远行，虽然目的地不同，但在本质上因为都是朝着理想的方向进发的，所以一次比一次显得沉着和冷静，可能这就是所谓的成长吧！

35年一晃就过去了，很多事情还没有来得及做，比如毕业之后即便出差到过重庆和成都，但因为工作紧张，还是没能回一趟母校。但是每当听到重庆西藏中学或者成都西藏中学这个名字，就会不自觉地竖起耳朵听，心脏都比平时跳动得更快。上次公司来了一个应届毕业生参加面试，我总是忍不住地要看看他的简历上是不是写的重庆或成都西藏中学毕业，虽然不会因为是校友而降低录用标准，但至少说明对母校，我一直有一份独特的情怀。

在内地的学习和生活，给我打下了非常扎实的知识基础，同时也让我拥有了较为全面的综合能力。我们家可以说是"内地西藏班家庭"，除了我，我爱人和孩子也都是从内地西藏班毕业的，我们一家人都对内地西藏班很有感情，因为它确实给我们每一个人都带来了很多变化尤其是儿子从内地西藏班毕业后，在为人处世等方面都有很大的进步。

内地西藏班政策是党中央的英明决策，而且成效卓著。如今，内地西藏班毕业生已经是西藏各行各业的中流砥柱，是建设西藏的骨干力量。我最大的希望就是西藏早日跟内地发达地区同步并进，我们的师资队伍、教学质量和教育环境也能跟内地并轨，这是我最希望看到的。我也一直想找个合适的时间回母校，看看老师，看看自己以前学习和生活过的地方，也想力所能及地为学校做点什么，不一定是物质的，比如可以给在校师弟师妹们远程讲一次课，当个课外辅导老师，我觉得都是可以的。我们那代人的成长过程可谓曲曲折折，现在条件那么好了，我不想让小师弟和小师妹们走那么多的弯道，即便遇到弯道了，也想让他们超个车。

我经常和身边的朋友们说我们都是普通人，只是有时候机遇不同，自我奋斗的历程不同。祝愿从内地西藏班毕业的同学、在读的师弟师妹，老老实实做人，认认真真做事，平平安安生活。想跟内地西藏班的"功臣"——我们敬爱的老师，致敬！你们为我们、为西藏，做了很多贡献，我们永远不会忘记，历史也不会忘记你们，希望老师们一切吉祥顺遂，扎西德勒！

为西藏的生态环保事业而奋斗

布 多

受访嘉宾简介

布多：藏族，西藏察隅人，1972年7月出生。岳阳一中西藏班初86级校友，成都西藏中学高90级校友。四川大学学士，天津大学硕士，复旦大学博士。历任西藏大学理学院助教，化学与环境科学系副主任、讲师，化学与环境科学系主任、副教授等职。2017年至今担任西藏大学理学院化学与环境科学系主任，教授，博士生导师。兼任中国化学会理事、西藏自治区化学会理事长、西藏大学环境科学研究所所长。担任《化学教育》编委，《环境化学》青年编委。主持国家级科研课题10余项，申请专利2项，发表论文60余篇，撰写省部级政府科研咨询报告4份，创建全国性学术会议1个。获得省部级教学成果奖一等奖1项、二等奖1项等。入选"国家百千万人才工程"，获得人社部"有突出贡献中青年专家"称号。

与世隔绝成为了历史

我是西藏察隅县察瓦龙乡人，藏族。1986年之前，察隅县在行政区划上归属昌都地区。1986年林芝地区正式恢复后，就划归林芝管辖了。从农村出来的好多人都不清楚自己到底是几月几日生的，也就是不知道真正的生日，最后就随便填一个，我也一样。但为什么我身份证上写的是7月1日呢？因为我们老家的人都非常感恩共产党，得知7月1日是党的生日，我就把这天定成自己的生日了。这种行为是发自我们内心深处的，因为没有党的恩泽，我们村到现在估计还是与世隔绝的；没有党的教育援藏政策，我就不可能有内地西藏班的这段经历，更不会有现在的工作和成绩了。

小学四年级以前我都在村里的教学点读书，四年级下学期的时候，学校会选拔几个成绩好的学生送到县里读五六年级。当时，村教学点的条件非常落后，

◆ 1986年初到岳阳一中时全班男生合影留念。最后一排左三为布多

在我的记忆里，村小学根本没有学习教材，老师就拿着发黄的《西藏日报》，从上面挑一些简单的字词，写在黑板上教我们。五年级到了县城后，条件就好一些了，起码我们有了课本，每个人都如获至宝，晚上都会把书放在枕头下睡觉，下雨下雪的时候也不敢把书顶头上，都是塞进内衣里面，防止书被打湿。

六年级的时候，我们全班都报了西藏班，都想走出大山去看看外面的世界，但大家对考试结果却没有报太大的希望，因为我们都是从农村来的，没有那么自信，觉得只有城里的小孩才有这种机会。录取结果出来的时候，我们刚好在县城里，听到广播里念了自己的名字，还是不敢相信，最后还是教育局的工作人员到家里来通知后，一家人这才激动得手舞足蹈。但问题来了，内地是什么情况，要带什么，要怎么走……现在看似太普通不过的问题，在当时还是一个个"未解之谜"。察隅经常会发生泥石流、塌方，多数时间不能进出，到了冬天还会大雪封山，信息相当闭塞，所以就去找从咸阳民院、中央民院回来的前辈，从他们那里可以得知内地的一些消息。

1986年，察隅县考上西藏班的一共十人，波密县一共七人。察隅县当时有藏文班，也有汉文班，我读的是汉文班，就被分配到了岳阳。波密只有藏文班，读藏文班的要去江西。我们十七个人就坐在一辆装有长椅的东风车上，一路颠簸到昌都，从昌都坐客车到成都，从成都坐火车到重庆，从重庆再坐轮船到九江，先把考到江西的同学送到南昌的第十七中学，最后我们才坐火车到了自己的学校——岳阳市第一中学。

少年的选择

到了学校，我们进行了短暂休整后，学校给我们举行了欢迎仪式。人生第一次来到这么远的地方，第一次连续乘坐那么多交通工具，晚上睡觉的时候，还像是在做梦。初中刚开始时，我们整个班住在一个大四合院里，班里一共52个人，男女生各两个大宿舍。晚上就寝前，头顶明月，大家在院子中央有聊天的，有洗衣服的，有交流功课的，就像一个大家族的亲人一样。

我们学校的伙食非常好，考虑到我们的饮食习惯，学校专门为西藏班的学生设立了食堂，做得也是我们藏族小孩喜欢的饭菜。每一个节假日，岳

共进与赋能
西藏班（校）35年35人口述史

◆ 1993年6月，成都西藏中学第二届高中毕业生合影

阳市领导还会专门来看望我们，并要求学校再加几个菜。领导这么一说，伙食就更丰盛了。有份菜是我的最爱，不知道叫什么名字，大概就是油炸的豆腐，炒在肉里面，非常好吃。

那个年代的学生在学习上是极其用心的，因为大部分人都是苦过来的，知道这样的机会非常难得，至少在学习态度上是没有任何问题的。打个比方，初中那会儿，我担任学习委员，我们的晚自习是学生自主管理，班干部轮流坐在讲台前，组织大家自习。其实只要铃声一响，大家就会安安静静坐在自己的位置上，班里只听得到沙沙的写字声，根本不存在班委在台上喊破嗓子，而台下都是一团糟的情况。

生活里，我是一个特别爱运动的人，尤其喜欢踢足球，马拉多纳是我的偶像。初中我们班一共52个人，一个班里就有6个足球队，男子一队二队，女子一队二队，混合一队二队，男女生经常在一起打比赛，气氛非常好。我也挺喜欢音乐，80年代的时候，谭咏麟和张国荣都火得不行，还有齐秦的歌也非常经典，《大约在冬季》《北方的狼》是我经常唱的两首歌，我觉得这也是一种学习，学习绝不是指一直待在教室里，而是要充分了解自己的兴趣，并和社会良性接触。

不管多热闹，人总有想家的时候。那时候我们和家里都是书信往来，因为班里的学生几乎全来自于林芝各县，所以有很多共同的故乡记忆。某个同学家里寄来一封信，读完后想家就会哭，只要一个同学哭了，整个班同学都会哭。印象最深的是有一次中印边境发生冲突，班里有个女生收到家里的信，看后就一直哭，整个班的小孩都跟着哭了起来，因为察隅离边境很近，大家都很担心家人的安全。我觉得想家是一种朴素的情怀，随着读书渐多年纪渐长，人还会产生思乡和报乡之情。

初中毕业的时候，我们班52个人里头，只有13个人报了高中，其余的都报了中专，因为能早毕业，早工作。按照我的实际情况，我也比较适合读中专，但自己从小就喜欢在课堂上的感觉，好不容易考上了，我觉得再难也要坚持读下去，加上家人也支持我，所以我就报了高中，并于1990年考上了成都西藏中学。

读书与理想

高中，我觉得自己最大的改变和收获是爱上了阅读，并成为了我终身的习惯。那个年代没有电子资料，只有纸质书，所以首先你得是一个勤奋的人，要跑得快，为什么呢？因为学校阅览室的各种好书，尤其是新上架的杂志，那是极受欢迎的，如果你错过了时机，就被别人给借走了，等下一次估计还借不上。像《半月谈》《读者文摘》《大家》，从高中一直陪伴我到了大学，是我青春时期最好的精神食粮。读书，我觉得对于内地西藏班的孩子来讲至少有三点明显的好处：

第一，目前内地西藏班普遍还是封闭式管理，上课期间不允许带手机，那么相对于走读班的学生来说，不管是国内外资讯的接受，还是个人视野的拓宽，都会受一些影响。那么打破这种局面最好的方法，我觉得就是读书。不过现在我们的条件变好了，除了阅览室，每个班里也有自己的小书架，不管是杂志还是报纸，都会及时地更新，学生就可以通过阅读，让自己跟上社会发展的脚步。

第二，我们在内地西藏班会遇到各种人和事，那段时间也是形成一个人三观最重要的时期，所以拥有独立思考的能力非常重要。因为我们见得少，所以缺乏独立思考问题的能力。所以加强阅读兴趣的培养，会让学生逐步形成辩证思维和独立思维，成为一个能明辨是非的人。

第三，阅读能培养一个人的自觉性。对于内地西藏班的孩子来说，首先培养他们在学习上的自觉性，这很重要。不仅可以让远方的亲人放心，还可以让老师们少费心。对自己来说，也可谓受益终生。中学时期我的数学成绩比较好，上数学课的时候老师就会对我说："布多你可以不听，可以看别的书。"但因为自觉性，我仍坚持听课，做到专注认真。我的儿子也是西藏班毕业的，在学习上，我多数时候只是轻轻提醒他一下要怎么做，该注意什么，剩下的事情他都会很自觉地完成。

最后一点，阅读会让你接近甚至找到你的理想。在岳阳一中的时候，每年的爱鸟节和植树节，学校都会举办环境知识主题教育活动，也会带我们到野外体验大自然。印象特别深刻的是，有一次学校让我们为家乡林芝的发展绘制一份蓝图，每个人都根据自己对县城的印象，设计了规划图。当时我也设计了察隅县城规划图，县城上游如何、下游如何，街区如何等等。虽然是一份很粗浅的设计图，但却激起了我对家乡的热爱和对环境科学的浓厚兴趣。自此，我开始大量阅读相关资料，并咨询身边老师对这个领域的看法。等到高三填报志愿的时候，我已经明确了自己未来的奋斗方向——成为一名西藏生态环境工作者！

让青藏高原焕发出新的生机与活力

1993年，我考入了四川大学，学的是分析化学专业。本科毕业后，我进入西藏大学，成了一名高校教师。西藏的生态环境保护工作不仅对于全区、全国，而且对于全世界都非常重要。在实际工作的过程当中，我发现环境科学领域有很多新难题需要去面对和攻克，仅凭本科所学是远远不够的。因此，2001年我考入天津大学攻读环境工程硕士学位，主攻水污染处理和废水资源化。随着研究和实践的进一步深入，觉得自己所学知识还是不能满足工

◆ 布多在野外进行科学考察时的留影

作需要，于是，2012年我又进入复旦大学环境科学专业，攻读大气学博士学位，并于去年顺利毕业。目前，我任教于西藏大学，同时担任理学院化学与环境科学系主任，同时给自治区相关部门做一些力所能及的咨询服务。

西藏是国家的生态安全屏障，西藏高原生态环境保护任重而道远。其实，西藏的生态治理工作开展得很早，最典型的是从拉萨到泽当的绿色长廊，早在八几年就开始绿化了，经过40多年的不懈努力，现在已变成了最亮丽的"绿色长廊"，成为了绿水青山的"典型实践"。由于受全球气候变化等多种因素的综合影响，西藏地区，尤其是雅鲁藏布江流域的沙化问题相对严重，自治区先后实施了"一江两河"综合整治工程，即治理雅鲁藏布江、拉萨河和年楚河。后来又实施了"一江四河"综合整治工程和万亩绿化工程等一系列的生态环境保护工程。国家在2007年把青藏高原提升为了国家战略层面的生态安全屏障，这是非常英明的举措，喜马拉雅既是国家的边防安全屏障，也是国家的生态安全屏障。从2008年到2030年共22年时间，国家将先后投资150多个亿，建设西藏生态安全屏障。我非常幸运地参与了项目中期评估，跑遍了整个西藏，看到了顺利推进项目设计、规划和实施的过程与效果，实实在在地看到了西藏地区通过实施各种生态环境保护项目，生态环境得到了最有效的保护，生物多样性得到了明显的丰富，生态环境质量得到了显著提升，西藏地区生态环境依然处于较原始的状态。

目前，我觉得亟待解决的就是人才。西藏作为全国支援地区，只要是西藏的事情，大家都不谈价格和报酬，说来就来了。我们的学术圈也是这样，有很多著名院士和知名专家，平时即便很难邀请，但只要是西藏有需要，一个电话或一个短信他们就会来，连路费、食宿都自掏腰包，让我们非常感动。但要知道这些都是暂时的，真正想要发展，还得靠当地的人才，这也是中央设立内地西藏班的初衷之一吧？

我们看到这么一个现象，就是西藏班里文科生多，理科生少；理科生里学财经的多，像环境科学等自然科学或者工程类的专业，大家都敬而远之。在西藏大学，我们每年培养了很多学生，但最后他们都去参加公招，跑到其他部门工作去了。生态环境领域的专业人才可谓凤毛麟角，环境治理和保护工作捉襟见肘、寸步难行。一开始大家都有一个误解，觉得环境科学跟搞环境卫生一样，谁都可以干，所以很多人都看不上这个专业，就出现了一些问题。还好大家已经意识到这些问题所在，现在学环境专业的人也越来越多，环境专业毕业的人才开始涉足专业岗位。所以，我们还得在内地西藏班中加

◆ 主持学术研讨会

强西藏地区生态环境保护工程的相关宣传，西藏急需这样的人才，高中填报志愿时就鼓励孩子们选择环保相关专业。更重要的是要告诉孩子们，西藏的生态环境面临非常大的转变，危机与机遇并存，要时刻保持这种拼搏意识和忧患意识。

我现在担任系主任，除了完成行政工作之外，每学期都要承担本科生和研究生的教学工作。因为我觉得生态环境保护不只是政府的事情，是应该人人参与的公众事业。希望通过培养大学生的生态环境保护的专业知识和素质、培养广大青少年的生态环境保护意识，唤醒广大市民的生态环境保护意识，共同完成美好家园的建设工作。所以，我们除了在课堂上讲授生态环境保护的专业知识以外，还注重实践教学环节，从羊八井地热水资源，到贡嘎机场垃圾填埋场环境工程治理，再到拉萨的污水处理厂，西藏每一个环境保护工程方面的典型事例我都会给学生们详细进行介绍和分析。我们平时也会组织专家教授到各个中小学开展讲座、报告或者以图片展示、文艺演出等多种方式进行生态环境保护相关基础知识的宣传和教学活动，以期培养广大青少年的生态环境保护意识。我们也组织专家学者利用藏汉双语对市民进行生态环境保护相关知识的宣传和教学活动，唤醒群众的生态环境保护意识，希望形成人人参与生态环境保护的大格局。

周总理的"为中华之崛起而读书"，从初中开始就一直是我的座右铭，它带来的神圣使命感，促使我们不断奋斗，现在我们的口号可能变了，但奋斗的方向依旧没变，无数年轻人仍在以实际行动为中华民族复兴而不懈努力。上课的时候我也会坦诚跟学生讲，相信不久的将来，我们的国家会比任何国家都好。因为我们的核心竞争力，源于我们的制度和文化。习主席提出要"建设美丽西藏"，这不只是口号，需要我们每一个人实实在在去做事，共同促成这个美好的愿景。内地西藏班开办35年来，持续为西藏输送了大批优秀的人才，可谓"功在当代，利在千秋"。我相信一批又一批内地西藏班毕业生会走上更重要的岗位，未来的西藏班学子受关注度还会更大。我也期待着，大家会主动去关注社会，关注西藏的生态环境，用自己的智慧，让古老的青藏高原焕发出新的生机与活力。

共进与赋能
西藏班(校)35年35人口述史

圣地里萌芽的金色岁月

桑 果

受访嘉宾简介

桑果：门巴族，西藏米林人，1972年7月出生。南昌市第十七中学西藏班初86级校友，天津红光中学高90级校友。1997年考入武汉水利电力大学（现武汉大学），并以原国家电力部优秀毕业生身份进入西藏水利电力勘测设计院从事设计、设代、监理等工作。历任西藏阿里狮泉河水电站工程建设指挥部副指挥长，西藏阿里电力公司总经理、党组副书记，西藏电力有限公司农电工作部主任、公司副总工程师兼农电工作部主任等职。现任西藏电力有限公司职工董事、党委委员、工会主席。先后被评为"国家电网公司劳模"，获得"狮泉河水电站工程建设指挥部特殊贡献奖""西藏电力有限公司优秀经营管理者""中央企业先进职工"等奖项和荣誉。

匆匆离别

我叫桑果,来自米林县派镇直白村。1986年,我考进了第二批内地西藏班,就读于中国革命的摇篮和圣地——南昌;1990年,考入天津红光中学,进行高中阶段的学习;1993年,考入武汉水利电力大学。在内地学习11年后于1997年7月大学毕业并参加工作。

1985年上半年,当时我读小学四年级,听说我们镇里五年级的学生要到县里参加内地西藏班的遴选考试,很羡慕也很期待。下半年我读五年级时,学习目标就非常明确,就是想考上内地西藏班,到内地去上学。终于,在1986年的小考中,我在林芝米林县所有藏文班里面考了第一名,如愿考上了内地西藏班。我们属于86级的,当时米林县有九名同学考上了内地西藏班,其中藏文班仅有两名同学,米林县85级藏文班没有同学考上内地西藏班,85级汉文班有考上的,所以我成了全县藏文班第一个考上内地西藏班的,当时身边的同学知道我考上了内地西藏班,都非常羡慕,老师们也十分高兴。

◆ 1986年考入岳阳与南昌西藏班的林芝学生集体合影。二排左五为桑果

接到录取通知的场景，至今我依然记忆犹新。记得那是我13岁暑假的一个下午，我正在农田里割麦子，镇里派人到农田里告诉我，我考上内地西藏班了，当时我高兴地跳了起来。工作人员还细心地告诉阿妈什么都不用操心，只要送小孩上学就行，没说需要带多少钱，需要带什么衣服，就是一句话，只要把小孩带过来就行。我们村离镇上有20多公里，当时不通公路，是县教育局来通知我考上内地西藏班，并接我到县里参加体检。

那时候根本没准备的时间，第一天来通知，第二天早早就要走，所以当天晚上家里简简单单地给我准备了一些衣物，我高兴得几乎一晚上没有合眼（在被窝里跟哥哥聊天）。第二天与家人告别后，就跟镇里的干部往镇上赶。县里领导很关心我们这些去内地上学的小孩，对农村出来的小孩更关心，走的时候，在县政府大门口，给我们统一献了哈达，说了一些勉励的话。还有很多不认识的干部也给我们献哈达，甚至给些零钱，我心里特别感动，当时就暗下决心，学成回来后，要回报大家。

青涩是青春的味道

当时去内地读书，从拉萨到成都是坐的飞机，从成都到南昌坐了火车。当年刚去南昌第十七中的时候，学校的教学楼基本是新的，我们住的宿舍楼也是独立的新楼，并且带有小院子。我到内地后，第一个感觉就是好热，因为是从农村出来的孩子，连短裤都没有，都是那种厚厚的长裤。幸好有老师们的关心和师兄们的热心帮助，我很快就适应了。寝室条件也十分好，崭新的被子，就连洗脸盆、牙刷等洗漱用品都备好了，拎包住进去就行。那时候是夏天，宿舍里面还有电风扇，感觉很舒服。

开学后，班主任、生活老师几乎天天来宿舍看我们，偶尔学校领导也来，每个班都配有一位生活老师。除此之外，西藏班这边还有一位单独分管藏族学生的老师，主要是帮助我们尽快适应内地的生活，进行一些心理疏导之类的。我们宿舍里都是来自不同区县的小孩（有山南琼结、林芝工布江达、朗县和米林的），大家关系都很融洽，没有因为地域不同、语言差异而发生过什么不愉快的事情。学校里的学习氛围很好，学习方面你追我赶。

◆ 藏历新年时与米林县的同乡合影。前排右一为桑果

到学校以后的第一周非常忙，但我闲下来就会给家里写信。家里有母亲、哥哥还有姐姐，我们兄弟姐妹共八个，那时候能干活的就是哥哥和姐姐，弟弟妹妹都在上学，家里条件特别差。那时候我们写信，不仅不清楚地址，也不知道怎么写，这些都是生活老师和学长学姐教的。一般两三个月写一封，我的家乡比较偏远，通常半年才能收到，很漫长。在内地的11年，不同阶段和家人的联系都是用这种方式（完成初中、高中阶段学习后才回家一趟），父母从没有来学校看过我，也没那个条件。

书信里青涩的文字寄托了我对家乡浓浓的牵挂，同时也给家人带去了我们在内地西藏班生活、学习的情况，那些信与现在的短信和微信不一样，那是一笔一划写出来的，有时一封信反复重写，撕了又写，写了又撕。

进步源于老师的教导和鼓励

小学时，我虽然在南伊乡里算学霸，但是到内地以后就是倒数二三名，因为来内地读书的学生,都是各个地区、县里的尖子生。我在乡里面算是最好的,但到内地以后,跟其他县完全小学出来的小孩根本没办法比。学习压力突如其来,感觉各门课都要拼命追赶,特别是汉语文。

学习上,我有一个比较特殊的情况,就是上内地班的时候汉文成绩几乎垫底,语文当时考了十几分。记得刚到成都的时候,我们整个林芝的一百个小孩在宾馆里开会,我们带队的老师说:"起立!"但是我不知道什么是"起立",我看其他同学都站起来了,我也跟着站了起来。几年后我看了一部美国电影,那个电影里面有一个人跟着一群机器人走,我想当时我就像电影里的那个机器人一样,大家在干什么,我只能跟着他们学,但具体做什么事情或者说什么我都听不懂。加上那时候,我特别害羞,在班级里非常害怕老师把我叫起来发言。除了自己的强项数学外,做其他的都非常别扭。

因为汉语文成绩太差了,学校为了提高我们的汉语成绩,在一段时间里把我和另一个汉语成绩差的同学专门安排到语文老师的宿舍住。语文老师叫熊欢迎,86年刚毕业参加工作,就住在我们学生宿舍楼,二十多岁的样子,像个哥哥一样。原本住八个人的宿舍,现在加上老师只住了三个人,顿时空间变大了不少,心里乐滋滋的。之后的每天,真的能够感觉自己的汉语水平在逐步提升,因为宿舍里的交流也都用汉语,即便我和那个同学说了藏语,老师也会让我们翻译一遍。那位老师真的不容易,周末几乎也没有业余生活,就待在寝室里随时随地地给我们辅导。我们两个跟老师住一起差不多有一年的时间,一年以后,预科班结束,我们就各自回到原来的寝室。期间班里也有很多提升汉语文的措施,比如每周给每位同学发几张单子,只要同学之间用藏语交流,首先讲藏语的要被罚一张单子交给对方,到周末班会上总结,表扬收集单子最多的学生,以此鼓励大家讲汉语提高汉语表达能力。

回想当时,经常天不亮就偷偷起床到马路边的路灯下早读,上课困了在鼻梁上涂上虎牌万金油提神,刻苦学习的场景从来不缺少。更重要的是通过学校和老师的有力措施,同学之间的友爱互助,自己明显感觉到了进步,同时树立了自信心,考试成绩也从原来的倒数,到初三的时候,进了班级的前十五。这个时候心里又定下了更高的目标。等到初中毕业的时候,原本按照我的家庭情况,应该选择上中专,早点帮助家里分担责任,但是在班主任和任课老师的鼓励下,最终我选择了继续上高中,当时感觉没能早点帮到家

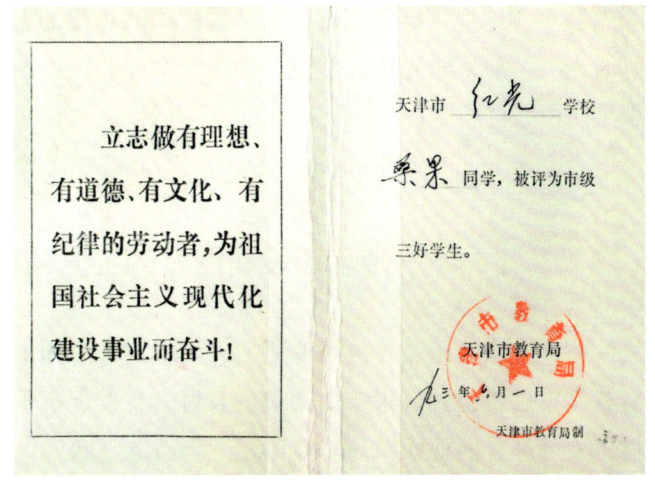

里，特别愧疚，但家人却特别理解和支持。所以进入高中后，不管学习上有多大的困难，我决心一定努力克服，每次要懈怠的时候，一想到只有通过读书才能改变命运，才能让家人过得更好，我又有了无穷的动力。

◆ 高中时被评为天津市"三好学生"

病中的"美好时光"

十五六岁正是长身体的阶段，但我在那个阶段得过一次比较严重的胃病，住了一次院。住院的前两天，躺在病床上看着天花板，感觉很凄凉、很难过，特别想家。后面同学来了，加上老师无微不至的照顾，就感觉特别开心，甚至有些同学第一次生病以后还说："我想下次再生病。"生病的时候，老师和同学们精心的照顾，我觉得除了感激还是感激，感恩学校，感恩老师，感恩同学。到现在也一样，最想和老师说的还是感谢。我觉得一个人的成长，特别是就我个人来讲，作为一个企业的管理者，能有今天的成就，全来自于过去不同阶段老师的培养和教育，跟老师的辛苦付出是分不开的。老师的一句话可以改变一个人的终身，我觉得我就是这样的，因为我的成长过程中全靠老师。老师的一句鼓励，可以让我重燃希望。因为感激，我现在与许多老师都有联系，联系最多的还是初中的老师和大学的老师。初中的班主任叫王启宁，他已经退休了。我们的语文老师，后来当了西藏部的校长，现在是南昌一所职业学校的书记，我们经常会在微信里聊天，共享一些好文章。

我衷心地祝福老师们健康、幸福！同时也很怀念曾经躺在病床上的"美好时光"，如果时光可以倒流，为了大家能够再相聚，如果可以，我还想在那个阶段"再病"一次。

传承建设新西藏的工匠精神

毕业至今，因工作性质和需要，除了昌都的四个县以外，西藏所有的区县我都去过，也到过很多山沟里的乡村。我发现不管是城镇，还是偏僻的乡村，处处都有内地西藏班毕业的学生，有的在政府，有的在企业，也有自己创业的。但不管是什么职业，一个共性就是他们基本上都成了单位或岗位上的中坚力量，有些甚至出类拔萃，在自己领域里都是专家级别的。

教育决定着人类的今天，也决定着未来，教育更是兴国之本、民族振兴的基石，对于内地西藏班这个教育政策，第一我想说的是务必珍惜，持续抓好；第二是学会感恩，不忘栽培。因为这个好政策，我们才有了这么好的学习机会，为了能够让孩子们顺利地在内地读书，国家在各方面对西藏都进行了很大的扶持，为西藏教育减轻负担，为家庭教育减轻负担，为民族发展打下扎实的基础，为地方经济社会发展培养源源不断的人才。

首先，我觉得要继续落实好中央的这项政策。在原基础之上，调整和优化包括"进出量"、培养模式和管理方式等，管理和学习两手都要抓。

其次，要向党感恩，向政府感恩，向家人感恩，向老师们感恩。珍惜这来之不易的学习机会，好好努力，学习真本事，这样才会在若干年后觉得不枉此行。

我初中就读于中国革命的摇篮南昌市，是一座著名的革命英雄城市，这座城市对我的影响很大。所以一直到现在，我都以我在红色地区长大而自豪。有了这段学习经历，我才有了今天的成绩，更重要的是让我在思想上受到了洗礼，能够在政治上、思想上与党中央保持高度一致，能够真真切切地感受到党对西藏地区的切切实实的关心帮助，感受到伟大祖国的温暖，感谢生活在南昌这块革命圣地的金色岁月，感恩这份纯粹。

人类社会的发展是不断进步的，一个国家和地区的发展，需要的是高端的、工匠式的人才，我们要做好这样的优秀接班人。任何一个时代，知识分子都是推动社会发展进步的重要力量，而内地西藏班正在为祖国和家乡培养出类拔萃的人才，西藏自治区党委、政府和每一个家庭，也都寄厚望于此。所以希望内地西藏班的学子们以实现"两个一百年"为奋斗目标，勇敢地肩负起建设新西藏的神圣职责。也祝福内地西藏班办得越来越好，祝福内地西藏班的学子们越来越棒！

共进与赋能
西藏班(校)35年35人口述史

牧区少年变身记

努 木

受访嘉宾简介

努木：藏族，西藏那曲人，1972年9月出生。天津红光中学初86级、高90级校友。1997年毕业于中央民族大学。现任西藏自治区民族艺术研究所党支部书记、所长。兼任西藏自治区古籍保护专家委员会主任、西藏自治区藏语文工作指导委员会藏语新词术语审定专家委员会专家、第十届人大教科文卫委员会专家、西藏作协会员、西藏自治区非物质文化遗产保护工作专家委员会委员、中国青年创业导师等职。曾获西藏自治区"两基"攻坚先进个人等称号。著有《直贡噶举古籍文献丛书藏汉对照目录》《历代藏族杰出女性》等近20部译著；搜集整理出版《白琼的故事》《日昔日嘎的故事》等民间故事；开创"西图讲坛""阿佳讲故事"等品牌性活动。

牛粪屋里最甜的西瓜

我叫努木,"努力学习"的"努","木头"的"木",我的姓是霍尔嘎。我是一个藏族人,土生土长的牧民。我的出生时间按照身份证是1972年9月1号,因为小考时减了一岁,实际我是1971年属猪的,具体什么时候出生不太清楚,因为牧区没有习惯准确记录出生时间。

按照现在的行政区划,我属于那曲市色尼区洛麦乡人,以前那里叫那曲县洛堆乡七村。我们那个地方接近嘉黎县、比如县、那曲县,地处三县交界处,海拔接近5000米,比较偏僻。去往嘉黎县有一个阿依拉山,从阿依拉山下大概走两小时就到了我家。

我家世代以牧业为生。家里人比较多,有八个孩子,我是老四,上面有两个姐姐还有一个哥哥,我是家里唯一走出大山上学的孩子。因为家里孩子比较多,国家要求小孩必须要上学,但当时牧民的普遍观念是不想让小孩上学,要在家里放牧。因为小孩精力充沛,跑得快,很适合放牧。开始家里让姐姐上学,那时候整个霍尔米乡,有四五百头牦牛,一部分学生除了上学,还要兼任放牧的责任。我姐姐就是这样,每天要承担放牧和挤奶的工作,所以基本没怎么上学。后来因为姐姐年龄大了退学了,父亲就让我去上学。1982年,我上了霍尔米乡小学。学校有90个学生。1983年联产承包责任制实行后,所有的牛羊都分配到户了,每个家里都需要小孩放牧,所以霍尔米乡小学八九十个学生只剩下五个,三年级三个,二年级两个。后来,那曲完小来招生,经过考试,三年级三个学生里面我的学习成绩最好,因为我藏文稍微好一点。于是我就转学到那曲完小跳级直接读五年级。

内地西藏班是1985年开始的,那曲完小当年有几名学生考入天津红光中学。86年我们小考的时候,那曲一小、二小和完小所有的小学毕业生集中到二小教室考试。考完试就放假了,后来在洛堆乡举行赛马节,过来一个乡干部,我父亲就问他,他说好像我们乡有两个学生考上了,那时候基本上快九月了,让我父亲赶紧去那曲打听打听。我和父亲到那曲,找到桑米老师,桑米老师是我在霍尔米小学时的藏文老师。我问桑米老师我考上没有,她说考上了，过几天就走了，赶紧准备一下。到目前为止我也不知道自己考了多少分，但是可以确定我是我们那个地方第一个考上内地西藏班的学生。

因为85年有几个学生已经考上了，所以我知道有内地西藏班这么一个政策，但是我父母压根儿不知道有这么个事。桑米老师是我们小学的老师，比较熟一点，父亲问她的第一句话就是到内地不会饿吧，桑米老师说没问题，内地条件好得很，因为父亲比较相信老师，所以就没有阻拦我去内地上学。那时除了那曲以外，其他地方我都没去过，也没有到过拉萨，所以感觉内地非常遥远。说句实在的，从牧区出来的，家庭条件也不怎么样，也没有做特别的准备，几件换洗的衣服是有的。父亲让我把我上小学用的一个书包带上，算是准备了。这个书包到目前我还珍藏着，视为是一个比较重要的东西。牧区没有欢送这种活动，我记得比较清楚，父亲买了一个西瓜，到他认识的我们老家的一个干部家，在他们放牛粪的屋子里，我和父亲把西瓜吃了，这算是欢送。那位熟人从他床下面拿出十块钱给我，这个就算是红包。当时条件是非常艰苦的，但是那种喜悦不亚于现在，那个西瓜是我至今吃过的最甜的西瓜。

我那个总在迁徙的家

我们去内地的领队是那曲二小的格达老师，那曲地委行署的领导也来为我们送行，领导叫我们每个人从地委大院里面弄一把土，放在精心缝制的布袋里，让我们带到学校去。我觉得这个很有意义：有种说法是如果到别的地方去，吃点家乡土可以治疗水土不服，这是一个层面；第二个层面更大更深的意思是地委行署领导让我们这些孩子不要忘记家乡，要好好学习，这是对我们很大的精神鼓励。

火车是很久之后才通的，当时我们从拉萨坐飞机到成都，带队的格达老师非常严厉，他现在已经去世了。第一次坐飞机特别难受，全身出虚汗、头晕、恶心。到了成都，比我们见过世面的那曲城里的几个学生偷偷跑到游乐园里玩去了，回来他们就说他们跳了迪斯科，至今我们有个同学外号还叫"迪斯科"，因为那次是他说的跳了迪斯科，我们也不知道迪斯科是什么，只知道很好玩。

从成都到天津是坐火车，我们到学校的时候，学姐学长、学校的老师都来迎接我们。一到学校每人就给发了一套衣服，是运动服，两边有两条白线的那种衣服，那就是校服了。学校发了校服以后，我们把自己穿的衣服换下来。毕竟从牧区过来，说实在的，身上还有很多虱子。第三天我就去找格达老师，我说老师我不想学了，这个地方我待不了，一句话都不懂。格达老师说可以考虑，没有问题，但是你要先上一个学期，然后再考虑。老师善意地骗了我一下，让我安心在那里上学，其实他四五天后就回去了。

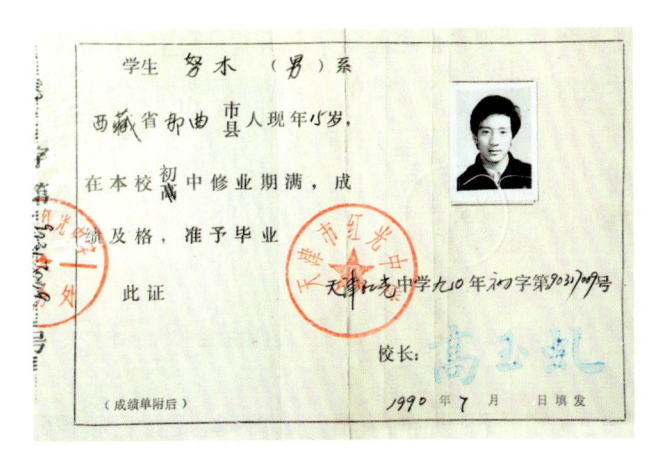

◆ 90年代天津红光中学的毕业证

天津红光中学的伙食很丰盛，有各种各样叫不上名字的菜，还有馒头、鸡蛋。我们是在牧区长大的，习惯喝酸奶，吃干肉，到内地以后伙食不太习惯，我觉得学校的饭菜没有家乡好。那时候学校食堂的酱肉丝是我们最喜欢的。天津红光中学旁边不远处有个北宁公园，那里有座天桥，整个印象里最好吃的就在那块儿，兰州拉面、新疆烤肉、烤羊肉串，新疆羊肉串一串两毛，兰州拉面是两块还是三块。在学校吃饭不用饭卡，一日三餐到食堂吃，也不限量，能吃多少就吃多少。大家最喜欢抢着吃的是饺子，还总结了一些窍门。如果刚开始满满地打一碗，吃完以后再去盛，盆里就没剩几个了，所以后来就先打半碗，等其他同学还没吃完的时候，半碗已经吃完，赶紧再盛满满的一碗，这样一共能吃一碗半。

我们到内地西藏班后，所有的伙食是免费的，所有的衣服也是免费发的。老师还专门给我们做了藏装，重大的节日，大家都要穿藏装。藏历新年、春节那天食堂有聚餐，我们也会在寝室里搞一个小的聚餐，买点瓜子、水果，外面点几个菜。零花钱家里寄得不多，整个四年不会超过四百，当时还是通过邮局寄钱。到学校之后联系家里就是写信，虽然学校有公用电话，但与家人基本没有通过电话。成绩单、老师评语要寄到家里，但因为冬季和夏季牧场不一样，到底家搬到哪里了我确实不知道。老师们开玩笑说，你们是不是经常在游牧，他们想象中游牧是非常美好的，但对于当地人来说通信真的很不方便。

不退缩是牧民的天性

父亲是我一生的荣耀，是我一生都没有超越的人。他从没上过学，但他的藏文水平还是不错的。每次收到我的信，他都回信，跟父亲的书信往来成了我们之间最重要的回忆。父亲母亲都很伟大，但在我心目中父亲是我的榜样。每次去那曲，他定会买有关"格萨尔王"的一些书，陆陆续续买了大概有六七十本，全部用布包起来，用黏土把它粘上，两边做一个木板，用牛皮绳子捆起来保存着。家里有一个小帐篷，父亲给了我特权：只许我一个人在帐篷里看书，其他人不能碰。父亲还懂藏医、天文历算，对藏传佛教也有研究，永远是我人生路上的学习榜样。

刚到内地的时候，非常想家，后面慢慢地就淡然了。老师就像父母一样，在我们身上投入了很多情感。有一个生活老师——我们都叫她康妈妈，不知道她的全名。康妈妈对藏族学生特别关心，我们把她视为自己的母亲。那曲天气异常寒冷，里面需穿线裤御寒，而天津比那曲暖和多了，但天津是海河之滨，冬天还是蛮冷的。康妈妈早上就守在宿舍门口，看我们没有穿绒裤的会说，又没有穿绒裤，这样会着凉的，现在不感觉冷，老了会得关节炎……我们初中四年寒暑假都没有回去，高中也是三年毕业以后才回去的，不像现在寒暑假都可以回来。离开家乡才知道家乡是多么的美，家乡情是刻骨铭心的，在电视中看到蓝天白云的时候我们都会激动得热泪盈眶。

班里同学虽然都来自那曲，语言交流基本没问题，但汉语水平相差很大。我的汉语水平也很差。三年小学只学了汉语拼音"ɑ o e i u ü"、汉字"上、中、下"等，其他没有学过。第二批去天津红光中学的学生有50个，因为第一批100个学生中将近50个留级。我和布卓玉分别从霍尔米牧区和聂荣牧区来，那曲地区干部子女的汉语水平比我们好，他们也经常教我们。索县的同学藏文不错，有个索县同学自得地说了一句话，意思是说草原同样够广阔，骏马是慢慢赛出来的，不是一下子冒出来的，这句话对我触动比较大。布卓玉现在是巴青县的县长，但当时我们两个是垫背的。那时我们非常崇拜的偶像，现在在自治区政协工作，当时他成绩全班第一。他是我学习的榜样，目标确定以后，我就默默下定决心，四年以后一定要赶上他，所以我很努力地学习。一般来说，家长对孩子的考试成绩是非常重视的，但我的父母压根儿不知道小学上面有初中，初中上面有高中，高中上面有大学，只有一个概念就是我的孩子在内地上学。除了这个，至于我学得怎么样，学习成绩怎么样，好像从来没有问过。学校会把成绩寄到家里，父母就知道我学习成绩挺好，至少及格了，就不错。我的学习没人逼，是自发的，可能是牧民的性格决定的。草原上几百匹马在奔跑，即便是劣马也会尽全力奔跑，因为集体在奔跑，你不可能个人偷懒，牧民天生有不退缩的性格。有时候我早上五点起床，在路灯下面看书；有时候寝室灯关了，只有厕所有灯，我就搬一个小板凳，在厕所里看一两个小时。快临近考试，有时吃饭都是一个馒头一口咽下去，说实在的还真吃不了太多，因为学业压力非常大，想着多学一点。环境对一个人成长所起的作用是非常明显的，比如学习思维、学习能力。初二因为放了假也回不去，我们就泡在图书室里。有一个任妈妈，我是非常感激她的。她身材矮小，可能也就一米五左右，戴个眼镜，照相技术非常好，是图书室里的工作人员，我们叫她任妈妈。她跟我说，我汉文比较差，要多看汉文的书，给我借的第一本书是历史人物成长故事。这本书一半认识，一半不认识，就这么读下来。后面大概一个多月，看了革命战争时期的小说、土地改革时期的小说、红军长征时期的小说，包括赵树理的经典作品。也有很多看不懂的，但是老师说要看，就觉得比较重要。之前看的东西对现在有非常大的作用：一个是养成看书的习惯，一个就是利用各种条件不断地吸取知识。鲁迅说过，知识就像是海绵里的水，越挤越有。

我的成长记忆

男同学之间会有类似"老大"这种称谓，我们寝室的老大是布德，他也是我们的班长。他性格很好，非常有人格魅力，那时候就展现出有凝聚人心的领导风范。我们寝室整体关系融洽，大家都比较团结和睦，虽也闹过小别扭，但没有打过架。在寝室里，我扮演的角色是讲故事，因为小时候爱看"格萨尔王"，上学之前听过很多民间故事，也会拉伊，还记了一百首歌，又会猜谜语。预科时我16岁，之前我有过寄宿制的生活经历，早上能按时起床，衣服鞋子脏了也都能自己解决。由于客观原因，大部分牧民卫生方面会逊于内地朋友，我到内地之后，卫生有了一个质的变化，因为天津这样一个大城市环境中，我们这些不爱干净的也没办法特别邋遢。课余时间还是蛮多的，我参加了一些兴趣小组，参加过天津搞的一个演讲比赛，记得当时把"文轩阁"的"轩"念成了"干"。这些丰富的人生经历对我以后的影响和帮助很大。

初中毕业时，很多同学考了中专，因为中专三年以后就可以直接工作，可以给家里减轻一些负担。我们有15个学生考上了高中，天津红光中学考了四个。高中时候我母亲去世了，家里怕我担心没告诉我，我表哥在咸阳民院参加成人培训，来看我的时候他说的，但当时没办法回去，所以我很难过。知道这个消息后，我有比较长的一段时间是自己默默坚持，默默忍着眼泪。一方水土养一方人。牧区的环境造就了我坚韧的性格，所以早期游牧的经历对我求学之路有非常多的帮助。上高中时我担任了班长，组织学生、向班主任汇报，起到了上下沟通的作用。而且当时藏文老师还没来，我就给同学们教藏文。这段学生干部经历，对我现在的工作有深远的影响。

我们的班主任叫李莲青，2016年，同学三十年聚会，我们把老师也请到拉萨来了。那时候老师大概三四十岁的样子，三十年没见，老师老了，我们变化也很大。不管我们长到多大，在老师面前我们永远是小孩。当时老师对我们班管教挺严的。曾经也因为我犯错，大会上面被纠过。当年教过我的老师很多，管过我们生活的老师也很多，包括任妈妈、康妈妈、王妈妈、李老师（教我们课的老师很少叫妈妈），还有一个叫王乃文的老师。塑造一个人最好的办法就是教育，初中高中是成长的关键时期，老师付出了辛勤的劳动，尤其是我们的班主任，她当时怀孕挺着大肚子。有一次，她教着教着晕倒在了讲台上。我觉得老师是非常辛苦的，我发自内心地感激他们。天津红光中学是抗美援朝时期杨成武将军建立的，为父母在抗美援朝战场上牺牲的孤儿所建，所以有非常好的革命传统。

努 木
牧区少年变身记

◆ 大学毕业时师生聚会。左三为努木

  1986年是第二批内地西藏班，我初中高中都是在西藏班读的，当时初中加上预科一共四年，高中三年，七年都在天津红光中学读书。我高中毕业以后读了中央民族大学的民族学系。高三快毕业的时候，面临选择上哪所大学哪个专业。图书室的任妈妈，我问她选什么专业好一点。她查了一下资料，告诉我有一个专业叫民族学，就是研究民族产生、发展和消亡的过程，其实就是人类学的分支，觉得这个专业挺有意思的，我就选了这个专业。我到现在一直在这个专业领域里工作，目前在西藏自治区民族艺术研究所担任所长和支部书记。

  记得大学毕业回家乡的路上，遇到同村的长者尼玛扎西，他非常擅长讲故事，一路上给我讲婚礼说唱曲，我就在马背上记，记了大概有20多页，那一刻我感触非常深，这么好的民间文学、民间艺术一直都是口头相传，没有形成文字，我要把它尽可能地保存、传承下来，后来我把草稿整理出来，发表在《邦锦美朵》杂志上，因为是自己抢救下来的，所以有一种无法言语的成就感，也为我今后的工作做了铺垫。

我的故乡情结

刚到天津红光中学时,我还不敢走太远。学校旁边有个北宁公园,附近还有一个简单的商业区,除此之外市中心真的不敢去。我对天津最深的印象就是有很多好吃的,包括天津狗不理包子、天津麻花。我从边远牧区来,见惯了家乡辽阔的草原、巍峨的雪山、奔流的河水,和城市高楼大厦、繁华街道对比,内心感触很深,觉得家乡太落后了,自己一定要在这里尽最大的努力学习,这种感受在当时是很强烈的。

学校也会定期组织学生去比较远的地方游玩,最远的地方去过北戴河。记得初二时十世班禅大师亲临红光中学,在礼堂里跟师生座谈,大师坐上面,我们坐下面,离得很近。我很兴奋,因为班禅大师来自故乡,有种关怀在里面,所以觉得很亲切。阿沛副委员长、热地书记、丹增书记、伍精华书记都来过学校,给我们这些孩子送来亲切的关怀。初高中内地西藏班的老师也来过那曲,周边交通允许的,就到家里汇报学生的工作,征求家长的意见。

初中毕业时是我第一次回家,先坐火车再坐飞机,到拉萨后坐公共汽车。当我们在离那曲很近的一个小山坡上看到家乡的时候,所有学生都哭了。其实那曲并不美,全都是铁皮房子,但故乡再穷再艰苦,走得再远,故乡的情绪也割舍不掉,故乡在我们心里永远都是最美的。四年没回家乡、没见父母,家乡变化也很大。我小学的时候,住的房子是半地穴式的房子,小孩子可以直接翻到屋顶上面,回去以后我们家是石头结构的房子了。还有藏历新年做的油炸果,藏语叫卡赛,之前是用藏荞麦做的,回去以后吃的是用白面做的。这些小细节反映了家乡的变化,让我感受很深。我是乡里第一个读内地西藏班的,回到家,村里人全部围上来,大家看着我像看怪人一样,因为穿得比较时髦。白裤子,光这个就很震撼了,牧区基本上很少穿白裤子。一到家里还保持在内地西藏班时的习惯,早上跑步他们也觉得特别怪:这小孩干什么早上一起来就跑到山上去?回到家里除了父母和亲戚以外,最亲密的就是家里的藏獒,它已经老了。藏獒是最敏感的,真正凶猛的藏獒生活在深山老林里面,少见外人,见到外人非常凶猛。老藏獒虽然不怎么认识我了,但是鼻子很灵没有忘记我,我很感动,抱着它的脖子又亲又抚摸。它已经很老了,高中毕业回家时它已经没了。

由于地理的隔阂，风俗的不同，会造成一些误解。在上高中的时候我得了胸膜炎，胸膜炎必须要隔离，那段时间得胸膜炎的比较多，一家医院里都住满了，我只能转到另外一家医院去。这家医院我是第一个藏族学生病人。一个西藏来的小孩得了胸膜炎，他们很新奇也非常关心。问我的饮食习惯怎么样，我就编了一个谎话：我们西藏来的顿顿饭没有肉不行。之后这个月我胖了好几斤，因为顿顿有肉，其实我就是嘴馋说了个谎。后来我在搞文化研究的时候，有一个观点，不管是民族之间还是国家之间，交流沟通是最重要的。因为只有交流了，交往了，才能互相了解。理解的基础一定是交流，如果没有交流，永远不会理解。

　　出院的时候，我把洁白的哈达献给病友，但他们不理解，为什么送一条白的东西。我一解释他们就明白了，这是藏族人的最高礼节，洁白的哈达代表圣洁的心灵。我现在的工作是翻译，我也是副译审，把文章从藏文翻译成汉文，这也是文化交流的一个方面。

　　在内地西藏班的这些经历，不仅学到了课本上的知识，也了解了不同文化、不同风俗，对我从事翻译工作奠定了很好的基础。

我真的想唱首歌

　　回顾我整个内地西藏班生活，我觉得这是一次历练。不管从精神层面、心灵层面、习惯层面，还是环境方面，完全需要重新历练，当然学习更是。初高中是人生最重要的学习阶段，收获的知识、养成的习惯、形成的世界观，包括遇到的同学都会成为生命中最重要的部分。内地西藏班的经历，给我带来了非常多看得见看不见的财富。这种经历对我的人生、人格的塑造、从事的工作，产生的影响、留下的烙印都是非常深刻的。当年去内地西藏班，看到家乡的面貌和城市有着强烈的对比，老师教育我们一定要好好学习，为家乡做贡献，所以激发了我们幼小心灵中的"使命感"。有一首歌叫《怎能忘》，怎能忘西藏是我的故乡，怎能忘天津是我的第二故乡。内地西藏班学生参加工作二十多年以后，仍然在谈，他们身上都有很强的使命感。各行各业，每个人的工作都不一样，所做的贡献大小也不一样，但是每个人

共进与赋能
西藏班(校)35年35人口述史

◆ 香港回归前夕在国家博物馆前留影

身上都有一个特质，那就是"建设美丽家乡"的强烈使命感。

去内地西藏班，我最大的"失"就是：一个是父母，因为母亲去世三年以后，我才回到家里，没能见上最后一面。虽然家里小孩比较多，但是母亲很疼爱我，这是我的遗憾。参加工作以后，父亲去世了，而我工作很忙，家里人说后事由他们操办，不希望我回去，我也没有回去，现在感觉这也是我最大的一个遗憾。也许是使命感的驱使，好不容易从草原出来，受那么多人的恩情，现在有一个报答的机会就好好工作，但是对家人和亲戚的疏远，对于我来说是最大的失去。假如说父母看到我现在的成就、生活的状况应该会满意。西藏牦牛博物馆馆长吴雨初老师对我有个评价，说我是"如牧""如果"的"如"，"牧民"的"牧"，"你就像城市里面的牧民"。现在我家里住了17个人，每次亲戚朋友来，家乡人来，我都无条件地给他们安排住宿的地方，跟牧民一样，有吃的一起吃，有喝的一起喝，这是一个牧民应该做到的。一个是因为成长时期离开了父母和亲戚，现在仿佛觉得和他们隔了一层，离开了小时候生养的环境，跟牧民之间造成了情感上的疏远。但也正因为这样，我更加珍惜与亲人们的感情。

内地西藏班政策，是一个非常好的政策，因为包括我自己都受惠于这个政策。党和国家关心民族地区发展，我自己作为一个牧民经过内地西藏班学习，变成了文化工作者，还能做点力所能及的事，所以我觉得这是一个很好的政策。我的兄弟姐妹比较多，纯粹从物质角度看，他们比我富裕，因为家乡有虫草可以挖，但是从精神层面肯定是不一样的，因为我每次回家乡的时候他们都很尊敬我，我说要让孩子上学，他们一定会听。所以从这个角度看，我的一生从精神层面通过这个政策获得的更多。从文化认同到政治认同，我觉得是这个时代必须要有的，这对从内地西藏班出来的人来说是个大事。作为一个亲历者，作为这个政策的受益者，内地西藏班政策确确实实对我们起了非常大的帮助和作用。

假如再给我一次选择的机会，我还是会选择上内地西藏班，现在我的孩子也在上内地西藏班。我也想对后面上内地西藏班的孩子们说，要好好学习，因为机会特别难得，时间非常宝贵，人生阶段里初中高中只有一次，有很多知识可以在那里获取，有很多优秀的老师也在那里。

内地西藏班，我们是爱它、是感恩它的。现在三十五周年了，可能还有四十年、五十年、六十年，它会越走越长、也会越来越好。藏族文化不是独立的，它是中华民族文化中一颗璀璨的明珠。那曲有一首歌："山有三座峰，各自立一方，但山上的白羊是相通的；人有蒙藏汉，各自在一方，但心灵是相同的。"在此，我想用这首歌来表达我的感恩之情。

繁星过往 美好如是

旺 珍

受访嘉宾简介

旺珍：藏族，西藏拉萨人，1972年9月出生。上海回民中学西藏班（现上海共康中学）初85级校友，成都西藏中学高90级校友。1997年本科毕业于中国传媒大学。先后担任《西藏新闻联播》播音员，藏历新年晚会等大型晚会主持人。2002年，策划创办《西藏旅游》栏目，担任制片人、总策划和主持人。2003年获得中国广播电视学会颁发的全国旅游类栏目评比一等奖。现供职于西藏电视台。

思旧与青春

　　拉萨市一小是我的小学母校，还记得当时的小学，学到五年级就可以毕业了。小考时，我们班考了全区的第一名，考上内地西藏班的自然也是最多的，一共有二十多名学生上榜。但我们是85年第一届内地西藏班的学生，别说我们了，连老师也只知道国家推出了这么一个新政策而已。那时候录取通知也是"极简至极"，考上的，老师就给家里来个口头通知就完事了，但一句简单的"你家孩子考上内地西藏班了"，却成了我们一生最难以忘怀的一句话。

　　相信那个年代上内地西藏班的孩子，都有一个共同的回忆——绿皮火车。当时坐火车要坐两天两夜，而且还是硬座，幸好大家在途中玩游戏，或者唱歌，才不会那么无聊。火车里的推车每次过来时，都会见到很多没见过的零食。等到了上海的火车站，带队老师对我们说，学长学姐们正敲锣打鼓地在学校门口盛情迎接我们，所以我们再不方便也要穿上自己民族服装，以示我们的礼节和感谢。当时是九月初，正赶上上海闷热的天气，所以大家到学校时都是汗流浃背的，学校就立马安排我们先去洗澡，也算是解暑吧！

　　上海的饭菜口味偏甜，大家刚开始有点不适应，因为西藏的口味基本上偏向四川，少糖多辣。但让我们很感动的是，老师们都会用心询问我们的饮食习惯，知道西藏的大部分孩子喜欢吃土豆后，他们跟食堂的师傅沟通，给我们新增加了好几种土豆做的美味菜肴。同时，也会充分考虑我们的饮食结构的均衡，每周食堂都会安排吃一次带鱼和鸡腿，晚上还有固定的牛奶和蛋糕。

　　每天吃完晚饭后，我们最喜欢的就是带上自己的暖水瓶，去学校统一的热水房打水。记得那是刚到上海没多久，有一次我去打开水的时候，旁边有一位老师，好像是一班的班主任，他在问一个男生说："你吃晚饭了吗？"然后那个男生有点紧张地回答了一句我至今都忘不了的话："老师，开水打我。"我们都知道他想说他这会儿要去打开水，但是就说成了那样。除了青涩本身，那时候我们普遍的学习基础也是薄弱的。但这种情况，也在这个校园里悄无声息地改变着。

三个和老师有关的故事

● 播音之梦的萌芽

高中的时候学校教务处有一位老师叫杨德翠,她那时候刚从另外一个学校转到我们这边不久。有一次我们在上晚自习的时候,她就到我们班里来转,我注意到她很用心地在看班里的每一个孩子,当时我只是觉得她可能在值班,也没想其他的。后来才得知,那天她是专门来挑选广播站主持人的,我也不知道为什么被她荣幸地选中了。于是从高一开始我就做了校广播站的播音员和校园活动的主持人。当时成都西藏中学搞了一场纪念西藏和平解放40周年的庆祝活动,学校点名让我主持,但那么大场面的主持,我之前还很少,心里比较紧张。尤其台下那么多人盯着你看的时候,我就更紧张了,大脑也有些空白。但很多事情,既是缘分,也有自己努力的成分,我清楚地记得当时杨老师一直在台下看着我,她的眼神里充满了信任和鼓励。最终,我不仅顺利完成了主持任务,也被大家所认可。

高中毕业后,我顺利考入了北京广播学院(现在叫中国传媒大学)读播音主持专业,大学毕业后被直接分配到了西藏电视台,并担任多届藏历新年联欢晚会的主持人,目前我是广告经济信息中心媒介部的主任。现在回过头想这些的时候,觉得特别感激杨老师,因为当时有那么多学生,没有特别的理由要培养我一个,因为我从小不是一个冒尖的孩子,也没体现出来在播音主持方面有多突出的优势。但她就是相中了我,愿意把我这样一个默默无闻的女孩推到台前,培养了我的胆量,锻炼了我的心理素质,使我从拘谨的状态慢慢变得自信大方了,还让我成为了一名专业的媒体工作者。

● 校长的照相机

上海回民中学的彭校长对藏族孩子有特别深厚的情感,因为他来学校工作之前,曾长期在西藏工作,加上我们这批孩子又是首届内地西藏班的学生,所以校长老师对我们都特别疼爱。记得他经常会来寝室看我们,因为他觉得来寝室更能走近我们的生活,关心我们吃得怎么样,过得好不好,对学校的工作有什么意见建议。学校几乎所有人都知道他喜欢摄影,我们也经常会在学校里看到他在记录很多美好的瞬间,但学生,永远是他镜头里的第一

◆ 首届上海回民中学西藏班学生合影

主角。有一次彭校长来西藏，他非要给我们看一套跟回民中学西藏班孩子有关的影册。当他打开册子时，让我们特别感动的是，里面竟然装满了我们当年在校时期和不同成长阶段的各种照片，很多照片连我们自己都想不起来了，但校长却整理珍藏得那么好，把它当成一个宝贝，一直随身携带。

● 一盘鱼香肉丝

夏素英老师是我们班的班主任，我特别敬佩她的一点就是，她能够非常自如地转变自己的角色。在教室里，她是一名严肃认真的传授知识的老师，她的课堂中，好像任何人都不容侵犯，庄严而又神圣；但在生活里，她是一位充满慈爱的母亲的角色，每一件跟我们有关的事情，就是自己家孩子的事情。我们学校原来属于闸北区，周末的时候老师经常带我们班去游园，有一次在闸北区公园里，老师带我们去了一个餐厅，点了一桌菜，结果大家最爱吃的是川菜味的鱼香肉丝。但小孩的本性就是馋，喜欢吃，吃完就完了，也不会有特别的表述。但是夏老师就很细心，她发现了我们很喜欢吃鱼香肉丝，后来她就干脆在自己家里亲手做鱼香肉丝款待我们，因为家里炒菜用的

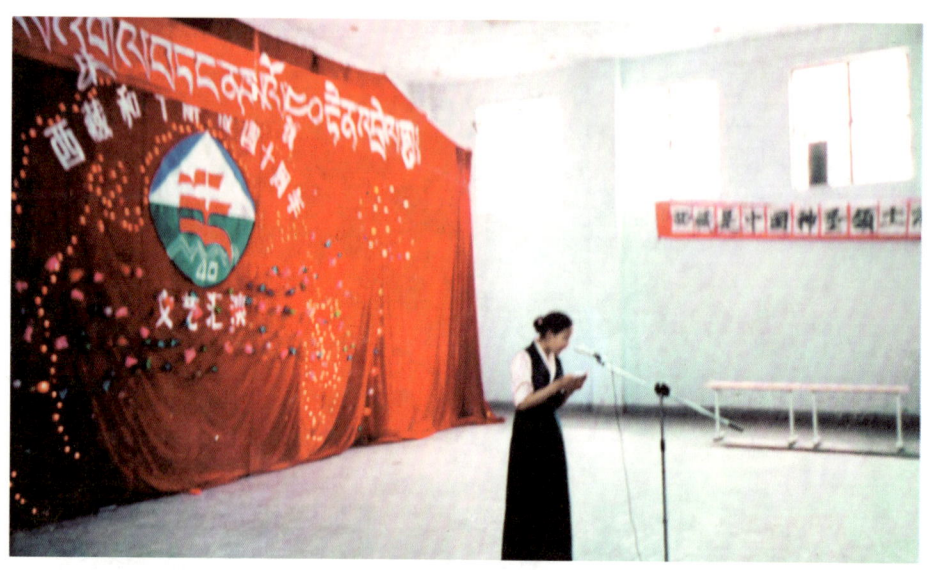

◆ 在成都西藏中学主持西藏和平解放40周年文艺晚会

是小灶，不像学校的大锅饭，所以味道更香。但她家里不大，班里人又多，然后她又想了一个办法，按照小组或者寝室轮流到她家吃饭。你看其实就是一道简单的鱼香肉丝，但背后却是老师像母亲一般的用心，让我们真的觉得有一种家的感觉。

以字达情的时光

80年代中后期，我们国家的很多城市才开始进入现代化发展的阶段。记得上海回民中学和成都西藏高中有一个共同点，那就是学校周边全是农田，人也少，显得特别安静。高考临近的时候，学习压力比较大，我们三三两两地经常拿书去田间地头复习。虽然条件比较艰苦，但在田里看书的感觉又跟教室完全不一样，能让心安静下来，有一种很自然的代入感。当然，市中心还是挺繁华的，在上海的时候，我们有时会统一坐着公交车去南京路，因为那里是外地人去的最多最热闹的一条街，也有非常浓厚的城市化气息。但是成都给人的感觉就是很休闲的城市，会看到那种老巷子里，一家老小都会在自家门口喝茶摆龙门阵，生活得很惬意。每每看到这种场景的时候，我们也会禁不住地有些想家。

当时我们和家人有一个特别的交流方式，就是写信。我从学校寄出一封信后，一周左右就会收到来自父母的回信，基本上都是说一些家里面发生的琐事，还有很多要我在学校里面注意的事情，虽然信的内容显得平常且反复，但是每次我都会有不一样的感受，那是亲人间特别好的沟通方式，有时候甚至比面对面交流还要有效。

现在这个时代，我们写东西是越来越少了，虽然也写，但都是通过电脑或者手机。我们那个年代，很多人都很喜欢那种墨香味或者纸质的感觉，阅读也是。虽然在大数据时代，电子阅读显得方便且大众，但我依然很喜欢翻书的那种感觉。这两者除了仪式感，我觉得更有一种温度感和厚重感，这种东西是电子产品无法取代的。

现在，我教育自己的孩子也采用书信的方式，教育本身就是要因人而异，每人都是一个个案，作为母亲我也在一直摸索跟孩子的最佳相处模式。记得在儿子小学二年级的时候，我给他写了第一封信，至今，我都忘不了他当时收到信时的那份惊喜。一些不方便当面讲的话，信里却能很好地表达，既不伤害孩子的自尊，还会有事半功倍的效果。那封信，被他一直珍藏着。

发现后的坚定：我与病魔的斗争

初中有一次我连续低烧一个多月，也没什么特别的不舒服，但觉得整天无精打采的，也没有意识说一定要量个体温什么的。我当时还在想估计是晚上没有休息好，因为离家前我也没怎么生过病，就这样拖了一个月，有一天老师突然发现我瘦了很多，马上带我去看校医，校医一看我就觉得不对劲，把我转到闸北区医院住院了。检查完毕后，刚开始没有显示出有什么病，但体温却越来越高了，老师们也替我着急，就发电报给我家里说了这件事情。

得到消息的父亲却并没有告诉母亲我生病了，可能找了其他理由，立马赶到了上海。当时父亲气喘吁吁到医院的样子，我现在都记得很清楚，他估计是很担心，急于见我，下了火车就直奔到了医院，行李箱都没来得及放。我看到他和老师、医生在一边低声交流，我父亲从来都是一个非常含蓄的人，不会把情绪流露在外面，但是我能从他的表情中感觉得到他很沉重，也察觉到了我这个病情可能不太乐观，因为刚到医院做检查时，我就是坐在轮椅上被推着去的。我不知道医院具体开了什么诊疗方案，但他们似乎找到病根了，开始给我服用结核药，于是吃药、休息、检查，成了很长一段时间我生活的全部内容。

但庆幸的是，我竟然慢慢地好起来了，体温也在逐渐恢复正常。看着女儿一天一天地变好了，我看到父亲稍微打个盹都能打出呼噜来。看着他一副很轻松的睡样，其实能想到之前有多少个夜晚，父亲都没有睡着，他应该在想很多事情，包括把最坏的打算用什么样的方式讲给那个一直为我操碎了心的母亲听……尽管身体逐渐好转，但父亲还是觉得我的身体亏欠得太多了，很不放心，便把我接回了拉萨，那是我上初二的时候。

等回到家调养了一段时间，我身体恢复得已经不错，内心还是很渴望回到教室学习，但家里还是希望我在拉萨好好待上一年，再做下一步的打算。我就跟父母沟通说想在拉萨边养病边上学，他们就把我送到了拉萨市第一中学，但我想着自己已经落了很多内容，所以选择汉族班的话进度应该会不会更快一点。但当时让我特别吃惊的是，即便那年的课程内容已经耽误很多了，在上海的班里名次已经直线下滑，但在拉萨的班里我的成绩却是最好的。

当时这件事情给我的冲击特别大，我觉得这种差距不是个人智商的问题，而是因为教育条件和水平。90年代拉萨整体的教育水平还比较低，这个低主要表现在理念、师资和环境上。初中刚上内地西藏班的那些小孩年纪那么小，但家人和学生自己本人都愿意去千里之外求学，高中毕业希望考上名牌大学，其实就是冲着这些条件去的，不然好好的跑那么远有什么意思呢？所以这样的对比更加坚定了我要回到上海继续学习。一年以后，康复归来的小女孩又回到了上海回民中学，坐到了她原来的位置上。

向未来宣誓

记得35年前和家人离开的那一刻，虽然年纪小，但我能感觉到自己是被寄托着一种希望的，也正是因为内地优质的教育资源，为我们无数学子开了

旺 珍
繁星过往 美好如是

一扇通往黎明曙光的窗。在藏语当中，"太阳的金色"，通常是一种很高的赞誉，我愿意把它比作自己的内地西藏班的成长之旅。在这个旅途当中，我遇到了很多一辈子感恩不尽的好老师，结缘了一辈子忘不了的好同学，是他们用太阳般的的温暖滋养了我，为我的人生添加金色的光彩，也让我从懵懂走向了成熟。

内地西藏班的历程，让我培养了自身的内驱力，懂得很多事情都需要主动，需要用"心"发力，在难得的平台和机遇里，不断提高自己的悟性，成为一个比昨天更好的自己。同时，这段旅程的短暂离别，让我更加珍惜和父母相处的时间，懂得"孝"的深层意义和价值。我经常在想，如果我从小学开始，一直到大学毕业都在父母身边的话，可能我就不会对亲情有着现在那么强烈的感觉——这就是距离造成的美。

◆ 拍摄《后藏风情》系列时沿途休息的瞬间

我觉得好的教育并不是简单为了一个饭碗，而是让孩子在未来拥有更多的选择权。我的儿子今年是小学六年级，像35年前的我，他也即将面临人生的第一个重要选择。作为这段历程的亲历者，作为孩子的家长，假设他考上了，我是希望他去内地西藏班学习的。但我不会刻意引导，更不会强制性让孩子执行父母的意志。作为内地西藏班的毕业生，我觉得我们见到了很多东西，也是有文化的一代人，所以要尊重孩子的意愿。我可能会这么说："考试你要参加，而且要全力以赴，但去不去看你自己的选择。"虽然35年前后，母子都面临着同样的选择，但每个人作为一个独立的个体，所走的路完全不一样；同样，选择上内地西藏班的学生，毕业后每个人的道路也不一样。所以我希望孩子在这种半放手式的教育中，伴随着一些磕磕绊绊，自己能慢慢成长起来。

国家给的这个政策，让我们这些曾经想要努力改变现状的孩子，如今都成为了各个领域的骨干。我也想借这个机会，感谢我的家人一直在我背后的默默付出，我的母亲、先生和两个孩子是我最坚强的后盾。自己出入社会这么多年，现在回想起这些求学时光，那时的快乐、艰苦、思念、感激，依旧那么强烈！希望我们每个人都怀揣着自己的梦想，敢于给梦想插上翅膀，珍惜宝贵的读书时光，打好知识基础，用实际行动向未来宣誓——我可以做到！

追忆青春：
鸿鹄志展异乡梦

巴 塔

受访嘉宾简介

巴塔：藏族，西藏安多人，1973年3月出生。天津红光中学初86级校友。历任西藏自治区那曲市班戈县县长、县委书记、共青团西藏自治区委员会副书记、区青联主席等职。现任共青团西藏自治区委员会书记。

男儿立志出乡关

我叫巴塔，家乡在西藏那曲的安多县。1985年内地西藏班政策实行时，我正在那曲地区二小读四年级，记得五年级（当时没有六年级）好多成绩优秀的毕业生都去了天津学习。在春节、藏历年的时候，那曲地区电视台会去拍他们在天津学习生活的记录片，然后在那曲电视台播放。当我看到内地的学习和生活环境时，受到很大的鼓舞，暗下决心一定要好好学习，明年也去内地读书。老师和父母也都鼓励我，觉得去内地学习是非常好的机会。去内地学习便成了我的梦想。

经过一年的刻苦学习，1986年夏天我接到了学校的通知，得知自己考上了内地西藏班。听到这个消息，我和父母都异常兴奋，这么久的努力和付出终是没有白费。那时我也就十二三岁，要离开父母到很远的天津去，不仅没有一点点离别家乡的伤感，一丝丝离别父母的不舍，反而充盈着对远方的向往和渴望。

当年考上内地西藏班，学校要求每个学生带一套藏装。于是，家人给我做了一身新的藏装作为奖励。考上内地西藏班，一来为自己骄傲，二来父母也觉得光彩，颇具成就感。

为了去内地上学，父母早早开始准备。一是物质上，平日里的生活用品，衣物鞋袜。母亲还为我准备了钱，但是记不清多少钱了，可能几百块钱，母亲担心我弄丢了，还专门缝到了裤子里面。二是精神层面，父母会说："你现在长大了，一个人去很远的地方要学会自己照顾自己。一定要好好学习，到内地学习是非常不容易的，一定要珍惜这样的机会。"瞬间，我感觉自己长大了。另外期待着时间能走快点，能早日到天津学习。当时对学校的情况基本不了解，只知道天津是个大城市，这些简单的信息也只是在一些画报、电视上看到过，但心中充满了对天津的想象和憧憬。

离开家乡时，先是坐的客运车，到那曲影剧院前大广场集中，广场上挤满了来送行的家长和老师，他们为即将远行的学子献上洁白的哈达，千叮咛万嘱咐。我的父母也在其中，母亲忍不住落泪了，可我当时只有对天津的向往，全无离别的伤感。

离开那曲，我们坐着客运班车一路到了拉萨，住进一家招待所。第二天时任自治区党委副书记丹增还亲自来招待所看望我们，并对我们说："能够到内地去，是国家对西藏的特殊关心关怀，你们到那里一定要好好学习，长大以后报效祖国，建设家乡！"

少年新奇几时休

◆ 出席纪念"五四"运动座谈会

怀着对未来生活的憧憬，我们离新学校越来越近，快到学校时，传来敲锣打鼓的声音，85届的学哥、学姐们已分列道路两旁欢迎我们。学校特别细心，安排了师哥们帮我们提行李，他们都非常热情，瞬间异地的陌生感完全消散了。

很多天津红光中学的同学们，和我一样对食堂伙食印象最深的就是糖包子。每周四、周日食堂都会有糖包子，份量很多，做得足够我们吃，但每次见到糖包子大家还是会抢，可见糖包子的受欢迎程度。糖包子有各种不同的馅料，有豆沙馅的，还有白糖馅的，大家都很喜欢吃。天津有很多美食，比如说煎饼果子。刚到天津的时候，听名称还以为煎饼果子里有苹果呢，后来看到现场做，才知道煎饼果子是由薄饼、鸡蛋、油条做成。原来天津话把油条叫果子，而不是我们认为的水果，煎饼果子里当然就没有苹果了。

学校的宿舍特别大，条件非常好，我们宿舍住了八个人，特别宽敞。每个人的床上，都贴着自己的名字。学校给我们提供了崭新的床单、被套，给予了我们无微不至的关心关怀，让我们有了家的感觉。而且我们都来自那曲，有很多共同语言，总有聊不完的话题。

我们班大部分都是女生，只有十个男生。老师经常跟我们讲，要互相关心，互相帮助，同学们之间也团结友爱，亲如家人。老师也经常叮嘱我们要好好学习，将来建设西藏，报效祖国。在老师的悉心教导下，我树立了远大的理想抱负。

我们一周通常只能在星期天出校门，为了保证安全，学校规定上街必须开出门证，最少要两三个人一块出去，并要写明几点出去，几点回来。当时我们去的最多的是红光中学附近的北宁公园，喜欢去北宁公园的游乐园玩儿。

当年我爱好踢足球，像马拉多纳、古力特，都是我的偶像，踢足球也跟军训一样，蕴含很多的精神价值，比如说团队协作精神等。我还很喜欢费翔和齐秦的歌，像《冬天里的一把火》《故乡的云》《外面的世界》，我都很喜欢听。那时候我们还很喜欢听小收音机（俗称"半导体"），主要用来听音乐听相声。天津是相声的故乡，那时候在课余时间我们除了喜欢听音乐还喜欢听相声。每天晚上十点半，天津广播电台有一个相声的节目，熄灯以后好多人都会偷偷地把自己的半导体打开听着相声入睡。我现在也喜欢听相声，像岳云鹏、郭德纲都听一些。

民族团结暖人心

每到春节和藏历新年，学校就会组织很多活动，而且每到这时候那曲地委、行署会专门派一个慰问团过来，他们带着家乡的人参果、奶渣，还有糌粑，来看望我们。天津市委市政府和其他相关部门，对我们在内地读书的藏族学生也都非常关心。每次过春节或者藏历年的时候，天津市的主要领导都会到学校来慰问，印象最深的是，时任天津市长的李瑞环同志也来看望过我们，我们深受鼓舞和感动。后来我们的老师还创作了一首歌叫《怎能忘》，歌词写得特别好，听说后来还成为其他学校的校歌。

上初中的时候有一次我生病了，刚开始是感冒，后面又引起肺炎，学校医务室的老师把我带到医院，医生检查完后对我说："你得住院。"我被安排到一个房间，那个房间记得好像有三张床，里面有一个老大爷，他对我这个从西藏来的小孩特别好。他家里人给他送吃的，他一定要拿出一半给我吃。后来他家人知道了，给老人送饭就专门给我带一份。后来我还发现护士

◆ 调研基层团组织建设工作

站值班的护士专门在黑板上叮嘱,今天来了一个小藏胞,在哪个床,要多关心。哪怕打针的时候护士都要说:"你不要怕,我会轻一点。"这些小细节我到现在还记忆犹新,这些画面到现在回忆起来,我都觉得特别美好。那时候虽然小,但仍能感觉到内地叔叔阿姨对我们这些从西藏来的藏族孩子特殊的关心。工作后,我才明白,其实那就是民族团结友爱的真实体现。

如今,我也会主动邀请单位里刚来西藏不久的汉族同志到家中做客,尤其过藏历年时,我会邀请留在单位的汉族同志到家里一起过年,让他们品尝一下酥油茶、酸奶、人参果,感受一下藏族的"春节"。就像我当年在住院时受到内地的汉族叔叔阿姨们亲人一般的照顾一样,我希望他们在西藏也能有家的感觉。

永生难忘感师恩

天津红光中学的校园氛围非常好,老师像父母一样关心我们爱护我们,从生活老师到我们的任课老师、班主任,对我们的成长影响特别大。我们在

| 共进与赋能
西藏班(校)35年35人口述史

天津上学的时候，都还是十二三岁的小孩子，老师像对待自己的孩子一样照顾我们，特别是住在学校的生活老师，到了凌晨三四点，她们都还要查铺，看看每个人有没有盖好被子。因此，我们都亲切地叫她们"妈妈"。我有好几位汉族妈妈，比如康妈妈、王妈妈、李妈妈等。天津红光中学的前几批学生，一谈到可能没有不认识的。记得过冬时，我们好多同学都不喜欢穿棉裤，既是嫌麻烦，也觉得穿上后会显得很胖，所以好多人不穿棉裤就跑去教室上课。不料，康妈妈早已"洞察"了一切，上课前会特意站在教室门口，用手挨个捏一下同学们的裤子，只要有没穿棉裤的，马上命令回去换。她现在也快九十岁了，不过身体特别好，每次过年过节，我和同学们都会打电话慰问她，话语间她依然流露着像对自己孩子一样的疼爱。

都知道内地西藏班的老师既要教学，又要当父母，照顾学生的生活，为西藏的这些孩子真是付出很多心血，我到现在都无法忘记他们的恩情，有时到天津出差我都会去看望老师们。2016年，时值我们86级学生入学30周年，同学们决定把班主任老师、年级组长，还有生活老师请到西藏来，一是让这

◆ 调研青年创新创业工作

些家人看看西藏的发展；二是为与老师们团聚。康妈妈都80多岁了，但她还是坚持一定要来。她的孩子怕她年纪大了不放心，但老师执意要来，最后60多岁的儿子就陪着80多岁的母亲上高原了。我们的班主任王世昌老师还有高国勋老师，也一起来到了西藏。跟老师谈起30年前在一起的生活，那些往事仿佛就发生在昨天，看到我们现在各个方面都很好，老师们既欣慰又高兴。我们相拥而泣，不愿别离。老师含辛茹苦地抚育我们长大，并没有要求我们为他们做什么事，或从我们这儿得到什么，就一个简单的电话、一条短信，一种深深的师生情早已将我们紧紧连在了一起。

现在我最想对老师们说的是："感谢老师，在我们十二三岁离开家乡、离开父母的时候，给了我们父母的爱和关怀，让远离家乡的学子感受到家的温暖，是你们让我们懂得了感恩，懂得了担当，万分感激，师恩难忘！"

追忆似水年华

我经常用"快乐"这个词形容我在内地西藏班的学习和生活——真的很"快"，但也很"乐"。天津就是我的第二故乡。每次出差去天津，一下火车就感觉很亲切。记得当时最爱去的就是北宁公园，到那里面玩，到门口买瓶汽水喝，觉得真是很幸福、很满足。

十几岁的小孩正处在价值观、世界观形成的关键时期，在天津红光中学上学的那几年，给我留下了深刻的记忆，那段求学时光，我增长了知识，开阔了视野，学会了独立思考，对我整个人生都有很大的影响。设立西藏班就是为西藏培养高素质的人才，促进西藏经济社会全面发展。这30多年来，内地西藏班的老师为藏族孩子付出了很多，让我们充分感受到了祖国大家庭的温暖。

这四年我收获了满满的爱，留下了挥之不去的珍贵记忆。我也会鼓励我的子女考取内地西藏班，并叮嘱他们珍惜时光，用心学习，懂得感恩，回报社会。

我现在已经到了不惑之年，经历了很多，不管在哪里，我都能和别人融洽相处，这都缘于我在内地西藏班的学习经历，在与老师和同学们朝夕相处的日子里，我不仅学到了知识，更学到了做人的道理，这都成为我一生中宝贵的财富，促我成长。

我很庆幸我能在内地西藏班学习，感谢国家对西藏的好政策，让我们在祖国大家庭里幸福快乐地成长，我们的人生也因此而精彩！那段美好的青春岁月，也令人无限留恋！

这也是一条求知的"天路"

贡秋扎西

受访嘉宾简介

贡秋扎西：藏族，西藏芒康人，1973年3月出生。沙市六中西藏班（现武汉西藏中学）初86级校友，成都西藏中学高90级校友。1997年毕业于山东大学国民经济管理专业，2003年获得中国人民大学经济学硕士学位。现任西藏大学财经学院党委副书记、院长；2015年11月被聘为经济学教授。先后主持国家级课题4项，省部级课题6项；撰写论文25篇，在核心期刊发表论文21篇。其中"西藏农区金融发展状况研究"获得自治区首届哲学社会科学学术论文一等奖。荣获"西藏自治区优秀教师奖""西藏自治区高校教学名师奖"和"西藏大学教学名师奖"；入选"国家百千万人才工程"。

从盐井到沙市

我小学是在昌都芒康县盐井乡读的，盐井被称为"茶马古道上的明珠"，地处西藏、四川和云南三省的交界，是一个多民族聚居地。小学时，我的成绩较好，每次考试都在班级前三名，记得父亲讲过一句话："去内地西藏班学习不仅是一次很好的学习机会，更是通向外界的第一扇门。"因此，我对内地西藏班产生了热切的向往，也一直在努力复习功课，迎接考试。当时我们县里考了一次，然后再到地区上考，县里考试我的成绩很好，但到地区的时候，因为对手会变多，所以还是有点担心。那一次在地区考试是我人生中第一次出县城，也是第一次吃冰糕，当时没能忍住，一下子吃了好几块，所以考试的时候就拉肚子了，考试状态不是很好，担心落榜，这种焦虑一直伴随着我，直到教育局通知去邮局拿录取通知书，一家人才知道我顺利上榜了。

从乡里到县里，我看到了很多从来没有见过的东西，那从西藏到内地，我觉得肯定会有更多的惊喜在等着我。带着这种心情，那段时间我完全处于小孩子的兴奋状态，记得父母跟我说了很多话，但我一句都没有记住。唯一有印象的就是我去内地时，父母专门让我带了粮票和菜票，怕我挨饿，叮嘱我要及时换粮食吃。但等我到了内地的时候，我发现已经用不到了，但那些票，到现在我还一直保存着。

现在的孩子不管出差还是旅游，都会把自己的行程规划得非常清楚，但那时候的我们对城市是没有概念的，成都、沙市、重庆这些名字都只是一个个地方而已。现在坐个飞机如果要两三个小时，坐个火车如果花半天，我们就会觉得时间太长，但回想起86年从老家启程到学校，前前后后一共走了20多天。当时从芒康县考上的一共有五个学生，我们从县里到地区坐的是解放牌汽车，从地区到成都坐的是大巴，从成都到重庆坐的是火车，从重庆到沙市坐的是轮船。那时候通讯条件也不方便，到学校不能立马给家里报平安，初中四年与家里联系完全靠写信，寄到家要一个多月。电报最快，但也要十五天，一个字四分钱，太贵了。让所有新生非常感动的是，那么晚了，但老师和85级的同学还是在门口列队欢迎我们，特别温馨。

贡秋扎西

这也是一条求知的"天路"

◆ 沙市六中西藏班86级毕业合影

稚嫩到成熟的蜕变

刚到学校的时候，因汉语水平不太高，跟老师交流还有一些问题，班里同学们的汉语水平差异也比较大。那时候我是学习委员，成绩属于中游，不冒尖，理科学得好，文科差点。在学习上，我最大的心得就是课堂上一定要百分之百地认真，跟老师上课的节奏保持高度一致，这样课余你才可以百分百地放飞自我，而且成绩也不错。

在寝室里，我是一个"游离者"，除了睡觉以外基本不在宿舍。因为喜欢踢球，我大部分的课余时间都在操场度过。初中的时候我们两周上一次街，高中以后相对自由一些，大概一周一次。记得离学校八百米左右的广场旁有个电影院，看一场电影两毛钱，也不便宜了。学校也会组织我们出去游玩，我记得到过荆州一次，那里有很多古代建造的城墙，应该是用来护城的。荆江大堤象鼻矶上有一座万寿宝塔，是全国重点文物保护单位。让我们最为惊讶的是，塔的内壁有许多汉白玉雕佛像，还有901块花砖和文字砖，分别刻有汉文、满文和藏文。这么远的地方还能见到家乡的文字，我们非常兴奋。万寿宝塔已经在这里屹立了400多年，经历了风风雨雨，也见证了汉

65

藏文化的交流。

可能是我初中太小了吧，加上踢球玩耍的时间比较多，还没那么想家。高中我在成都西藏中学上学，从那时候开始，自己逐渐成熟，但还是会有些想家。开始以比较理性和客观的态度去观察和思考故乡，应该是从大学开始的，尤其见到大城市的繁华，总是会不自觉地和故乡进行对比。从文明本身来说，这并没有优劣之分，但从现代化发展的角度看，我们是真的落后了，于是一种使命感油然而生。这种使命感一定不是填饱肚子那么简单，而是在吃饱喝足之余，用实际行动把自己在内地的所见所闻所学运用到家乡的建设中去，这也是一种朴素的家园情怀。

青春是最美好的遇见

90年代的时候，经济类专业在全国非常热门，被普遍认为有很好的就业前景，在老师的推荐和指导下，我报考了山东大学的国民经济管理专业。1997年本科毕业之后我被分配到西藏大学当老师，目前担任西藏大学财经学

◆ 与85级"老乡"同学在成都西藏中学大门前留念。右二为贡秋扎西

院院长、教授。回首自己走过的路，当年从乡村走出来，迈进大学校门，到今天成为一名教授，这是一段成就梦想的旅程，但能走完这段旅程绝不光是因为自己的勤奋和天赋，而是与几个方面的因素密不可分。

我要感恩内地西藏班这个政策。汉语里面有句话叫"人挪活"，就是说见的世面越多，格局和平台就变大了，发展得也就越好。也有人说人生重在经历，好的经历会对一个人起到非常积极的作用。我非常认同这两个观念，因为这个政策，我才拥有了这么一段美好的经历，在这个过程中，我遇到了很多人、很多事，不管是好的还是坏的，满意的还是失望的，都是青春最美好的遇见。教育最根本的目的就是要让人自由全面地发展，我觉得内地西藏班就是国家为这样的愿景而设立的。这些年来，这个政策为西藏培养了成千上万的建设者，他们在内地除了接受西藏班的教育外，还系统地完成了本科，甚至硕士和博士阶段的学习，以自己最好的精神面貌投入到西藏的各个行业，并成为这一领域的骨干人才，这是教育援藏取得的的重大成果。

我要感恩那群可敬又可爱的老师。十几岁的我们正处在青春的叛逆期，老师作为我们在内地的监护人，为了我们舍小家、顾大家。我初一的班主任朱元莉老师，现在已经91岁了，还会在班级微信群里和我们聊天。那时她就像妈妈一样，对我们日常生活很关照，很贴心，我们感觉到很温暖。初二时的班主任叫刘静波老师，个子很高，语文教得很好。初中毕业离校的时候，他追着我们的车子跑了很长的距离，直到坐在车后面的男生透过玻璃看到老师渐渐变小的身影。这时我们才明白平时那个沉默的语文老师，其实是那么地爱我们。在刘老师辞世的前一年，他设立了一百万的教育基金，专门资助品学兼优但家庭条件差的藏族孩子。他只是一个普通得不能再普通的人民教师，这些钱是他一生的积蓄，但他愿意无偿花在我们身上。他在国外的女儿知道这件事情后，也主动捐助了一些，这个基金到现在还在运转。还有一位是教藏文的汪洋老师，因他出生在"文革"时期，所以家里就给他取了这个名字。记得他说的印象最深的一句话是："作为一个人，这辈子一定要过得有意思，不要碌碌无为，而要轰轰烈烈！"我特别清楚老师这句话背后的用心，他希望我们成为一个大写的"人"，不要成为一个平庸之辈。汪老师去世的时候，班里专门举办了追悼会，而这句话也成为了学生们永远忘不了的人生箴言。

共进与赋能
西藏班（校）35年35人口述史

◆ 在"民生银行奖（助）学金"捐赠暨发放仪式上

我要感恩我的家人和其他帮助、关心和支持过我的所有人。一个人的成长和岁月的静好，一定有一批人在背后为这个美好负重前行。当年从家乡走出来，到今天的岗位上，家人一直是我最坚强的后盾，我要感谢我的父母，当年在条件那么艰苦的情况下，供我到内地读书，虽然他们也希望有更多的时间和我在一起，但为了我的学业和前途，他们始终默默忍受着孤独；我要感谢我的爱人和孩子，即便因为学院的工作，少了一些陪伴他们的时间，但他们总是支持我的事业，深知教书育人对一个国家、一个家庭的重要性。目前，我的大儿子也在内地西藏班上学，碰巧的是，他上初中时的编号和我的竟然一模一样，但和当年的我相比，他们的自主学习能力、知识接受能力、情感表达能力、社会交往能力都更胜一筹。作为父亲，我也期待着他早日学成归来，建设家乡。我还要感谢我当年的同学和我现在的同事，他们对我学业上的帮助，对我生活上的关心，对我工作上的支持，我一直心怀感恩。当然，我也要感谢当年那个奋斗的自己，小时候我真的是一个"后知后觉"的人，不会主动规划学习，也缺乏一些前瞻性的思考，但就是在内地西藏班，我不仅学到了知识，更学到了做人的道理，让我受益终身。对于一个男孩子的成长来说，这段经历我觉得弥足珍贵。

近几年，我回去过成都西藏中学，主要是因为离得相对近一些，但沙市六中一直没有去成，后面一定会找时间回去看看母校和老师，也想借着这个机会，对在内地西藏班学习的孩子们说，人生其实就是那么几个重要的转折点决定的，而内地西藏班就是摆在你们面前的改变人生的最重要的转折点之一，希望你们一定要把握好这个难得的机会，修身齐家，回报社会。

我所怀念与感恩的人和事

多吉罗布

受访嘉宾简介

多吉罗布：藏族，西藏拉萨人，1973年5月出生。重庆西藏中学初86级校友、北京西藏中学高90级校友。本科毕业于重庆交通大学，硕士毕业于长安大学，享受国务院特殊津贴专家，西藏自治区学术技术带头人，正高级工程师。他从西藏自治区交通厅科研所技术员做起，现已成为西藏高争建材集团有限公司、西藏天路股份有限公司党委书记、董事长。2020年8月升任新组建的西藏建工建材集团党委书记、董事长。曾荣获西藏自治区"民族团结进步模范个人""西藏自治区劳动模范"和"全国建材行业优秀企业家""全国劳动模范"等称号。兼任西藏自治区青联副主席、自治区政协委员、长安大学硕士研究生导师、西藏民族大学、重庆交通大学客座教授。

所选无悔

我叫多吉罗布，是拉萨本地人。1986年到1990年，作为第二批内地西藏班学生，在重庆西藏中学读初中（1987年前，学校还叫重庆第三十一中）。1990年，我在北京西藏中学上高中，也是北京举办亚运会那一年，感触很深。当时，周边除了亚运村以外，几乎都是农田；现在来看，学校以及周边的环境，全是建筑群，与以往相比可谓天壤之别。1993年到1997年，我在重庆交通大学（当时还叫重庆交通学院，是交通部直属的三所院校之一）读本科，专业是公路与城市道路。我在重庆度过了初中、大学最美好的八年时光。从大学毕业到2006年，我从事的是公路交通建设的工作，与我本科所学的专业基本吻合。2006年以后，我的工作转向企业管理，对大学所学专业的应用变得少了些。目前，我主要在两家企业工作，一个是2019年根据自治区党委政府对整个产业集团重组后成立的"建材集团"（涵盖了三家上市公司——西藏天路、高争民爆、重庆重交），去年任党委书记兼董事长；另一个是西藏天路，担任党委书记和董事长。

沿着父母的足迹前行

去内地西藏班，谈起来比较遥远了，毕竟过了这么长时间了。当时年龄小，想法比较简单，也没有考虑太多，认为能够到内地上学，就是一种进步，莫名地有一种动力——应该去比西藏条件更好的地方上学。我父母以西藏公学最早一批西藏学生的身份在内地深造学习，之后回到西藏参加工作。对于在内地的学习，他们大有收获、深有感触，认为在内地学习是一件很好的事情，他们不仅支持我，而且鼓励我要像他们一样到内地读书。

1986年，我所在的实验小学在拉萨、在全区，总体的成绩还是不错的。我的小考成绩位于中上，绝大部分同学都考到了内地西藏班。当时，我对内地西藏班比较了解，因为父母偶尔会谈关于内地西藏班的情况。比如说去内地学习必须得考，考上了才能去；内地生活条件会好一些，吃的肯定要好很多；日常花销不太多，每个月还有洗漱补贴，好几块钱，那时候的几块钱也算可以了。

听到学校公布的成绩后，我的心里很高兴，几方面的高兴。自己想要考到内地西藏班的愿望实现了；家里面不会管太多，这是很真诚的想法，觉得可以自由地去玩儿了。父母听到消息，更多是鼓励和叮嘱，尤其让我多注意身体。毕竟，他们七十年代就去了内地，条件可能更艰苦。

◆ 2008年5月荣获第五届"西藏青年五四奖章"

每个孩子考上内地西藏班的时候，家里都会做充足的准备。1986年，整个中国的物质条件都比较匮乏，父母依靠微薄的工资，为我准备了不少的东西，还带了很多衣服，用很大的箱子装着。父母还在我的行李中塞了钱，虽然不到二百块钱，却算是不小的数字了。当时，为了庆祝我考上内地西藏班，父母还把亲戚们聚到一起吃了顿饭，大家都为我感到高兴，现在回想起来，满满的亲情与温暖。

离别与归来

从拉萨到重庆，第一次坐飞机，也是第一次坐火车。当时教育厅有一个老师，名字记不太清楚了，组织我们集中从拉萨坐飞机到成都，再坐绿皮火车到重庆。出发那天，父母、我和弟弟很早就起来了，母亲眼睛又肿又红，反复叮嘱我要照顾好自己。母亲只是把我送上车，父亲把我送到民航局。车子启动后，隔着玻璃窗，我看见母亲已哭成了泪人。在民航局与父亲分别的时候，父亲哽咽着叮嘱了我几句，让我好好照顾自己，好好学习。

1986年，刚到学校一个月左右，母亲写了一封信给我，二十多天的平信终于到了，牛皮纸的信封，两页多信纸，母亲非常想念我，让我注意身体。那一刻，我放声大哭，再也看不下去了。这种平信，之前会一个月一封，一页、两页纸左右。时间长了，就变成两个月、三个月一封信了。偶尔，信里面会放个五块、十块。因为当时最大的面值就是十块，如果能收到这样的信，会非常惊喜。到了高中，包裹会稍微多一点，但也仅仅是一年收一次、两次，更多的是过年的一些衣服，零食，比如干肉、印度饼干等。

初中毕业回家的场景，现在仍历历在目。下飞机后，同样坐着民航大巴回到了布达拉宫广场，从大巴里面看过去，外面有很多的家长都在等着，等着接我们重庆的小孩回家。只见父亲追着大巴一拐一拐地一路小跑，父亲的一条腿患有严重的风湿，直到大巴在指定的停车位停下。那一幕，至今根植在我的记忆中，每每想起，便潸然泪下。车上的四五十个学生涌着下车，投入父母的怀中，抱头痛哭。我抱着父亲只有哭，所有的思念此刻随着眼泪倾泻而出。这一归来的场景深深地、永远地刻在了我的脑海中。

回到家，母亲已经准备好了热气腾腾的酥油茶，还弄了很多小吃等着我们。13岁离开的时候，我身高不到一米五，体重只有30多公斤。过了这4年，我变成了一个大小伙，个子一米六几，体重也增加了很多，长得白白胖胖的。4年没有见过家人，一下子见到母亲，情感完全不同。这种难得的经历，对我后面做人做事、家庭事业，影响深刻。我非常感动，也非常珍惜这4年。现在我的儿子也在内地上高中。

这四年，母亲也有了明显的变化。走的时候，母亲基本上没有白头发，4年后，两鬓也斑白了，还是那样慈爱的眼神，感触却深了许多。看到母亲的那一刻，我还是没忍住眼泪，母亲强忍着说："不要哭，不要哭，赶紧进来，赶紧往屋里坐。"母亲是一个性格很刚强、很有原则的人，在县公安局还当过局长，她在墨竹工卡县工作的时候，父亲在墨脱，没有办法长时间回来，她就带着我和弟弟，一个人把我们两个拉扯大。

京渝读书时光

1986年的夏天，我们在歌乐山的山脚下下了车，一路走到了学校，道路两旁站着师兄师姐们夹道欢迎我们，还有当地班的同学们站着为我们鼓掌，一直送到学校里面。他们穿着拖鞋、背心，跟我们这些从寒冷地方来的人比起来，形成了强烈的反差。进去以后，学校安排我们在拉通的大车库里面先吃饭，地面上长年比较潮湿，跟泥浆差不多。我以为内地学校会更好一些，结果与预想之间存在了一定的差距。那时候，学校虽然还没有改造完，但是伙食还不错。

我们是傍晚到的，最开始出来迎接我们的，都是高年级学生；后来，变成一个高年级学生照顾两个低年级学生。当时带我的高年级同学是个师兄，叫次旦，他把我们领到房间后，让我们首先把东西放好。与这位师兄的缘分，一直维持到现在。

初到学校的故事，有些模糊了，有些却记得很清楚。那时候，每个同学都用着黄色的瓷碗，上面用红色的笔写着不同的号码。每一个编号，代表瓷碗属于不同的"主人"。那个有着我编号的瓷碗，用了4年，遗憾的是，却没有带走，没有好好保留。学校的包子非常香，排骨、豆花海带汤也非常香，这些蕴含着特别回忆的食物，一如既往的美味与可口。直至现在，我也会经常吃包子、喝海带汤。初中时，还不了解小面，吃得并不多，但在重庆上大学后，觉得重庆小面很好吃，经常要去面馆吃二两小面。现在去了重庆，吃一两次重庆小面，成了行程中必不可少的事情。

在重庆读初中的时候，寝室条件还不错。一层楼有一个集中的卫生间，没有热水是凉水；有一个淋浴间，供大家洗澡；宿舍里面有上下两个柜子，一人一个；蚊帐、暖瓶这些物品都是学校为我们考虑到、准备好了的。一个寝室4个人，中途更换了一次室友，但是，现在仍与其中两个保持着联系。对于我们86届的同学而言，初中四年同学之间的感情是最真最纯的，是特别宝贵的。现在，大家也都为人父母了，平常也会见见面或者通电话，有了最纯粹的感情在，聚在一起，仿佛又回到了从前。

想当初，刚到重庆，我们连语言关都过不了，在头一年预科班的时间里，重心便是学汉语。我明显地感觉到，咱们的教育条件跟内地相差较多。那时候，重庆西藏中学也有当地班，遇到查字典的全年级竞赛，能拿到名次，我们就认为是一件很值得骄傲的事情了，可见差距很大。所幸，班里面全是拉萨和拉萨周边县里的生源，同班同学之间不存在语言沟通的问题，自创的普通话加拉萨话。到了高中以后，形势有所不同，大家来自昌都、日喀则、山南、那曲等不同的地方，带着各自的方言，好像有所区别；但是，十七八岁的年纪，互相沟通交融适应的速度又很快，也不存在什么沟通上的问题。

  初中生活，回忆起来非常有趣，也是我记忆最深、感触最深的4年。歌乐山本身就是一个革命圣地，有白公馆、渣滓洞等红色旅游景点。当时，我们的蚊帐里面会有两个不同的元素，贴江姐、小萝卜头的明信片，作为我们重庆西藏中学一个非常突出的红色教育。每年的11月27日，我们一定要到烈士陵园献花篮，到现在为止，每年的11月27日我都能记起来。其次，就是足球明星了，包括马拉多纳等等，我们的蚊帐里面又会开辟出另外一个小的地方，全是足球明星。我最喜欢的是马拉多纳，后来古力特也出来了。初中的时候，除了学习，对于我来讲就是红色教育加足球。也有一些女同学，喜欢言情小说，那时候盛行的是读台湾作家琼瑶的小说。我觉得这些课外活动，尤其是体育运动能够促进我的学习。那时候，学校没有正规的足球场，我们会把篮球场改造成足球场，挖两个洞，用歌乐山上的大竹子，两边一插形成两个门柱，中间用铁丝网串起来，上面再把一些旧衣服一缠，就是我们最好的足球场。现在想来，还是非常温暖和幸福的。去北京上学后，又喜欢上了北京的毽子，感觉跟足球差不多，但是比足球的运动强度要小。最近，我们也发动了一批喜欢踢球的比较好的同事、朋友，将兴趣转到了踢中华毽上。这跟我们的传统文化融合得很深，踢法、老北京话的有机结合，都是我比较喜欢的。通过腿部发力，同时发动身体其它部位，也有益于健康。运动的时候，我会把平时的工作状态带到里面，比如说踢毽子的时候要有协调性，这要求技术动作准确。我认为做任何事情都要尽全力，不管是踢足球、踢毽子还是做事业，如果你不全身心地投入和努力的话，将一事无成。

在历练中进步

  初中阶段，我在班里是班长。印象当中，重庆西藏中学没有学生会，都是以班为单位进行管理，有班长、团支书，再加一个学习委员、体育委员。学生干部的经历，对我以后的工作有着比较深远的影响。在我担任班长期间，总体的管理还算成功，整个班和谐团结，大家也挺服气且支持我的工作。直至现在，每当我遇到来应聘的学生时，都会特别关注应聘者是否具有学生干部的履历。我认为，要保证学习在内的自身能力过硬，才能担当学生干部；学生干部的职责，重在把这个班的一拨人组织好，拧成一股绳的力量，并非一个人、两个人的孤军奋战，这就得考验学生干部的组织管理能力了。如果性格很刚，最后会生出冲突甚至矛盾；如果性格很柔，整个团队也缺乏凝聚力，显得松散。如果一个人具备将大家团结起来、共同奋进的本领，学生干部的个人素质是绝对优秀的。管理者在团队中的必要素质和能力，想必在初中时，我就从某种程度上得到了潜移默化的影响和感悟。这些在内地西藏班汲取的"财富"，可谓受益终生。

老师是我永远的牵挂

在内地西藏班的时候，初中的班主任老师叫吴英嘉，是位女老师。毕业以后没有再见，听其他同学讲，还在重庆，但早退休了。她就像我们的父母一样，对我们班所有的同学都非常的关心、爱护。无论是在学习上，还是在工作中，她一直要求我们做到谦让。如果我们一起上车要到其它地方去，大家要互相谦让。日常生活当中，大家有什么不同的意见、争论，她还是讲要谦让。因此，我们这个班级，我们这么多学生，这四年过得融洽且真诚，老师这样的一种教育，对我们有着很大的影响。到了周日晚上，都会有班会，她每次会给我们讲一些要求，做一些安排。说到这里，我非常怀念我们的吴老师，有机会一定再去看看她，一直也没有电话联系，她的年纪比较大了，应该有七十多了。前几年，我们一些同学邀请她到拉萨来转转，因为身体原因，她也推辞了。

我记得一个小的细节，马上要过藏历新年了，相当于是年三十。所有的宿舍都挂着很简单的、发亮的那种纸质的丝带，可以拉起来，中间还有一个气球。我们宿舍里面有个同学抽烟，老师突然来检查，看到宿舍里面烟雾缭

绕，她就问谁在抽烟，刚好有一个同学抽烟，就逮了一个现行的。后来，她问我："你抽烟了没有？"我说："我不会抽烟。"她突然就追问了一句，"你的意思是你不会，你还要学？"简短的话语，是对我的试探，更是对我的警示，不要养成抽烟的不良习惯，要懂得自我约束。她本身很睿智，对我们班同学要求也很严，这些细节她都盯得很紧。老师管教很严，但都是出于爱。二十多年没见，我给自己许下一个小小的承诺，今年一定要去看看她，虽然双方的记忆已然模糊，但是，这份心还在，我相信老师的这份心也在。她依然是我的老师，我依然是她的学生。

到了初三，有一个叫王天平的教语文的男老师出现了。王老师在语文教学上很有办法，那年我的一篇叫《革命烈士在我心中》的文章获得了初高中组的一等奖，最后还在《重庆日报》上刊登了。他教我们怎么写文章，怎么符合我们这个年龄段，怎么符合我们西藏学生的感情，对我们的帮助很大。他讲的革命烈士的精神，永远铭记在我心。

现在回想起来，内地西藏班的老师很辛苦，责任也很大。老师们在这4年里，把所有的爱都投入到了我们这50多个学生当中，而且毫无怨言。

回望来时路，孕育家国情

对于我们这代人，内地西藏班的记忆是美好而幸福的。在重庆西藏中学读书时，我特别喜欢歌乐山上的幽静，能够让人安静和聚精会神思考。我曾经跟我的同事朋友讲过，有时间有机会我们再到歌乐山顶上去，早上起床，能听到泉水的流淌声，能够看到树林当中的薄纱一样的雾，特别惬意。然后去街上吃火锅，点上一盘豆芽、一盘土豆，奢侈一点再点上各种各样肉菜，到现在我也很喜欢吃火锅。如果去重庆，我至少要吃一到两顿重庆的土灶火锅，地道的同时，感觉又不太一样。

到过重庆，到过北京，见过一些世面，就会情不自禁地和家乡进行对比。由于历史和现实的原因，西藏各个方面条件都比内地差些，但国家为西藏的发展制定了很多优惠政策，包括内地西藏班的设立。

我们选择了内地西藏班，得到了很好的教育。我觉得内地西藏班的教育让一批又一批西藏的孩子成为优秀的各个领域人才。作为第二批内地西藏班学子，我从心底里特别感谢这样一个伟大的政策。我也相信内地西藏班会越来越好，一批又一批学子将来也会为实现中华民族伟大复兴中国梦的西藏篇章贡献力量。

◆ 2020年藏历新年初一看望慰问疫情期间坚守工作岗位的职工

西藏班是我的起点与归宿

丹 赳

受访嘉宾简介

丹赳：藏族，1973年7月生，西藏拉萨人。重庆西藏中学初86级校友，成都西藏中学高90级校友。1997年毕业于华东师范大学中文系，大学毕业后被分配到西藏大学语文系任教。2001年由西藏大学调入济南西藏中学任教。现任济南西藏中学总务主任兼一级教师。从内地西藏班的学生到内地西藏班的教师，他用30多年的内地西藏班人生经历，架起汉藏民族团结的桥梁。先后荣获"山东省优秀共产党员""齐鲁最美教师""山东省教书育人楷模""山东省民族团结先进个人""西藏自治区模范班主任""济南十大榜样人物"等荣誉称号。

内地西藏班办班35年，我置身其中26年。34年前，我成为内地西藏班招收的学生，见证了内地西藏班的起步，那是我人生的重要起点；现在我在内地西藏班工作了近20年，为西藏培养一批又一批的孩子，这将是我一生的归宿。

见证西藏班的起步

我叫丹赳，家乡是拉萨。小学就读于拉萨市实验小学，1986年小学毕业后，我考到重庆西藏中学，在那儿读了四年初中，1990年又考到成都西藏中学读高中，大学本科就读于华东师范大学中文系汉语言文学专业。目前我在济南西藏中学担任语文教师，兼任学校总务处主任。

记得在1984年前后，我就听说将来有去内地学习的机会，果然，1985年国家开办了内地西藏班，第一批高原学子踏上了求学之路。1986年家人特别希望我也能够考上，我自己也挺想去，主要是特别想看看"传说中的内地"到底是什么样子。

考上内地西藏班我真有些幸运，也算有缘分吧！在我收到一个写着"您被录取到重庆市第三十一中学"的录取通知书时，家里人乐开了花。作为小孩我也非常激动，因为可以坐飞机了，还有一堆吃的玩的在等着我。

我们学校在歌乐山上，那个时候绕着盘山公路，走的路程也很长，到了学校以后，发现学校在高处，往下全是农田。整个学校的自然环境特别好，包括现在也是，因为重庆西藏中学就处在歌乐山国家级森林公园的怀抱之中。那时候我第一次见山上长树，因为一直在拉萨，也没有去过西藏的"小江南"林芝，就觉得山上怎么还有树呢。当时我们吃饭的地方在一间像大车库似的砖结构的大屋子里头，米饭也装在大木桶里。这是我刚到重庆时见到的情形，那时候重庆也还不是直辖市，属于四川省。

重庆是家喻户晓的美食城，我印象最深刻的就是学校的包子了，我们上学的时候包子是定量的，一个人大概是三个包子，包子不是很大，但是非常的好吃。我们每次上体育课，都要进行踢足球比赛，比赛的目的就是互相赌下周

丹赳
西藏班是我的起点与归宿

◆ 2011年参加学校运动会入场式

的包子。比如我们五对五踢一场比赛，谁赢了比赛，下周吃包子的时候，输的一方就要无条件地把自己的包子给另外一方——"香包杯"由此诞生。

当时有一个特别有趣的事情，重庆的夏天是很热的，我们到了学校以后，发现85届第一批的学生穿着短裤短袖在操场上运动。但那时候我们在西藏，穿着短裤出去好像都有点不好意思。更好笑的是，有的学生还穿着内裤在操场上跑，但人小内裤大，自己没有发现，别人竟然也没有看出来。

类似这种情况还发生在生活当中，印象特别深的是，老师有时候问同学："你们来的几个人？"一般都说"二个人"。老师说："不要说二个人，应该说两个人。"所以，那时候我们的汉语表达能力还是比较差的。

那时候都不能回家，所以也有特别想家的时候。第一年过藏历新年，我们原本聚在宿舍里，一块儿吃零食喝汽水，气氛挺不错的。我们的班长是个男生，先是半开玩笑地说想家、想爸爸妈妈，谁知道在场的其他人都被"感染了"，藏历新年第一天，大家在房间里大哭了一场。

81

西藏班少年的青春回忆

我很喜欢足球,那个时候百分之八十的男生也都喜欢足球,因为除了足球也没有什么可以玩儿的。重庆西藏中学现在的操场,原来排着有五六个篮球场,都是水泥地。我们第二批的学生过去以后,跟第一批的学生一块,把篮球架子全给拔了,然后用竹子做了两个足球门,把它改造成了一个足球场。当时课也不多,大概上午四节课,下午两节课,然后就休息。下午下课后我们就一直踢球踢到晚上,基本天天如此,所以运动时间也比较充足。

我一直是重庆西藏中学校足球队的成员,负责踢前卫,那时候我们还挺厉害的,主要也有那股劲儿。我们先后参加了重庆"幼苗杯"足球比赛,从沙坪坝区又踢到了重庆市青少年运动会。尽管我们是跟其他学校的高中生在一块比赛,但最终我们还是拿了青运会第三名的好成绩。

90年世界杯的时候,我们为了看世界杯,那段时间晚上就会偷偷摸摸跑出去看球赛。因为大多数男生都痴迷世界杯,后来被学校老师发现了,晚上老师就开始一一查房。我们宿舍四个人想到一个办法,溜出去的时候,从外面用绳子把门里面的钩子给套上,而其他宿舍的人都是门开着就溜了,结果学校一查寝,其他男生都被发现了,说只有我们宿舍的人在好好睡觉,其实我们也不在里面。

高中我在成都西藏中学读书,但不变的是依然很爱足球。我们每年都会参加成都市"三好杯"中学生足球比赛,几乎稳进前三名。当时杨校长虽然是个女校长,但她也特别喜欢足球,还给我们校队请了一位四川省队的教练,所以我们的训练是特别专业的。整个暑假,球队跟专业队似的在那儿训练,隔一天就跑个一万米,跑完继续在游泳池里训练。有一次我们跟体院的专业球队比赛,半场以后,三十八度的天气,他们技术再好也累倒在地,而我们90分钟下来照样能跑。现在的孩子是吃得好喝得好,但身体素质大不如前了,还有好多男生连一个引体向上都做不了,这是需要引起我们足够重视的。

我对足球的爱好一直延续到现在,现在更多的是跟学生踢,有时候他们上体育课,如果自己没什么事也会去跟他们踢。踢球的时候我们更像朋友,有时候他们还会把我撞倒,拉拽什么的。足球不仅充实了我的生活,也成为我与孩子们沟通的一个重要纽带。

内地学习让我羽翼渐丰

初中毕业,我报考了成都西藏中学。当时我们学校里,重庆西藏中学第一批第二批的将近百分之九十的学生都更愿意上中专,因为上中专意味着你很快就可以参加工作了。其实我也是想上中专的,母亲可能是因为自己没有上过学,就执意让我继续读书,所以我就选择去成都读了高中。

重庆和成都不管是气候上也好,还是饮食上也好,都特别接近,而且我们那时候也能说一口四川话了。所以到成都没有任何的需要适应需要过渡的状况,感觉只是换了一个地方而已。高中跟初中比起来,自己思想慢慢成熟了,也感觉老师把我们当大人看了,和你说话,和你交流,更像是一种跟大人之间的沟通方式,一下子觉得我真的是长大了。与此同时,高中以后,学习压力也忽然变大了,不像初中那样可以边玩儿边学就可以这么过来。那时候觉得高考压力确确实实变大了,压力变大以后,心理上也有很多的变化。在这种情况下也开始知道如何应对未来人生中的压力,有时候是主动的适应,有时候是被动的适应。其实人就是这么慢慢成熟起来的。

高中时我的数学不是很好,到了高二分文理科,我毫无悬念地选了文科,没想到文科还是得学数学,一段时间也挺消沉的。但是数学老师可以说是不遗余力地帮我复习。那个时候印卷子不像现在这么方便,老师为了能够让我数学成绩提高一点,每天晚自习单独给我手写出卷子,出一些基本的题,让我反反复复地练,晚自习在办公室单独给我辅导。成绩虽然不理想,但是老师在尽力地帮我,所以对自己的鼓励特别大。

等到高考填报志愿的时候,我可以想象大学的数学会很头疼,所以特地找不用学数学的专业,这是最基本的出发点。另外,根据自己的经验,我觉得高考报志愿,最主要的是要选择一个适合自己的专业,有时候喜欢不代表合适,尤其是所谓的热门专业,并不一定真的适合自己。至于考试,我感觉最主要的首先是要有足够扎实的基础知识,然后是放松心态,不管是中考也好,高考也好,它其实也是一个普通测试,稳定发挥自己应有的水平,就已经是成功的一半了。

高考我如愿考进了华东师范大学,得益于从初中开始在内地西藏班求学,在外面生活了很长时间,本科时候,自己方方面面的自理能力要比身边的许多同学好很多，周围有好多同学在上大学前都没有离开过自己的城市，也没坐过飞机和火车，而这些我都经历过了，他们也都特别惊讶，觉得不可思议。

我选择重回内地西藏班

  1997年大学毕业，我被分配到了西藏大学工作。

  从1997年在西藏大学语文系任教，一直到2001年，教的都是公共课程，类似于大学语文。那时候我也刚结婚不久，我的妻子叫田苗，汉族，她是山东人。因为我回西藏，她也跟着我一起回来了。在西藏期间夏天还好，但一到冬天，她就会出现缺氧、头晕等症状，甚至有几次出现了晕厥，她家人也特别担心，之后她便回山东调养了。这样一来，我在藏大，她在内地，结婚以后两年就这样分居着，但长期这样的话肯定不行。我就想，如果她进不了藏，那我就得考虑过去。

  当时决定要去内地，不是短暂的访学或者进修，可能一辈子就要留在那里了。当时父母对我也是特别不舍，从心理肯定是不愿意我再次离开家乡亲人。但是因为从小对我的管教是比较民主的，也很尊重我的意愿，所以最终父母也就愿意接受这个事情。另一方面是因为虽然去了内地，但是我从事的还是跟家乡有关的工作，所以他们心里也觉得比较欣慰。再加上交通都比较方便，要见个面不像原来那么麻烦。所以空间上的距离虽然遥远，但是我们沟通联系的方式也比较多样，与家人的情感联系依旧特别紧密。

  2001年5月份经组织批准，我就到了济南西藏中学工作。我从内地西藏班毕业，又回归到内地西藏班任教，说实话有点回家的感觉，只是身份发生了变化。看到学生们就会想起当年的自己，虽然有很多方面的变化，比如人的变化，环境的变化，学校的硬件、软件各方面的变化，但学生的学习和生活，学生的整个的管理流程依旧很熟悉，印象也深，因此，虽然到了内地工作，但感觉还是在自己特别熟悉的环境里。

  在内地西藏班工作，最大的快乐就是能见证一批又一批孩子的成长，亲眼看着他们回去建设家乡。这是令自己感到非常自豪的事，直到今天，大部分已经毕业的孩子与我依然还有联系，他们上高中、上大学、参加工作，到成家立业，他们每一步的成长，以及所取得的每一点成绩，都让我感到幸福和欣慰。我母亲去世前跟我说过一句话，我印象特别深："你虽然身在内地，但是你从事的是为家乡培养未来的建设者的一个最基础但又伟大的工作。"

我和我的汉族妻子

在内地西藏班当老师，带这些孩子虽然是一个比较快乐的工作，但是所有内地西藏班的老师身上，尤其是像我们这些当班主任的，身上的压力、困难也确实特别大。现在的好多家庭就一个孩子，都当成宝贝，交给我们后，先不谈学习，身体的健康、生命的安全，就是一个特别大的责任，容不得有一点疏忽大意，这种无形的压力，近20年来一直伴随着我。平时下班回家我最害怕接到的就是学校的电话，因为就怕一来电话就说哪个学生出什么事情了，心里非常的担心。所以，内地西藏班的老师确实很辛苦，读书的时候没有那么深的体会，但现在自己也当了内地西藏班的老师，就特别能理解当年那些老师的良苦用心。

虽然有困难、有压力，但我还是很有动力。我的动力就是觉得这是一项特别有意义和特别有意思的工作，也觉得很有成就感。从民族团结的角度来讲，内地西藏班就是民族团结政策的鲜明体现。自己刚上学的时候，对此没有特别深的体会。上完初中、高中，回过头再来想的时候，内地西藏班从85年开始到现在，我们这一批人的成长，包括整个人生的发展轨迹，都离不开一代代汉族老师的心血。我现在快50岁了，我重庆和成都的老师也都已经七八十岁了，但只要见到他们我就觉得特别亲切，他们不仅陪伴了我们整个成长的过程，看到我们现在取得的成绩，他们也由衷的自豪。不管是什么民

◆ 课间与学生交流

◆ 荣获"齐鲁最美教师"称号

族,人与人之间用最真诚的情感去关心和守护彼此,然后又把这种情感汇聚起来,成为推动家乡建设发展的一股重要力量,这就是我对民族团结最基本的理解。

娶了一位汉族妻子,她周围的亲戚也都是汉族,我现在也真正地融入到了她的大家庭当中。等到自己真正融入进去以后才发现,其实作为一个人来说,不管是什么民族,我们都归属于中华民族这个大家庭。比如在我的小家庭中,我和妻子虽然来自不同的民族,但结婚至今也从来没有因文化差异而发生过矛盾,我们彼此尊重、互相理解。

这两年,组织也给了我许多荣誉,我被评上了山东省的"齐鲁最美教师""优秀共产党员""民族团结先进个人",也当选为2019"济南十大榜样人物"等,其实我认为自己并没有那么优秀,但这是国家对我们少数民族和少数民族教育的认可和重视。

因为爱,我选择重回内地西藏班。不仅是因为我对妻子的爱,也是因为我对内地西藏班的深深情怀,是对藏族孩子的一份爱与责任,更是因为我作为一个普通人民教师,对国家和民族的一份爱!

从尼玛旦增到达娃
不只是名字的改变

达 娃

受访嘉宾简介

达娃：藏族，西藏拉萨人，1973年1月生。重庆西藏中学初87级校友，北京西藏中学高91级校友。1998年毕业于长安大学，1999年参加工作，先后供职于地矿成人培训机构、中央驻藏媒体，在新媒体、融媒体以及互联网内容建设上形成了独特的观念和意识，为西藏自治区互联网涉藏内容建设作出过突出贡献，荣获2018年度西藏自治区"民族团结先进模范个人"称号。先后创立"摄绘主义"和"小话TIBET"（达叔微藏史）西藏历史文化内容微信平台，受到广大爱好者欢迎和关注。现活跃于西藏自治区文化创意传播和产品设计、研发等事业中。

从"1"到"2"的成长史

我叫达娃，来自拉萨。目前我的人生，与"2"这个数字联系颇多。

比如，有两个名字，从出生到小学毕业是尼玛旦增，进入内地西藏班读书之前改名达瓦；有两个生日，我出生于1973年10月1日，但在部队大院的同事告诉父亲，与祖国同一天生辰，在此时（"文革"尚未结束）似乎不妥，遂改为10月2日；有两个故乡，父亲祖籍为拉萨市尼木县，父亲是尼木人，我出生并成长于拉萨；有两个"家庭"，在我比较小的时候父母离异，我跟随父亲生活，小一岁的妹妹和母亲在一起；在内地，有两所母校，初中四年就读于四川省重庆藏族中学（现重庆西藏中学），高中三年就读于北京西藏中学；中考有两份语文成绩，刚发布时是69分，但语文老师到重庆市教委坚持要求重新批改，发现应该是96分，遂改为实际分数；在西安地质学院（今长安大学）读大学期间，前后学了两个专业，一开始被录取到"应用地球物理"专业，看着这么陌生的名词，我差点放弃继续求学，后来因学校的重组和发展，我们不少人被调配到计算机应用专业重新学习；有两次职业经历，先是从事体制内事业单位的计算机、互联网相关业务和管理工作，后来出于对自己民族历史文化的爱好，又进行了藏文化创意产业设计、策划、咨询和挖掘的工作。

"2"这个数字，在当下被赋予了一些搞笑色彩，于我而言，它却刻骨铭心、一点一滴改变了我的人生轨迹。从"0"到"1"，是从无到有，不需要任何改变，一张白纸可以被描绘任何图案和色彩；但从"1"到"2"，是颠覆，是改变，这需要多少勇气与智慧！我在内地西藏班7年，以及在内地大学5年的求学经历，或许可以对此做某种程度的诠释说明。

如愿以偿考上内地西藏班

我在原拉萨四中附小读完小学，上的是汉族班。父亲在部队工作，不少同事来自四川等地，他们带来的关于内地的讯息，比如内地学校先进的教育水平、教育水准、师资力量等软硬件环境，让父亲迅速做出要送我去内地读书的决定。小学阶段，我的成绩一直处于年级中上水平，基本能进班级前十，这也为我顺利考取西藏班提供了可能。内地西藏班在当时还是一个新生事物，家长和孩子都不是特别了解教育援藏和内地西藏班这些概念，大家只抱有一个信念："内地比西藏好，送孩子去内地读书，把孩子交给国家培养，我们放心。"

最早的内地西藏班，开办于1985年，我是1987年小学毕业，到了重庆后才发现还有两届学姐学长，我以为我们是第一批或唯一的一批，没想到国家真正花大力气在落实教育援藏政策。拿我所在的拉萨四中附小来说，优中选优，当时有大概20%的小学毕业生考取了内地西藏班，竞争较为激烈，所以考取内地西藏班是一件很荣耀的事情。但对我们这些小孩而言，当时对教育环境、师资力量这些宏大叙事没有太多概念，只是觉得要去一个从未去过的地方，去大人口中的内地上学，除了要离开生养自己的这片土地，有一些不舍，其他没有太多考虑，更多的是一点小兴奋和小好奇。

依稀记得在小考结束那个暑假，我和同学在家里写作业，他提供了一些相关信息，然后父亲带着我去学校查询，才获知已被重庆西藏中学录取。小学阶段，我就一直在为考进内地西藏班做准备，当梦想实现的那一刻，心情却很复杂，有高兴、期待和兴奋，躺在床上睡不着觉；但是想到一旦离开，会与相依为命的父亲阔别一方，而为了我的成长，在离异后他一直没有再婚。要离开父亲的这种不舍被无限放大，又有了放弃去内地读书的想法。和母亲生活的妹妹，比我低两届，我们一直保持着联系，虽然我没有特别关注过她的学习，作为一个单亲家庭的女孩，后来也从四中附小顺利考到了内地西藏班。

父子连心，于父亲而言，这时的心情同样复杂。获知录取信息的那一刻，他的心情无疑是高兴的，他知道我们那届毕业生有多少人，竞争压力有多大，考取内地西藏班并不容易，这至少可以说明他的儿子是优秀的，自己的教育培养也是成功的；但更多的绝对是顾虑和担忧，唯一的儿子要交给国家培养，去到内地那么远的地方，几年不能相见，作为父亲，这份特殊亲情难以割舍。父亲的纠结和顾虑，从他的言行中体现出来，至今仍记忆犹新。

我考取内地西藏班后，父亲邀请了亲戚们，还有要好的同事，一起聚在家里吃了顿饭，以示庆祝。大人们还给我献了哈达，举行了一个简单的欢送仪式，朴实但充满着人情味。

在去重庆前，我没有做太多准备，可能男孩子都是这样，比较粗疏放旷，以为只是学习环境改变了，其他应该一成不变，当时想得就是这么简单。结果到了内地，才发现不止是学习，还要学会照顾自己的日常生活起居，应该准备的东西我几乎都没有准备。后来我还发现，男孩子也会想家，也会一日哭三回，逐渐明白了思念和寄托为何物，早知道我就提前准备一些自己喜欢的有民族特色的小玩具，多带两套藏装，以此寄托对家乡和父亲的思念。还好父亲给我准备了一套藏装，最初只是觉得多了一套新装，但每当有活动或节日穿上它，才意识到藏装不仅承载着民族传统文化，也承载着对故土对亲情的思念，内心非常感慨。对故土对亲情的思念以及对藏族优秀传统文化的景仰，深深地根植于一个孩子的内心，之于他的成长意义非凡。

从高原"飞"向山城

那时的信息传送缓慢、消息闭塞，去重庆西藏中学之前对它的情况一无所知，只是想当然地认为，重庆就是内地，它代表了内地的全部，最多在风光景色上和拉萨有所不同，当时我并未意识到跨文化学习将要带来的心理生理冲击。我认为唯一需要适应的，应该是重庆的热，这也是我对内地唯一确定的认知，我可能要穿得很少。这个信息来自父亲单位的内地同事，父亲向他们咨询去重庆的相关事宜，儿子要去那里上学，一待就是四年，他得到的最多回答就是"那里很热"。

这是我第一次离开西藏、第一次出远门、第一次去内地，所以印象非常深刻。第一次看到飞机、第一次坐上飞机，觉得非常神奇，这样一个现代化的交通工具，不仅将我带往内地，也将我带向更广阔的社会人生。

"你儿子考上内地，单位能做些什么？我们安排一辆车，载送亲朋好友到机场给你儿子送行！"

那时车辆少，不像现在家家户户有私车，父亲所在单位，是我们这个

达　娃
从尼玛旦增到达娃，不只是名字的改变

◆ 1988年在重庆度过第一个"身在异乡"的藏历新年

　　小家成长背后的大家，给过我们不少关怀，虽然我不是严格意义上的独生子女，但父亲离异后，在他单位，我还是享受了相关待遇。我和其他小伙伴统一乘坐教体委安排的大巴到达贡嘎机场，父亲和街坊亲友站在离停机坪比较远的地方，目送我们离开。到了候机大厅，步行至停机坪，排队挨个上飞机，远远看到父亲在那里边招手边喊："儿子，我一定会把酒戒掉！"那一刻我哭了，心情复杂。在我走之前，他问我："你对我有什么愿望或想法？"我就说："你把酒戒了，这是我对你唯一的要求，照顾好自己！"父亲喜欢喝酒，但后来他确实不再饮酒。

　　先从拉萨飞成都，坐飞机没有我想象中舒适，空间狭小幽闭，令人有窒息压迫感，头晕目眩耳鸣、心跳加快、浑身不舒服，现在我知道这叫"空间幽闭恐惧症"。飞到成都后，在成办二所住了一晚，那晚拿着家里给的零花钱，走到街上各种吃，没完没了的吃，这一顿饕餮觅食，释放了我的好奇心，原来这就是内地！第二天再转乘绿皮火车去重庆，一路上，除了和早就认识的同学聊天，也建立了一些新的友谊，我知道，接下来要像家人那样朝夕相处，彼此要团结在一起。坐火车时，可能有在铁道玩耍的孩子冲着火车扔石头，打中了我的脸，流了很多血，所以特别着急去学校，车沿着盘山公路缓慢前往歌乐山，晕车还有受伤，让我第一次品尝了离家的艰辛。

告别啼哭"三重奏"

辗转来到学校所在的歌乐山，有领导老师同学站在校门口热烈迎接我们，舟车劳顿之苦顿时释然，抬头看到学校被一片葱郁森林环抱，绿意盎然，心情随之开朗。父亲同事中四川的比较多，父亲也炒得一手好川菜，所以在重庆，饮食上没有太大落差。学校的伙食不差，但对父亲的思念，冲淡了味蕾的记忆。早上睁眼一看不是拉萨，哭一回；中午吃饭触及家常菜的回忆，又哭一回；晚上睡觉，想到父亲不在身边，再哭一回，预科前两个月几乎每天都在上演这样的"三重奏"。

到学校的第一天晚上没有睡好，想家，听到对面床上嘤嘤的哭泣声，自己被感染着又哭了一场。大概用了两个月的时间，才完全融入到这个环境里，才开始关注周围的人和事。当我想起要通过一种方式联系家人的时候，才知道要写书信，一周后，当我稍微能静下心来，就把离开拉萨后对父亲和家乡的思念，用书信的方式寄回去。父亲也一直坚持回信，有时候会寄来一个包裹，有风干肉等藏式美味。我在拉萨念的是汉文子弟班，从小学习汉文，藏文却很生疏，所以我的书信都是用汉文完成的。父亲没有上过学，他只会写自己的名字，来信都是单位的同事代笔，收到我的信，先找人念，再找人写，哪怕如此反复，在初中四年，我也收到了七八十封父亲寄来的书信。

在重庆西藏中学，学校的饮食和住宿，让我没有太多不适。八个同学围坐一张八仙桌，俗称"席桌"，固定用餐时间和位置，在内地西藏班，这里的伙食可以排第一；住的是四人间，到了北京西藏中学我才意识到这样的住宿条件绝无仅有。随着年级的增长，每年都会上升一个楼层，我的寝室号是106，室友都来自拉萨，没有语言沟通方面的困难，寝室里偶有小打小闹，但多数时间感情融洽。偶尔会收到父亲寄来的包裹，零食会和伙伴们分享，经常是几个男同学一起偷偷买点小香槟喝，偷偷在寝室里弄点吃的，一起上街聚餐、看录像、买杂志，甚至翻过歌乐山到山脚的渣滓洞、烈士墓玩，一起吃饭、一起分享快乐痛苦悲伤。直到现在我们初中同学还经常聚会，因为那个时候刚离开父母，所有对亲情的寄托、对家乡的思念，全都转变成了跟伙伴们的互相关心和照顾，我们维持着像亲情一样的关系直到现在，虽然四五十岁了，仍保持着联系。这份深厚的情感，由友谊升华到亲情，是在内地西藏班难能可贵的收获。

夏天天气太热，晚上睡不着觉，我们玩心大起，把床单绑在宿舍窗户上吊下来，翻过院墙跑到学校的游泳池里乘凉，到天快亮时再原路返回，虽然学校寝室管理较为严格，这些青春期的淘气，仍间杂在成长的旅途。父亲没有到学校看望过我，他会拜托回重庆探亲的同事过来看看我，买点小东西，带我到街上大吃一通，那时家长来不了学校看孩子，是普遍的状况。

学校早上起床要先出操，跑操时属于半醒半睡的迷糊状态，身体做机械性运动，灵魂仍在床上昏迷，十分不情愿。寝室还有卫生评比，被子床单地板要干净整洁，还会评优评先，后来我们也拿过多次卫生宿舍、优秀宿舍。自己的鞋袜衣裤要及时清洗，晾晒堆叠整理，离开了家人的帮助呵护，所有的日常生活技能得一一训练培养，不能再像过去那样周末想睡就睡，或者不想上课就请个病假。所以内地西藏班对提高孩子的自理能力非常有帮助，严格规范有序的管理，能让孩子早日树立规则意识，提高自理能力。当然这个过程非常缓慢，前一两年，我们会将洗不干净的脏校服穿上，或者高年级的姐姐结对子帮助我们洗衣服，提供洗发香波、香皂一类物品，帮助我们度过那个难以整洁的尴尬时期。

高中关注学习的时候多，初中的课余生活更多彩，所以记忆更丰富。比如我喜欢打乒乓球，动作据他们说就像卡通机器人，所以有了一个"机器人"的绰号；积极参加学校的文娱活动，在一支新疆舞里扮演库尔班大叔，化好妆贴个胡子活像新疆人，由此我有了第二个绰号——库尔班大叔；节目很成功，还到学校的联谊单位解放军通讯学院表演过；学校有小规模的兴趣班，游泳、美术、口琴……就是在那时我学会了吹口琴。最大的课余爱好是看武侠小说，尤其是金庸小说，初中时基本看完了金庸全集，一到上街时间，就立马跑到书摊租借新的金庸小说，如果想看的那本没有归还，我会坚持等到上街时间结束为止，非常执着。这些文字让我爱上了历史和文学，扩展了阅读量，提升了创作能力，甚至影响了我的三观，金庸先生逝世，令我

◆ 1989年春，在重庆参观画展

们这些金庸迷无比伤感，他的作品浸润了一代人的灵魂。还喜欢和伙伴们去街上看港台枪战片，周润发的《英雄本色》系列、刘德华的《天若有情》系列。最喜欢张学友和他的歌，他除了把情歌演绎得极致感人，触动了我们青春期对爱情的懵懂憧憬，引起了内心的共鸣外，更重要的是他的个人魅力征服了我，没有负面舆论，一直担当好丈夫、好父亲的角色，这些正面的影响力，才是我一直喜欢他的原因，当我有了经济条件后，还专门飞到内地去听他的演唱会。

渐渐融入内地的新生活，爱哭泣的我开启了对青春理想的追逐。

汉族母亲的藏族娃娃

到目前印象最深刻、还保持联系的是初中班主任朱立棣老师和高中班主任余砚玲老师。因为喜欢文学，也还记得两位语文老师，初中是孙钳老师。那年中考语文很顺利，第一个交卷，每一道题都会，作文也写得非常好，在成绩公布后，我的语文竟然只有69分，孙老师一直很看重我的语文，一看这个成绩，她说不可能，跟学校领导反映后，她跑到重庆市教委负责阅卷的地方，找到我的试卷，按照标准答案重新批改了一遍，发现得分对错和之前批改的一模一样，应该是96分，但不知道什么原因在统分时写成了69分。孙老师突破重重困难，查出事实真相，让我感佩，同时我的分数一下子高出近30分，总分变成了那一届的第一名，孙老师的努力直接影响了我的人生，超过分数线后，我被选拔到北京西藏中学，进入了"博士班"学习。高中有个语文老师叫张皓，语文教得非常好，也可能与我热爱文学、语文成绩好有关，后来我的高考语文成绩是那一年的单科状元。

中学阶段，助力我成长最关键的人物是初中班主任朱立棣老师，只要去重庆我都会去看望她，她住在重庆山洞（地名），虽然已经七十多了，到现在身体也非常好。每次见到她，我都不喊老师，而是直接喊妈妈，喊她朱妈妈，她也把我当自己的孩子一样。她对我们那届学生都视如己出，不会偏爱哪个学生，对每个学生都一样好，在我们心里，她既是班主任，也是我们在重庆的家长。到春节吃年夜饭的时候，她会邀请所有学生去她家，如果家里坐不下，她会把年夜饭拿到班上来吃。

我在学习方面，大概就是别人眼中的学霸，初中四年基本保持在班级前五名，每级两个班，每班大概有50人。初中毕业时，有不少同学选择了中专，这样可以早日进入社会，工作挣钱，减轻家里的经济负担。高中考到北京西藏中学后，因为是从内地西藏班选拔的尖子生，我们进入了"博士班"，当时国家教委民族司和内地西藏班的负责人，想把我们这些优中选优的孩子作为未来西藏的博士人才培养。在60个学生中，一般位于班级前十，那时的学习氛围特别好，大家你追我赶、比拼成绩，开足马力努力学习。中学时期我当过语文、数学、物理、化学课代表，这些经历对我现在的工作生活有很大影响。

当时学校的课不多，周末只有两节。我比较重视语文，哪次少考了一分心里都会难受，一定要找出失分原因才肯罢休，而数学等科目考多少都觉得很好，除非不及格。我会提前预习课堂内容，消化完老师讲的主要内容，就会走神，偷看武侠小说。虽然成绩好，但学习态度不是特别端正，大考大耍、小考小耍，越是临近考试越要在课桌下偷看武侠小说，考试时第一个交卷，好去街上玩。偶尔去图书馆、阅览室，也是看《大众电影》这些杂志，没想到这些闲散阅读对我如今的工作生活也有很大帮助。老师作业布置得少，很快就会完成，可能那时记忆力好，历史地理众多学科主要靠记忆，所以成绩一直名列前茅。成绩会直接寄回西藏，父亲应该是满意的，时常叮嘱我好好学习，好好吃饭，好好锻炼。

我在部队大院长大，又念汉族班，受环境的影响，汉语水平很好，能说一口流利的四川话，甫至重庆，老师们还惊讶于我到底是不是藏族学生。然而，我的藏文基础差，成绩一直不理想，虽然也积极参加藏文书法兴趣班和比赛，但比之那些藏文成绩好，跟藏文老师旺堆关系近的同学，我会刻意同旺堆老师保持距离。学得吃力，课外不愿花任何精力去学，是当时非常任性主观的想法，如果能重来一次，我一定会认真去学，没有努力学好本民族的文字，这是我到现在都觉得比较遗憾的地方。

现在回想起来，内地西藏班老师的工作非常辛苦，真的是事无巨细，学习要管、生活要管，有时候寝室都熄灯了，她们都还没有回家，要看哪个调皮的孩子还没有回到宿舍，哪个宿舍的灯没熄，他们在干什么，是不是有危险……等到我们都躺下进入梦乡了，班主任才回到家面对自己的家庭。不知道深夜里她何时入睡，但第二天还是准时出现在班级里，开始新一天的繁劳匆忙。我曾组织同学筹资邀请朱立棣老师和她爱人一起到拉萨旅游，现在我的这些老师都还健在，她们健康快乐度过晚年，是我们最大的心愿。

我的"明媚"青春

如果要用一个词形容内地西藏班的生活，我会用"明媚"。即便重庆是雾都，我的每一天都明媚；即便北京很冷，也蕴含暖色调。在内地西藏班的生活，温暖快乐，是我人生中幸福指数最高的时刻。

八十年代还没有五一、国庆小长假，但这些传统的节日，学校会有文艺表演或知识竞赛，每次我都是奥数、物理应用、语文成语等比赛的班级主力。春节和藏历新年也不会回家，班主任会组织大家包饺子，食堂准备更丰盛的伙食，我们会穿上藏装，到女生寝室，大家围坐在一起吃零食、喝饮料，互相拜年。

每个孩子每个月有四块零用钱，拿到这个钱就想把它花掉，重庆街上好吃的东西非常多，吃过最美味的小面，每次想起都会分泌唾液，一块钱小面、锅贴，吃得肚子圆鼓鼓。不太适应北京西藏中学的伙食，主要是饮食文化不同，藏族多喜欢川菜，北京人不爱吃辣椒，做菜清淡，吃惯川菜的我，只要去食堂吃饭，总是会随身携带一瓶辣椒酱拌菜吃。

暑假学校还会组织大家外出游玩，组织得特别好。预科那年，整个年级乘坐火车前往昆明，在那里待了一个礼拜，跟云南师大附中等的藏族中学联谊，住在西南联大，参观了其旧址，第一次参观"一二·一"运动纪念馆，第一次知道闻一多先生原来是在这里遇害，还参观了滇池、石林这些自然景观。第一次游览了长江三峡，租一层船从朝天门出发，一路观看三峡美景，至湖北宜昌再返程，三峡葛洲坝建起以后，能看到真正的三峡，真是一种福气，壮阔美景对视觉的冲击，至今仍难以忘怀。这些外出游学经历，开阔了我的眼界，也影响了我对客观事物的认知。

发自心底的感恩

在内地西藏班七年的学习生活经历，影响了我的整个人生。这段求学经历，我认为是见识大于学识，不一定是纯粹接受课本知识，而是要去开阔眼界、提高见识。当亲人来询问我是否可以考内地西藏班，我会坚定告诉他们，有机会就一定要去，走出去以后，接触得多，感受也更多，眼界格局才会不一样，而不是一辈子待在一个地方，没有办法更好地去认知自己的土地、民族、文化。初来内地，看到内地各方面发展都很先进，那时候就会明白我们为什么要来内地上学，就是来看看内地为什么发展那么快，教育水平为什么那么高，师资力量为什么那么好，有过比较，才有成就自己、建设家乡的迫切感。读万卷书，行万里路。古人为什么要把行万里路跟读万卷书比肩，是说如果你没时间读万卷书，你去疯、去玩、去闯，回来也是见识。我可以在拉萨读中学，也会考上大学，但内地西藏班的办学理念和不同的文化氛围，丰富了我的青春，提高了我的见识，最终影响了我的世界观、人生观和价值观。除此之外，在老师正确理念的引导下，我们的学习能力和思维方式也有了很大的改变，逐渐培养了独立思维的能力，这影响了我的工作、生活，甚至婚姻。

我现在快50岁了，如何看待这个世界，看待身边人事，怎么塑造自己，怎么正面影响别人，都是在内地西藏班学习时奠定的基础，都是由不一样的见识认知决定的。比如小学时在电影电视里看过很多事物，老虎、大象……但是在重庆动物园我才看到真正的大象，听到真正的虎啸狮吼，这就是见识。经历了这些以后，才能对这个事物有真正完整的认知，而不是书本里说老虎，"老"怎么写，"虎"又怎么写，我在西藏也能学到这些知识性的东西，而见识过真正的老虎，才叫学习。

上大学时整个系里只有我一个藏族，我的辅导员、同学、室友，都对我非常好奇，"原来你长得这样？""你们吃什么？怎么来的？"很多这种日常生活问题。其实他们不知道我在内地已经待了有七年，去过的城市可能比他们还多，我见识过太阳看上去像月亮一样只有模糊轮廓的山城重庆，体会过晒不干被子的南方的潮湿，知道北京不但有天安门前的繁华，在郊区也有

◆ 2019年春在林芝波密桃花沟采风

供我们飞奔玩耍的田埂，我也坐过火车和飞机，我们吃一样的饭菜，在保持特有的民族风俗上，走过差不多的人生。我的解释，增进了汉族师友对内地西藏班、藏民族的了解。

走得越远，就越想回家，没有走过远路的人，永远不知道家的温暖。这时对于自己的民族和文化，才会有更加清醒和理性的认识，而不是感性地说我们的文化、历史多么悠久深厚，我们的民族多么勤劳勇敢。走出去以后看到别的民族，了解到别的文化，再重新感受评价自己的文化。在这个基础上再去认知中华民族大家庭是如何融合的。通过去内地西藏班，通过了解中华民族的文明，了解到中华民族这个大家庭是各个民族不断交流、交往、交融形成的，没有哪个民族能独立存在。

当然在这个阶段，因为没有更多时间陪伴父亲，这是我的一大遗憾。在内地求学的十几年，累计起来最多有三个月的时间待在父亲身边，就算这样，我还整天和同学聚会、过林卡。初中毕业第一次回西藏，所有家长都在民航局等自己的孩子，当时父亲也过来接我，见到父亲的那一刻我哭得很伤心，我发现他变得苍老了，声音也变得沧桑了。之前的书信往来会互寄照片，看不出什么变化，可真的一说话，举手投足间就能看出他的老迈。照片是瞬间定格的画面，没有办法从中捕捉更多的信息，而实际上那时他也就四十来岁。我考上内地西藏班去内地求学后，每逢节日，父亲要么只身回尼木县老家，要么被邻居请去过节，我在内地读书，既是他的荣耀，也令他尝尽了孤独的滋味。父亲于2011年冬天去世，我从87年出去到98年毕业回来，就大学毕业后陪伴了他比较长的时间。

每一项政策都是特定历史时代的产物，我们要把握住时代赋予的机遇，树立正确三观，培养独立思维，契合时代的发展要求。内地西藏班开办已35年，对生长在这样一个时代，经历了十几年的内地求学生涯，在不同的文化背景中学习，我深感幸运。从尼玛旦增到达娃，不只是名字的改变，我的人生由此更加深刻而丰富，感恩内地西藏班的教育，感谢这个伟大的时代。

路漫漫而我亦在路上

夏格旺堆

受访嘉宾简介

夏格旺堆：藏族，西藏谢通门人，1973年11月出生。郑州市第四中学西藏班初86级校友，北京西藏中学高90级校友。本科毕业于四川大学，硕士毕业于西藏大学。1997年进入西藏博物馆工作，历任文博助理馆员、馆员和副研究馆员；2012年至今在西藏自治区文物保护研究所工作，现任副所长、副研究馆员，也是美国哈佛大学燕京学社访问学者、北京大学考古文博学院"西部之光"访问学者；兼任故宫博物院藏传佛教文物研究所客座研究员；中央民族大学特聘教授等；编写出版考古报告、图录、合著7部，发表论文40余篇，主持和参与国家级社科基金等科研项目6项、田野考古调查和发掘项目50余项。曾获"文化部优秀专家称号"，入选自治区"文化名家及五个一批人才"等。

夏格旺堆
路漫漫而我亦在路上

为寻远方　离开故乡

我的原名叫旺堆，因为藏族重名比较多，当时班里同学都叫我大旺堆，还有中旺堆和小旺堆。工作之后，我觉得身份证上如果是大旺堆，写文章、发表文章有很多不便，后来我就把名字改成"夏格旺堆"，"夏格"是家里的户名。我出生于1973年11月，但这个年份是父母根据我的生肖属牛，以及哥哥姐姐和妹妹的年龄差来定的。而月份和日子是由于学校需要完善学生的个人信息，由我自己定的。我出生在日喀则谢通门县，在谢通门县完全小学上完五年级后，1986年考到了内地西藏班——郑州第四中学，初中毕业后又考到了北京西藏中学。

大学毕业后，遇到西藏博物馆开馆，很荣幸大学一毕业就能参与到西藏博物馆展陈内容设计的编写中，承担了历史专题馆内容设计和方案编制，能有机会零距离地接触文物，挑选实物标本来编制展陈方案，是我极大的幸运，也打开了我在专业方面的视野。后来机构改革，西藏博物馆归入到2005年新成立的西藏自治区文物保护研究所，我是考古专业出身，所以从事西藏考古和西藏历史等方面的工作。我从事专业工作已经20多年了，现在是副研究员，担任分管考古的副所长。

我是1986年内地西藏班的第二批学生，跟同龄人相比我上小学较晚，因为我喜欢自然的东西，没说非要上学。父母也没有想让我去上学，觉得我这个年龄应该到寺院里面学画唐卡。那时候在县里上小学的时候，每周免费看一场电影就是我学习的最大动力。我上学的动因来自二哥他们，他们觉得上学对个人的成长和前途更好。小学时候我基本是全班前三名，由于表现较好，老师让我当学习委员。但中考成绩不是很优秀，小学期间虽然成绩还好，但在内地就算不上学霸了。

在我的印象里，二哥一直是监护人的形象，像老师一样指导我做事情。小学四年级下半学期的时候我从哥哥和学校那边听到关于内地西藏班的一些消息，说是成绩好的学生可以考到内地。那时候哥哥他们都在城里面工作，对这个比较了解，建议我一定要到内地去上学。学校老师也鼓励我们要学

好，说考上内地是一件值得骄傲的事情。

当时考完试，我从口头消息知道自己考上了内地西藏班，学校里面也贴了红榜，确实非常地开心。小学我最远就去过日喀则，连拉萨都没去过，内地就不用说了，是比拉萨还遥远的地方。我父亲去世的早，大概80年代初就去世了，所以我考上内地西藏班，母亲是既高兴又担心，毕竟儿子第一次出远门，她心里面有忧虑很正常。

因为信息闭塞，我们对学校的基本情况也不了解，教体委根据分数划分相应的学校，不同的县会分到不同的学校，日喀则属于山东和河南两个省份。我们是去日喀则后，在那里待了一段时间，主要是在教体委等18个县的学生集合。出发的大致路线是坐汽车从老家到日喀则再到贡嘎机场，从贡嘎机场坐飞机到成都，再坐绿皮火车到郑州。

兴趣是最好的老师

到郑州火车站后有领导和老师，还有上一届的学生来接我们，学校大门口也有同学夹道欢迎。正值秋季，校园满眼绿意，特别干净。我们的宿舍被安排在四层。初高中都是六人间，寝室条件还不错。我的舍友，尤其高中舍友几乎都在拉萨工作，到现在我们都有联系。但当时刚到学校时候，舍友都来自西藏不同的地方，因为方言不同交流有点困难，即便都是日喀则来的，但日喀则十八县都有各自的方言，如果之前没有接触过也听不懂。预科时学校课程安排的非常满，也没有午休时间，中午大家都会在田字本上练习写汉字。当时舍友相互也比较陌生，经过一年的互相了解，陌生感和隔阂就逐步消失了。我们经常会争论老师课堂上讲的题目，还有人生哲学方面的问题，有时候激烈地讨论到半夜都不睡。当然，这是一些朦胧的思考，每个人也会有不同的答案，但这对我们的学习，对世界、对人生的理解是有帮助的。

那时候我们喜欢听来自西藏本土的脍炙人口的歌曲，另外摇滚音乐里，黑豹、崔健也是大家都喜欢的，还有霹雳舞，现在可能没有人跳了，但当时大家都很喜欢模仿。这是我们的共同回忆。周末学校会有兴趣班，我是学校美术班的学员，我的水粉画获过一个少年组的奖，也入围过北京民族文化宫举行的少数民族青少年绘画作品展。

　　初中的时候因为水土不服，所以身体不是很好，得了两次严重的肺炎，有一次发烧到40多度，已经完全昏厥。藏文老师和生活老师把我送到急诊室输液，第二天中午才醒过来，医生说40度的时候有生命危险。还做过鼻炎鼻息肉的手术，耳朵长过脓包。后来我习惯在宿舍里学画画，尤其是毛笔水墨画，就是想让自己静下心来，不因病浮躁，这是一种自我调节的过程。所有这些我都未和家人说过，怕他们担心，毕业后才跟他们提过。

　　内地西藏班的学习氛围特别好，大家都非常努力。我擅长文科，喜欢历史和文学，尤其喜欢古汉语和翻译很好的外文诗歌，也喜欢看哲学方面的书。如尼采的哲学，虽然难懂，但我就是喜欢看。理科对于我来讲困难更大一点，最头疼的科目是物理。

　　我也喜欢思考，喜欢问问题。在学习中，我养成了独立思考的能力。作为学生，首先成绩要好，但死读课本是不行的。初高中时候，我组织过读课外书活动，参加的同学很多，这对打开眼界、提升思维非常有帮助。记得高二时

◆ 1988年郑州四中西藏班谢通门县同乡合影。后排右一为夏格旺堆

◆ 郑州四中西藏班初90届毕业合影

有一次我从图书馆借了一本诗歌集，图书馆管理员问："你能看懂吗？"我说："我看不懂，但我要看。"我的求知欲一直非常强烈，现在也是。

再踏征程

初中四年我都没有回过家。1990年初中毕业回到家乡，家乡的巨大变化让我激动万分。到拉萨之后是直接回的日喀则，母亲和哥哥姐姐，都在日喀则的家。他们到汽车站接我，当时我们抱头痛哭，母亲老了，哥哥也老了，毕竟四年了。他们发现我也长大了。自己的家以及家乡也发生了很大变化，老房子已经不住了，住进了新房子。碰到小时候一起玩耍的朋友和亲戚，总有聊不完的话题。四年之后再次碰到老朋友的感觉是不一样的，因为我一直在内地，他们会问很多问题，我也很愿意跟大家分享。

比较遗憾的是父亲早去世了，我小学刚上一年差不多那个时候他就去世了。考上内地西藏班对于家人来说是一种骄傲，如果父亲健在，他一定也会很开心。母亲对我的教育是比较成功的，她经常会跟我讲，要舍得自己的私欲，在更大范围内做一些事情。另外，在内地初中时的于志明等多位老师，从生活和学习上也给予了我很大的帮助，因此，我才会又一次顺利地考上了北京高中，再次踏上了去内地求学的征程。

夏格旺堆
路漫漫而我亦在路上

绿色是我青春的颜色

90年代北京的四环路除了马路对面的文博大厦刚刚修建起外，再往东几乎都是农田。我印象比较深的是报刊亭，因为那时候会经常去买一些《读者》杂志和一些小说。我本来想大学时候读法律，经常会看法治报，可是正式高考时却没有法律专业，但有我比较感兴趣的考古专业，于是便报考了考古专业。

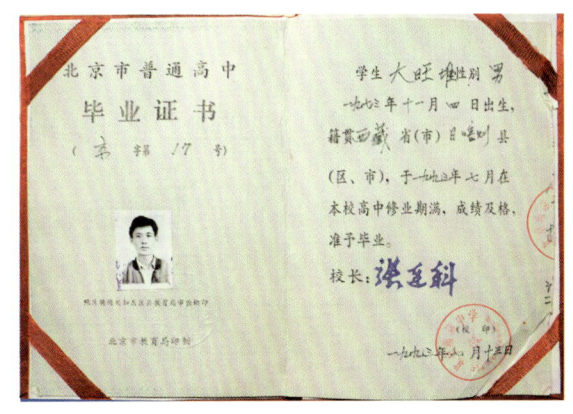

◆ 当年北京西藏中学毕业证

高中时学校有非常棒的操场和室内体育馆。我的身体也在高中后慢慢变好了，除了学习外，我喜欢跑步、打排球、打羽毛球。高三毕业那一年冬天的寒假，我们年级还搞了一个藏餐厅的体验，学生们拿着绘画作品，做一些展览，女生们做一些甜茶，象征性地收几毛钱，这种年级间的互动、全校师生间的互动，不仅能够培养全班同学的集体意识，而且也增进了全校师生的团结。

初中时，因暑假不能回家，学校会组织旅游，我们先后有过两次长途旅行的经历。1987年，从郑州坐长途巴士去北京，1988年去了一次青岛，路上还跟部队联谊，在部队的练靶场真枪实弹练习，一个人有两颗子弹，这是我们大多数人第一次实弹射击，经历至今难忘。

北京、青岛高楼林立，现代先进，看到这些，不禁想起了自己的家乡，家乡从各个方面都远不如内地，也就萌生出将来一定要为家乡多做贡献的理想。记得高中时候老师也讨论过，西藏未来的发展要靠什么，要靠经济还是靠农业，或是工业，类似这样一些问题。因为我是农村长大的，就会从农业上考虑这些问题，另外一个方面我觉得教育也是需要从根本上进行改变的，而内地西藏班就是从教育层面推进西藏现代化的重要手段。

我感觉在内地西藏班的学习和生活是绿色的，是生机勃勃、生机盎然的。当时我们从老家出去，目的就是求学，将来能够有所作为，所以自始至终，我都保持着积极向上的精神。

独立思考　勇敢前行

内地西藏班的开办，就是让西藏的孩子们在好的环境里接受更好的教育，让人生体验变得更广。我后来之所以选择考古专业，也与内地学习生活是密切相关的，尤其与老师对我的帮助、指导是息息相关的。另外一个感受就是要有集体意识，我们在内地西藏班这个大家庭里生活学习，你必须融入集体，与同学们和睦相处，要有一种集体意识和集体荣誉感。

我们这一批内地西藏班学生从少年时代到青年，都是在不同的集体中度过的，因此身心健康十分重要，应该适当和社会去接触。每个人也需要多独立思考，多问几个为什么，然后寻求答案。这些答案有时候需要自己去解答，有时候必须在长辈或老师的帮助下去求得解答。

今年是内地西藏班办学35周年，办学政策在不断延续、不断完善。如此好的办学政策，是给西藏孩子们的莫大机遇，但关键还是取决于自己，只有抓住机遇，不懈努力，独立思考，实现"自立自强"，才能为今后实现更高的理想打下坚实的基础。祝福孩子们走得更远、飞得更高！

圣洁雪莲的绽放

尼玛格桑

受访嘉宾简介

尼玛格桑：藏族，西藏泽当人，1973年11月出生。辽阳一中西藏班初86级校友，天津红光中学高90级校友。本科毕业于兰州大学图书馆专业，2005年至2007年获得国际奖学金考入美国夏威夷大学获图书和信息管理专业硕士学位，成为西藏首位图书与信息管理海归硕士。1997年毕业至今在西藏自治区图书馆工作，先后在典藏部、采编部、服务培训部、资源部和办公室工作。曾获得自治区"优秀驻村工作队员"、特培"优秀"学员、文化厅系统"优秀信息员"、内地西藏班优秀毕业生等荣誉称号。在《西藏研究》等省级刊物上发表数篇专业论文，参与国家社科基金"西藏公共图书馆设置与服务体系建设研究项目"。现任西藏自治区图书馆党委委员、办公室主任、副研究馆员。

含苞莲儿吐花蕾

我叫尼玛格桑，出生于山南泽当。在我的印象里，风沙大是泽当最大的特点，小时候每次出去玩一整天，晚上回家脸上全是土，夸张到父母只能看清我的眼睛和牙齿。父亲是当兵的，在我9岁时就去世了；母亲是农民，所以从小我就是家里的希望。

小学时老师总会鼓励我们说，内地西藏班都是免费的，学校还会发衣服、学习用具、被子等，而且到了内地可以接受更好的教育，但只有学习好的学生才能享受到，因此考内地西藏班就成为我的目标。经过长时间的努力，小考考得非常好，高出分数线60分。

由于信息闭塞，由于对西藏班充满未知。记得7月初班主任通知我考上了辽阳一中，我特别高兴，天道酬勤，我的努力终于得到了回报。当时母亲听到这个消息非常高兴，邀请亲戚和邻居在家里小聚为我庆祝，他们排着队给我献哈达、送祝福，叮嘱我去了内地西藏班要好好学习、照顾好自己。虽然家里条件不是很好，但母亲还是为我准备了很多生活用品，当时母亲听说辽阳特别冷，还特地给我织了毛衣，做了厚厚的藏装。当时上内地西藏班的时候，因为怕学生丢钱，每个小孩的钱都要存到生活老师账上，我家里给生活老师存了一百五十元，这一百五十块我整整用了两年。

我对辽阳一中充满未知和期待，以至于出发去辽阳的前一晚兴奋到睡不着觉，想着第二天要坐飞机就更加兴奋了。第二天学生们从体育场一起出发，到了贡嘎机场，和送行的家长话别，我看着母亲，想想一走就是四年，顿时有点舍不得离开，但少年的心又向往着远方，心情复杂。母亲流着眼泪叮嘱我："要听老师的话，到那边好好学习，经常给家里写信，在那边一定要注意身体！"

高原雪莲芬芳露

刚过去的时候我们学校还在修建，所以学校安排每15个女生统一住一个

大平房，也是我们的寝室。但一进寝室，发现学校已经为我们精心准备了床上用品、盆子、香皂、牙膏等。我第一次见蚊帐还觉得很稀奇，在西藏没用过这种东西，蚊帐像是自己的小小空间，是"宿舍里的宿舍"。大

◆ 1986年考入辽阳一中时与学姐合影，左边为尼玛格桑

概半年后我们就搬到了新宿舍，新宿舍一间只有十个人，大家的关系也非常好，我们离开父母去外地求学，就像兄弟姐妹一样生活在一起，谁有困难大家都会很热心地帮忙。

当时和我结对的学姐带我去买东西，我记得第一个要买的是信封和邮票，而且邮票是一张有好几枚。买回去后我们就开始给家人写信，报平安。刚到学校的那天晚上，我们宿舍有一个女孩一直在那儿哭，她整整哭了15天。当时我也想家，而且只要看到从家乡带来的东西就更想家。在校时每个人都有自己的学号，衣服、鞋子等也都是学校统一发的，上面也都有自己的学号。所以现在我们同学聚会的时候，有的根本不喊名字，直接喊学号。

辽阳一中管得特别严，我们没有手机和手表，一天按铃声生活，铃声一响就起床，而且十分钟之内洗漱完，到楼下集合跑操，迟到了就要被罚站，所以大家很守时，没有赖床的情况。

那时候我们不能回家，父母也没过来看过我。只有我的一个哥哥，他是我大姨的小儿子，他当时在沈阳刑警学院读大学，离我们学校比较近，坐了很长时间的火车来看过我一次。有一次我生了病，而且比较严重，打了好几天针，每次都忍不住要哭。但我写信时没有把这些告诉家人，以免他们担心。毕业后才跟家人讲起生病的事，父母都为我的坚强和学校老师无微不至的照顾感到欣慰。

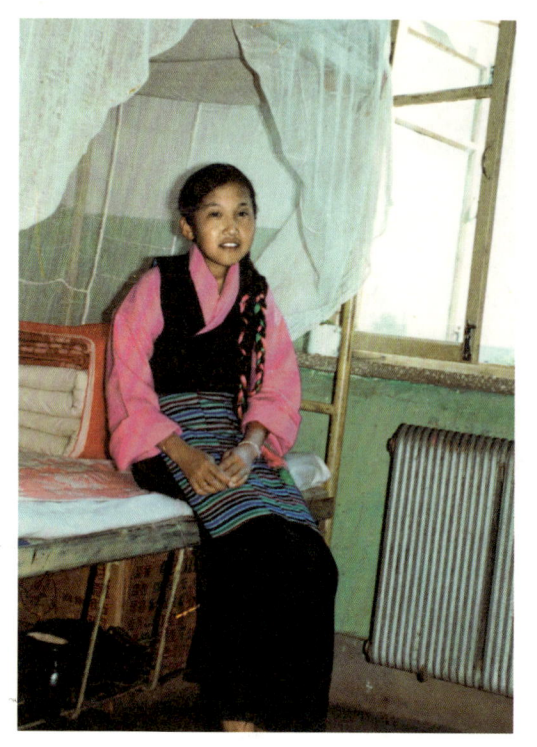

◆ 藏历新年时在寝室里

辽阳一中经常举办唱歌比赛，当时一首《怎能忘》在学校流行了很久，很多学生都会唱，直到现在聚会，大家都会唱这首歌。寒暑假学校还会组织我们参加一些兴趣班，当时还教我们使用缝纫机。老师会让我们发挥自己的想象力，用各种方式呈现西藏过年的习俗，于是我们在宿舍里面摆自制的切玛和德嘎。等到大年初一互相串门时，会聚在一个寝室吃东西玩游戏，虽然没有山珍海味，但我们依然很快乐。

初中时学校还带我们去过鞍钢的一个大工厂，记得厂长还亲自给我们介绍工厂的流水作业等。还有一次我们去了北戴河，那是我第一次看海，觉得特别美也很好玩。夜里一直听到有鸣叫声，后来才知道是蝉鸣。返校时老师怕我们路上饿，特地为我们准备了烧饼和汽水，当年的合照里，大家都是一手拿烧饼一手拿汽水。

莲叶依偎情意浓

谈到内地西藏班的老师，我会马上想起初中班主任康淑琴，也是我的语文老师。我离家求学的日子里，她就像我在辽阳的家长一样，不管是学习还是生活，她总是把我们照顾得无微不至。康老师对我的影响特别大，她有浓重的东北口音，我们老笑她，说她像个说相声的。她对每个学生都像自己的孩子一样，那时候我喜欢扎两个小辫，她就老喜欢揪我的小辫，说我很可爱。我伤心的时候,她也会把我叫到办公室,送我好吃的东西安慰我。刚到学校时,我们大部分学生的语文基础都很差,初一时她上语文课,都是从拼音开始教我们,后来让我们抄词语,我记得我会把不知道的词语抄50遍。她为了提升我们的语文成绩、打好语文基础付出了很多的心血。之前她和家人来过一次拉萨,在拉萨的学生都陪着她,带她到各处玩,那是我们重逢的美好回忆。

直到两年前在微信群里看到老师辞世的噩耗,心中十分悲痛。她的教诲和疼爱让我永生难忘,她慈祥的笑容也会时时浮现在眼前,我多么想当面跟她说:"以前我是个孩子,不懂事,做很多事不够成熟。现在我已为人母,设身处地为孩子着想,才感受到老师以前是多么的无私和伟大!"我很想再次拥抱她,对她说一声:"老师您辛苦了!"

高中我很幸运地考上了天津红光中学,新的学习生活开始了。天津跟辽阳最大的不同就在于学生的生源,辽阳中学大多是山南的学生,而天津高中部的学生来自全区。因为离北京近,学校带我们去参观了天安门广场,小时候就盼望着能去天安门广场看看,现在终于如愿以偿了。内地西藏班七年的学习生活,让我学会了独立和坚强,学会了关心家人、关心他人。

◆ 在辽阳一中欢度藏历新年。前排右三为尼玛格桑

花绽芳香扑鼻香

内地西藏班的生活，用"五彩斑斓"来形容，我觉得最为恰当。七年内地西藏班生活带给我的是满满的正能量，但生活也总有遗憾，这就是七年没在父母身边，感觉他们变老了，但人总要成长、长大，只能今后更加地孝顺他们，回报他们的养育之恩。我女儿目前也在内地西藏班学习，现在我们也有条件去看她，也可以通过网络跟她视频聊天。跟以前相比，现在条件太好了。

但不管是过去还是现在的内地西藏班学子，我觉得首先要懂得感恩，感恩国家开设内地西藏班，使我们得到更好的教育资源；第二是要学会珍惜大好机会，要珍惜来之不易的机会；第三是要管理好自己，每个人都把自己管理好了，就是对自己、对家庭、对国家负责。

◆ 在美国夏威夷大学毕业时

心有向往便有路

德吉措姆

受访嘉宾简介

德吉措姆：门巴族，西藏墨脱人，1973年12月出生。岳阳一中西藏班初86级校友，成都西藏中学高90级校友。1993年考入武汉水利电力大学（现武汉大学），本科毕业后被保送本校攻读硕士研究生。历任西藏电力公司巴河雪卡水电站工程建设指挥部计划处处长、指挥长助理；西藏电力公司巴河老虎嘴水电站工程建设指挥部副指挥长；西藏电力公司生产技术副主任；电力科学研究院党委书记、院长等职。现任国网西藏电力有限公司安全总监兼安全监察部主任。曾先后被评为国家电网公司劳动模范、国网西藏公司优秀经营管理者、优秀党务工作者等，荣获西藏自治区科学技术进步二等奖两次、三等奖一次。

我到了毛主席的故乡

我叫德吉措姆，出生于西藏墨脱县。1986年，我有幸作为第二批内地西藏班学子，进入湖南岳阳市第一中学学习。1990年，在成都西藏中学读高中。1993年，在武汉水利电力大学学习水能动力工程，毕业时，我以全年级第二名的成绩被保送本校读硕士研究生。目前我在国家电网西藏电力有限公司工作，担任安全总监兼安监部主任。

我最开始在墨脱县小学读书，由于不是完全小学，只能上到三年级。父母为了让我继续读书，便把我送到林芝的姑姑家，在林芝县小学读书。1985年，在我小学四年级的时候，从父亲老领导的爱人那里，听说了内地西藏班的政策后，非常渴望去内地读书。

当时，我急匆匆地跑去找校长："我想跳级，我怕明年就没有内地西藏班的政策了。"我们校长盯着我看了半天，斩钉截铁地对我说："内地西藏班的政策肯定会延续很久，你不要着急。"话音一落，我很失望，却无力改变，急于去内地读书的想法就这样破灭了。

对内地求学的向往，不仅来自家庭的影响，更是受到了一位小学老师的启发。她是从内地来的汉族老师，人特别好，在混杂着几岁到十几岁的小孩子堆里，她会耐心地给我们讲一些内地的见闻，讲一些外面的故事，为我们勾画了一幅满是憧憬的蓝图，让我去内地读书的心更加强烈。

小学毕业听到自己考上内地西藏班的消息，十分兴奋，迫不及待地想打包好东西，想去内地看看，丝毫没有要离开父母的伤感。父母得知消息后也很高兴，他们事无巨细地为我收拾好行李，语重心长地叮嘱我要好好学习，照顾好自己，早日学会独立。

从林芝姑姑家坐汽车到拉萨，从拉萨坐飞机到成都，从成都到长沙、长沙到岳阳一路都是坐的火车，教育局的老师全程负责送我们，几乎不用我们操心，他们把我们照顾得挺好的。

当时通知书上写了湖南省岳阳市一中，但我并不了解学校，记得我母亲给我简单介绍了湖南，因为她以前在那里读过书，说有江南三大名楼之一的岳

◆ 高中时期参加学生会主席竞选

阳楼。她还说湖南是毛主席的故乡，知道自己要去毛主席的故乡读书了，顿时感觉责任重大，这是我对湖南的初步印象。这种语言的描绘，虽然抽象，却给我提供了更大的想象空间，我感觉到了强大的吸引力，来自学校，来自内地，来自未来。

美好的校园时光

刚到学校时，我们有一些同学穿得特别厚，有些还穿着羊皮袄，老师让我们脱都舍不得脱。当人一下子到了新鲜的环境当中，来不及有什么感触，唯一的记忆是食堂准备的第一餐很好吃——因为有蛋糕！毕竟那个年代蛋糕是一种很奢侈的东西，整个食堂都是蛋糕的香味，奶油放在嘴里都不忍心吞下去。

到学校的第一天晚上，我睡得还好，因为我从小就离家了，我从离开家到真正离开西藏也三年了，与父母分开生活也有三年的时间了，已经习惯了父母不在身边的生活。但有时候，也会默默想家，也会流泪。

当时班主任、生活老师经常来看我们，有时候是例行检查，但更多的时候也是专门来看望我们，西藏班的老师不是父母胜似父母，同学之间的关系更像兄弟姐妹。到现在我们同学聚会的时候还会感叹，初中那个时候我们大部分都是首次离家，年龄也小，更容易依赖，慢慢发现自己特别依赖生活老师，特别依赖自己的班主任，特别依赖自己的室友。而在依赖的过程当中，很多没有办法向父母和兄弟姐妹们说的话，包括青春期的特别情感，都会选择向自己的舍友或者同学倾诉，这种依赖反而拉近了同学之间的距离。那时候的我们，一个人高兴，全班同学都高兴；一个人哭，全班同学都哭。一个人的信可以分享给大家，你的父母来信了，就相当于我的父母来信了一样，其他人也会跟着高兴。

我们那个时候的集体荣誉感是很强的，不管是班级还是宿舍，都希望拿到流动红旗。班干部是集体当中非常重要的管理者，也非常尽责，比如今天谁没听老师的话，或者没做好寝室卫生，班干部就会很生气，觉得拖了班里的后腿，就会像家长一样站在我们中间，对我们晓之以理、动之以情。我们的班干部都是品学兼优的同学，特别有权威，他们是我们班级荣誉和尊严的维护者。班干部的经历对一个人的成长非常重要，不仅实现了深层次的自我管理，也在探索的过程中提高了自身的管理能力和为他人服务的意识。

初中时是封闭式管理，但学校非常重视学生综合素质的提高，老师们会关注我们的兴趣爱好的挖掘和培养。那时候，我们也刚从大山里出来，感兴趣的东西特别多，有航模，有美术，有体育，还有剪纸。我还记得，教我们的老师，对生活、对职业，总是充满着满满的激情，这也默默地影响着我们对生活充满期待和激情。这四年的教育，是我人生观、价值观、世界观形成的重要时期。如果再给我一次选择的机会，我依旧会选择去内地西藏班，包括我的小孩也是。

在2019年全国退役军人工作会议第一次全体会议后，习近平总书记会见与会代表并合影留念。当时有一位坐在习总书记旁边的老革命，我惊讶地发现竟然是我当初的辅导员——91岁的老兵朱再保。他的故事家喻户晓，但大家可能不知道他在退伍以后给我们内地西藏班的小孩当过辅导员。朱老师后来投身环保教育，还带我们去了国家很重要的一个生态保护区，亲自指导我们用实际行动去保护环境。以前，我仅知道老人家是一名参加过抗美援朝的老红军，但是没有想到他竟然是这么伟大的一位前辈，心里顿生了更多的崇敬与感动。

我们上初中的时候，交通并不像现在这么便利，与父母之间的距离仿佛更远了。与父母联系，只能靠写信，一年有两三封信就很好了，四年也就十几封信。数量虽然不多，但是蕴含着满满的情感。时光在变，但情感依旧，尤其是为人父母之后，更能体会父母的心情。

我回老家以后，身边的亲人、朋友都会来看我，当年"内地西藏班的学生"可能是一个头衔、一种荣耀，自己跟身边的人交流的时候，也会有一种优越感，但这种优越感不是说高人一等，更多的是在内地西藏班接受教育后，变得更加阳光自信了，对家乡也有了不一样的情感。

师恩难忘

内地西藏班的每个老师都让我记忆深刻，初中时我的班主任老师叫欧阳，是一位女老师，个子不高，是岳阳市优秀教师，后来当西藏部主任。她是一位会鼓励你、激发你潜能的老师。我刚开始的时候还是比较自卑，心里想着要学习，想更多地去认识外面的世界，但就是不敢，也没有什么特别惊人的特长。唯一不错的，就是我的数学成绩一直在班里名列前茅，她就在这方面一直鼓励我，让我对数学产生了更为浓厚的兴趣。正因如此，我其他方面的信心也慢慢建立起来了，还参加了很多兴趣小组，也爱上了运动，我的

◆ 有关领导到班里进行慰问

校园生活过得丰富多彩。欧阳老师在我高中的时候，给我来过一封信，勉励我一定要好好学习，无论是在怎样的环境中，都要坚持下去。她说，她还记得那时候我小小的身影，一直注视着我们学校的发榜台，因为我们学校每年考上清华北大的特别多。他要我坚持自己的理想和梦想。这么多年来，我一直很感激她鼓励我、照顾我，把我当成自己的孩子一般，给予我太多的爱。

高中阶段的另一位女老师，也是我成长路上的指引者。那时候，成都西藏中学还没完全建成，学校实际上第一批进校的学生是我们，这位老师鼓励我竞选学生会主席。我说我没有这个勇气，也没有这个能力。她说让我试一试，没有选上也没有关系。第一次竞选演讲，我很认真地准备了演讲稿，并进行了多次练习，常言道："熟能生巧"，最终顺利当选成都西藏中学第一届学生会主席。担任学生会主席、班长的经历，让我立志要成长为对社会有用、能够服务他人的人。在平凡的岗位上，尽自己最大的努力，认认真真做事情。

感恩，不止于心

记得初中毕业回家的那一次，由于交通不便，路况极差，从拉萨回家路

◆ 大学时期参加武汉市文艺汇演后留影

上经历了各种状况，从拉萨坐公共汽车到林芝，路面是搓衣板路，要十五六个小时才能到。到了林芝，又要坐大卡车回镇上，然后步行四天才能到家。从内地学校到家至少要十五天左右，如果遇上天气不好，时间还更长。这一路劳顿，让我深切地感觉到了西藏与内地的差距，一种特别强烈的感触在我心里涌动，也产生了一种情怀——为新西藏的建设而努力学习！

记得当年在班级的主题班会上，我们会按照自己的想象，描绘西藏未来的发展蓝图，展望我们的美好期望。我们西藏班86届毕业30周年的时候，我们也组织过一个30周年的聚会，还特别制作了一个有关家乡发展蓝图的小册子，带着些许当年的味道，特别的有意义。回望内地西藏班的学习与生活，我不知道如何描述，因为有无数的形容词可以去讲述它的故事，但我想说的是，内地西藏班这个政策，给了无数西藏的孩子一个可以想象并且去实现未来的可能。

我是一名内地西藏班政策的受益者，也是这段历史的见证人。如果客观地评价从内地西藏班出来的学生，可以说他们都是目前西藏建设与发展中的中坚力量，在各自的领域里发着光和热。怀着无比感恩的心情，我希望内地西藏班越办越好，让更多的西藏孩子，尤其是偏远地区的孩子从大山里走出去，学成之后再回来，去建设一个更加美好的新西藏。

以智求学，立身育人

黄 香

受访嘉宾简介

黄香：藏族，西藏林芝人，1974年11月出生。岳阳一中西藏班初86级校友，成都西藏中学高90级校友。兰州大学学士，挪威卑尔根大学硕士，东芬兰大学博士，天津大学博士后，美国加州大学圣地亚哥分校访问学者，是西藏首位环境科学女博士。现为西藏大学理学院教授、博士生导师。曾多次参加国内外相关专业国际学术研讨会并做报告，相关研究先后被《中华儿女》、《中国民族教育》、国务院新闻办公室等报道。荣获第十届"青藏高原优秀青年科技奖"、首届西藏自治区"最美格桑花"、"西藏青年五四奖章"等。

越山跨水为求知

我生长在一个大家庭里，家里一共六个兄弟姊妹，我是最小的，父母都是道班工人，哥哥姐姐为贴补家用很早就辍学参加工作了，而整个家庭拧成一股劲儿，为的就是让我得到更多的求学机会。所以我立志一定要学有所成，考上内地西藏班是我的梦想，当时我会梦见自己走在内地的街上，那街道和电影里面看到的基本一样。1986年，我考上了岳阳一中，当时知道这个消息以后觉得自己的梦境真的变成现实了。

出发的那一天，教体委工作人员带着我们20多个人坐大巴到了拉萨，到拉萨以后又坐了飞机到成都，到成都后又坐火车到岳阳。这是我第一次坐飞机，也是第一次坐火车，真是路途遥远、翻山越岭、渡江跨天。到了岳阳一中大门口，学长们排着队欢迎我们，校长、老师也在人群里向我们挥手。那时候特别激动，就像见到了亲人，心中有了依靠。我至今仍保存着那时的照

◆ 1986年首次走进岳阳一中校门，受到学校领导和老师以及85级学长学姐们的热情迎接。前排左二穿白衣者为黄香

片，每次看到照片心中都会涌起无限温情。

当时过年不能回家，家里人就会寄一些包裹，有干肉、糌粑，现在的孩子可能都不知道，我们包裹里面还寄有磁带。那时候卡式磁带比较流行，家里人会在里面录音，我记得有一次的磁带里还录有姐姐唱给我的歌。

初中四年我都没回过家，转眼之间就要毕业了，还记得来岳阳时的越山跨水，如今经过了四年的学习，走在归乡的路上，感觉特别有成就感。当然，路途也不轻松，我们从岳阳坐船，两天一夜后才到了重庆，又从重庆坐火车到成都，再从成都飞到拉萨。在拉萨的招待所休息了一晚后，第二天林芝地区教体局的老师就带我们坐大巴回到了林芝。下了车，好多父母都在等着接孩子，我远远地就看到了父亲，等我从车里拿了东西走到他跟前，叫了声"爸爸"，父亲回头激动地说："哦，这丫头是我们家孩子没错！"四年没见，我们又都穿着统一校服，父亲一时没有认出我来。

学有所成　反哺高原

回家后记得母亲这么说过："你去了内地，有主见了，会安排事儿了。"因为在学校里面，很多工作都是同学一起分工合作的，比如说宿舍里的扫地、拖地、倒垃圾等事情会分工完成。回到家里以后，我也会带着家人们分工合作，有条不紊地完成家务事。我想，在外独立四年，我学到了知识，也学会了生活。

我在成都西藏中学上高中的时候，成绩一般，算不上学霸，但特别喜欢语文，也比较喜欢写东西。初中时我就经常给学校的广播台撰稿，在班里面还组织过一个文学社。高二的时候分科了，我为了学医就选择了理科。但从那时起，我学会了为自己的兴趣努力，也学会了为自己的理想坚持。

理工类专业的藏族学生，本科毕业以后直接工作的居多，很少有人再去深造。从我自己的角度看，我认为执著地坚持非常重要，不同的人生经历会有不同的收获。进入内地西藏班学习时，我发现学生们的思维方式都有了很大的变化。小学的时候学习很轻松很随意，每天还没到家，就可以把家庭作业全部做完。但是到了内地西藏班以后，我们会花很多时间来思考学习，老

◆ 1990年初中毕业时岳阳一中西藏部藏二班送给学校的纪念礼物

师们课后会布置相关的其他的任务，必须得用课上的知识完成那个任务，必须静心思考、尽力完成。多年在外的求学经历使得内地西藏班的孩子们非常独立、果断和勇敢。

我的博士是在芬兰东芬兰大学（原库奥皮奥大学）读的，专业是环境科学，经常下乡做田野调查，基本上都是去河边。当时我们做的一个项目是有关雅鲁藏布江的水环境调查，雅鲁藏布江整个流域都要走一遍，从海拔5300米的冰川源头，到墨脱县境内海拔仅600多米的河段，很多路段都要步行。我现在的工作也会经常在野外，会有很多很危险的事情，但我好像从来没有害怕过。我想，这也和我的内地西藏班学习经历有关。

现在，作为硕博导师，我指导的学生来自全国各地，不同地区的生活习惯和风俗习惯，刚开始使得学生之间有一定的差异感和陌生感，很长一段时间他们相互都不了解，班级气氛也比较沉闷。我在2011年当了班主任，当时我就想起了当初去内地西藏班时候的情景，那时候我们也来自不同的地区，好多同学跟老师交流都不会讲汉语，但班级的氛围却是非常温馨和融洽的。我就用当时内地西藏班老师用的一个方法，先让全班每个人准备一份演讲，但内容不是专业性的知识，而是讲自己家乡最有趣的事、特别的风俗习惯或者好吃的东西。同学们的参与度很高，准备得都非常认真，还做了精美的PPT。记得有一个贵州的学生，他是侗族，他专门展示了侗族的民族服饰、饮食文化和传统建筑；日喀则的一位同学专门讲了蓬皮（藏式凉皮）；拉萨的一位同学讲了卫藏方言当中的敬语。这一系列的学生讲座可以说达到了预期目标：看似在讲自己家乡的事情，实际是在面对面跟你分享自己的故事。这次分享会之后，我发现班级的气氛也能达到当时内地西藏班的那种感觉。而我作为老师，看到同学们能在一种愉悦舒心的环境里学习，自己也会有成就感。

师心引领　师道传承

在西藏班学习了七年，我遇到了很多优秀且负责的老师。内地西藏班的老师工作非常辛苦，其他老师放假就可以回家了，可以跟家人过年，可西藏班的老师做着老师加保姆的工作，因为我们初中四年和高中三年期间都不能回家，所以老师都是跟我们一起过年。他们日日夜夜关心着我们的一切，可以说除了晚上睡觉，都在我们身边。

初中的时候，有一位数学老师叫刘利文，我印象最深的是她做事情特别严肃认真，但下了课以后对我们又非常温柔和蔼，关心我们生活中的一切小事。我高中的班主任老师也深深地影响了我，他是教政治的老师，书教得非常好，思想很活跃，敢于挑战，没想到我们高中毕业以后他就去创业了，他现在是一个生物科技公司的老总。自己虽然已经毕业了，但老师们的言传身教一直影响着我。

我现在也成了一名人民教师，高考填志愿时，内地西藏班很多孩子也会报考师范院校，但成为老师其实仅仅是第一步，我们应该努力成为一名好老师。我对一位好老师的标准其实很简单，就六个字：教好书育好人。教书相对比较简单，只要有扎实的专业基础，有一定积累，就可以给学生把课讲下来，把知识讲清楚。但教知识不是终点，终点应该是育人，育人的工作在某种程度上比教书还重要很多，需要把好的精神品质和价值观在潜移默化中传递给学生，让学生们真正成为一个大写的"人"。像我平时只要在"育人"上有一点点成就感时，我会把这个成就感放大，激励自己再继续往前。有时候在工作中，一些任务并不是一下子就能完成的，但只要坚持，你会发现自己的付出是会有收获的。比如设计一个东西，设计出来之后不太满意，一开始会很有挫败感，但是我自己经常跟学生讲，坚持下去就会慢慢设计成自己理想中的那个样子。再比如说学英语这件事情，你一天背一个单词，背完了以后你自己就会非常高兴，然后学会把这个高兴的感觉放大，鼓励自己再继续深耕，这样带着热情地学习一定会取得成功。我希望自己能够像内地西藏班的老师一样，用勤奋刻苦同时讲究科学方法的工作态度来影响学生，如果这样能够对他们的进步起到一点作用，那也是我最大的安慰了。

我面对的学生虽是大学生，但他们的心智还处在逐渐成熟的阶段。我作为老师，有时在面对学生的一些不太理智，甚至错误行为时会发脾气，会恨铁不成钢，但生气之后我会冷静下来，告诉他们要对自己的青春负责任，不管目标大小，你得有个目标。定了目标后，我会亲自带着学生一步步实现他们的目标，老师永远不会是你目标实现过程当中的主角，主角还是你自己，我们就是引路人，关键还得看自己。希望我教出来的学生，不敢说都是大成就者，但至少是给这个世界和他们周边的人带来温暖和希望的人，就像我初高中的老师一样。

目前我在西藏大学教书，我也在努力这么做，希望我的学生能够接受我的一些好的思想和方法，但这不是说教出来要跟我一模一样，成为第二个我，而是希望每个学生最后都是自己的样子。这就是我所理解的"学高为师，身正为范"。

尊重与包容

现在自己是一名老师了，所以也想以探讨的方式说一下自己的思考。对内地西藏班孩子的教育，其实影响最大的是内地的老师，所以我觉得在去教育孩子之前，我们首先要知道内地西藏班这批孩子既不同于西藏本地的学生，也不同于内地的学生，所以一定要首先去了解他们的背景和想法，尊重他们在一定程度上的"特殊性"。这样一来，就成功走进孩子们心里了，后续的工作，不管是教学还是管理，我觉得都会顺手很多。当然，"一定的特殊性"并不意味着"绝对的特殊性"，内地西藏班的孩子们需要知道自己到内地可不是来展示自己的"差异性"的，而是应该从原有的小圈子里走出来，去寻求更大的"统一性"。

  当一个人真正敞开心扉去接受新的事物的时候，心境就会变得平和，很多新的想法和好的点子就会慢慢出现。我自己的学术追求和学术理想也是高中阶段，在老师的指导和帮助下逐步确立起来的。再比如说我大女儿，她也有内地西藏班的求学经历。在她上高中的时候，就遇到过一个年轻的班主任老师，她说这位老师对她们不太理解，性格可能有点急，而且挺强势，说班里的孩子有时还会"吐槽"老师。我就告诉孩子，你们要耐心一点，这位老师其实也刚毕业，参加工作不久，需要阅历和成长，但是你们可以多一点互相理解和支持，后来随着时间的推移，班级氛围和师生关系果然愈见和谐。到了高三毕业时，整个班都取得了很好的成绩。后来，我就跟我女儿说："你看你的班主任，也跟你们一起成长了。"她说："对，真的是！"

◆ 与两位班长一同主持主题班会。右一为黄香

我举这些例子是想说明，民族团结工作其实很简单，我觉得就是要相互尊重、相互理解、相互包容。比如在饮食方面，我家是一个汉藏结合的家庭，父亲是汉族，母亲是藏族。但在平日里我父亲是糌粑也吃，酥油茶也喝，不会光嚷嚷着要吃稀饭馒头。但是在过春节时，母亲会主动给父亲包饺子，还会按照父亲家乡的习俗，贴对联，挂红灯笼。所以长期以来不管我家里的氛围还是父母之间的感情都是和谐恩爱的。这就是一个小的家庭中民族团结的鲜明体现。

珍惜人生美好经历

内地西藏班的求学经历对我来说是我整个人生最重要的部分之一，这段经历对我的影响很大。首先收获到的是眼界和包容，这是走出去才会得到的东西；然后是做事的果断性和思想的独立性，这对于现在我做的科研工作帮助非常大，因为科研通常需要独立静思，明确研究方向，一往无前；另外还学到了集体团结协作的精神，这点对于我现在的教学和培养学生工作帮助非常大。因为教学不仅是和知识打交道，更是和人打交道，需要跟别人协同。没有了这种协同精神，就教不好学生，甚至会起冲突。当然，还有很多看不见摸不着的收获，但我相信它们已经体现在我的一言一行当中了。

现在回忆起我的求学经历，不得不提的一点是我与家人相处的时间特别少，少了很多了解彼此的机会，这对我来说的确是一个遗憾。因此我在毕业后也开始"补课"，争取多一点的时间陪伴父母，我希望父母与孩子之间的关系不是渐行渐远，而是走得越远，心离得越近。我有一些朋友同事的孩子要去内地西藏班上学了，他们有时会犹豫，就会问我说："你是内地班毕业的，你会不会觉得，去了内地班以后，和父母的沟通会减少？"我觉得这是很现实的一个问题，但也要以进步的眼光来看待，我就跟他们说："不是沟通减少，而是面对面的沟通会少一些。但是现在不同了，都有智能手机了，你可以经常和孩子打电话、发信息、聊视频，这些都是沟通呀！"每个时代都有自己的补救方法，那个时候可能是写信，现在不同了，通过互联网的连接，在内地西藏班学习的孩子仍能和父母保持紧密的联系。所以周末老师发手机的时候，孩子们不要光顾着看直播、打游戏，要记得屏幕对方的家人正在等着你的来电。

每个人在前行的道路上都会遇到各种各样的选择，但我相信只要你心中有笃定的方向，你走的每一步都会成为你人生路上的美好经历，内地西藏班的学习经历对我来说就是如此。我希望所有内地西藏班的学子都能认识自我、接受自我、突破自我，也希望所有的孩子都能身心健康，更希望内地西藏班越办越好，培养更多建设新西藏的高素质人才！

父爱与选择

达桑阿米

受访嘉宾简介

达桑阿米：藏族，西藏那曲人，1975年2月出生。天津红光中学初87级、高91级校友。毕业于中国人民公安大学。历任西藏自治区那曲地区（现那曲市）民宗局调研员，地区佛协常务副会长、秘书长，地区文化局调研员、副局长、局长等职。现任那曲市第一届政协常委、市文化和旅游局局长、一级调研员。是第十届西藏自治区政协委员、第十一届西藏自治区人大代表。

引言：我的人生有一位最重要的人和一个最重要的选择。"人"是父亲，"选择"是内地西藏班。父亲是一缕阳光，让我的心灵即使在寒冷的冬天也能感到温暖如春。内地西藏班是一泓清泉，让我在纯洁明净的道路上越走越远。

父亲开启了我的求学路

我叫达桑阿米，出生于西藏那曲。"阿米"在西藏那曲是大人对小孩的一种爱称，类似于宝宝、佳佳这样的称呼。"达桑"是好月份之意，在那曲名叫达桑的较为普遍，但在后面搭配"阿米"的例子是较少的，这是我名字比较特别的地方。所以我的名字可以理解为"出生在好月份的宝贝"。父亲在我的人生旅程中，就像一盏明灯，为我引路。父亲叫许叶·聂达次旺，1934年出生，在2019年的7月24日逝世，享年86岁。他是一位著名的宗教界爱国人士。我的求学之路，是父亲开启的。在我未成人之前是他的坚定让我走完了近十年的内地求学之路，也让我走上了无悔的人生道路。

值得一提的是，80年代初期。巴青县有一位比较有名的得道高僧，他想让我跟他一起修行。但我父亲一心向党，受到党的政策影响。因此对于我的人生道路，他说："达桑阿米，我不让他去当僧人，他要上学，要做一个民族干部，让他适应这个时代，干好自己的工作。"在父亲的影响下，我在小学毕业之后就考进了天津红光中学，并在红光中学完成了初中、高中的学习。1991年，我考上了中国人民公安大学。

初次进入内地学习的那段新奇经历，我至今都没有忘怀。当时，我的小考成绩既不是靠前，也不是垫底的，但总体是比较靠后的。到校后的第一次摸底考试，我的汉语成绩只考了三分，那时我们班里最高分是13分。可见当时西藏，尤其是那曲的教育水平是较为落后的。之后读了一年的预科，在先进的教学理念和良好的语言环境的熏陶下，我的汉语水平得到了很大的提高。

去学校之前并没有了解过学校的信息，不知道红光中学，只知道要去天津。那天的感觉至今记忆犹新，当时有一首十分流行的歌中唱道："我要越过高山，去看外面的世界，天上架起了彩虹，若是一道彩桥，我要越过高山，去看外面的世界。"非常契合我当时的心情。以至于在今后的岁月里，每当唱起那首歌的时候，我就能想起80年代我去内地西藏班的情景。去内地的前一天，那曲地委、行署领导在地委小礼堂给我们来自那曲除双湖、尼玛办事处之外的九个县的考上红光中学的70多个同学举行欢送会。出发当天，那曲地委、行署领导在影剧院大院内为我们举行了欢送仪式，还给我们每个同学都献了哈达。之后我们坐上公共汽车前往拉萨，当时在车里只有考上内地西藏班的学生。到了拉萨之后，前往贡嘎机场，坐上了飞往内地的飞机。那也是我第一次坐飞机。

飞到彩虹的"另一边"

到达成都后，我们转乘火车去天津，大概坐了两天两夜。这也是我第一次坐火车。途中到达北京站后，我第一次看到了天安门，美丽的天安门广场给我留下了深刻印象，我从小经常听到、唱起那句"我爱北京天安门"，在亲眼见到之后，内心深处自然产生了一种自豪之感！

在军事博物馆旁，带队老师组织我们吃了一块面包，喝了一瓶热牛奶，之后，我们乘坐大巴车穿过了十里长安街去了天津。车辆是天津市红光中学安排的两辆红色的大巴。开大巴的是位回族老师，他风趣幽默、和蔼可亲，后来我们也经常跟老师一起去北戴河、承德、蓟县、大邱庄等地旅游。

到达红光中学的第一个星期，为了适应内地的气候，防止出现低山反应，我们每天都需要适当的休息，连续几天几夜坐火车，躺在床上都感觉房间在晃。关于火车和铁路，我也有些许感触。当时内地和西藏之间没有铁路。初高中时期，寒暑假全部都是集体生活，毕业的时候才能回去，初中四年回去一次，高中三年回去一次。上了大学之后，回去过一趟，当时从北京坐火车到西宁，从西宁坐大巴车到那曲，路途虽然漫长而艰辛，但是内心却十分激动，一路唱着郑钧的《回到拉萨》。上学时的经历使我有一种内地和西藏隔得很遥远的感觉。在青藏铁路建成通车后，我专门坐火车去了一趟内

◆ 与同学一起练球。右一为达桑阿米

地，让我感觉到内地和我的家乡那曲的距离是越来越近。

在当时学号十分重要，衣被饭碗等生活用具都要印上自己的学号，以便区分。我还记得我的学号是203号。它不仅仅是个数字，也是我青春岁月里的美好记忆。那时，红光中学的饭菜十分诱人，星期四的绿豆糖包子让我到现在还忘不了；在天津上学期间因为吃了太多的豆芽，使我养成了健康的饮食习惯，到现在也特别喜欢吃豆芽。当时的通讯方式，就靠写信，而且一个多月家里才能回一次信。联系家人时，我就在信封上写"寄：西藏那曲地区政协·聂达次旺（父）亲启"，再写上"天津红光中学预科一班"。寄照片的时候，还会专门写上"内有照片、请勿折叠"，再写上"航空"二字。家人也会给我回信，比较遗憾的是当时那些与父母之间的信全都遗失了。如果再要写信的话，我要写给天堂里的父亲，信的内容就是"我将学习和秉持您爱国的情怀、感恩的心态，严谨的态度、渐进的理念，无悔的作风。铭记您的教诲，做个'活着心安，死了安魂'的人"。

在天津学习生活的经历，使我身上有着很深的天津烙印，比如我有时候会跟爱人说着"介孩子""说嘛呢"等有着天津特色的语言。再加上相声界的泰斗人物大部分都是天津的，所以我也特别喜欢听相声。另外还有味蕾上的天津记忆，我前面说的糖包子、豆芽，还有天津的煎饼果子、狗不理包子、十八街麻花等，类似这种小吃，只要有就想吃，这是饮食上的天津对我的影响。时至今日，在提起天津的时候，我都感到十分亲切，天津就是我的第二故乡。今天我们再唱《怎能忘》的时候，就仿佛回到了30多年前的红光。如数家珍般的回忆起以前我们常去的天津百货大楼、劝业场、水上公园、龙门大厦、南市食品街、东北角古玩街、天津站、天津北站等等地方。现在我每次到内地的时候，总有要回一趟天津的冲动，也许这就是我对天津的一种情怀吧！当时在国家政策背景下，我们去了内地西藏班，看到了内地与家乡之间的巨大差异，我就想着我该怎样发奋学习，该怎样去让我的家乡发展。关于学习成绩，后来我们也能赶上了，这就是一个跨越和进步。

成长领悟

在校的几年时间里特别想家，这时就看看父母的照片，寄托一些思念。痛心的是，在1989年我的母亲过世。那一年，父亲参加了那曲地区每年一次的慰问团，带着那曲的干肉和酥油来与我们内地西藏班的学生一同过藏历新年。当时父亲来到学校，把母亲逝世的消息告诉了我，同时从西藏的历史、个人的经历、人生的感悟给我讲述了要树立正确人生观、价值观、世界观之重要性。父亲还告诉我："珍惜民族团结，就要像珍惜自己的眼睛一样。"在内地西藏班学习，一定要团结同学。当时家庭的变故没能打倒我，因为父亲是我坚强的后盾，还有内地老师对我的耐心疏导，我很快走出了阴影，投入到了学习和生活中。我在内地西藏班的时候也是一个文艺小青年，刚到内地西藏班的时候，我在天津市的声乐比赛中拿了特等奖，当时我们的冯校长就有意把我推荐到了天津音乐学院，虽然我的声音条件比较好，但我不太喜欢唱歌。最后还是选择了继续上完高中，上完大学。每次回信父亲都跟我说："一定要成为一个像样的大学生，毕业回来建设家乡。"

起初我也是一个调皮捣蛋鬼，有时与老师顶嘴，但老师总是能跟我敞开心扉促膝相谈，每次犯小错误的时候，就把我叫到教室里，像父母一样耐心

◆ 我们的青春。前排右二为达桑阿米

地教育我。后来，慢慢褪去青涩与稚嫩，变得成熟。在上学的道路上，我也曾怀疑过自己，但父亲坚定地让我继续坚持这条道路。今日回想过往，父亲是人生中对我影响最深的人，去内地西藏班也是我人生中最重要的选择。

真善美，怎能忘

我仍然记得生物老师跟我们说过的一句话："处处留心皆学问"。而所谓名师出高徒，老师的知识水平在很大程度上影响着学生的知识水平，这就是现在大家力求优质教育资源的原因。教育是公平的，但是教育资源的均衡程度是不同的。内地西藏班与西藏本地学校的教育资源和投资力度相对比，内地是远远高于本地的。教育资源的均衡，除了关乎教师的个人素养，还有对基础设施的考量。比如学校配备的操场，会有专门教授我们的足球教练，足球从早上踢到晚上，可谓"文明其精神，野蛮其体魄"。

我在内地西藏班七年的学习生活，如果用一个词描绘就是"激情"，那时候我们的"校歌"《怎能忘》，"怎能忘，美丽的西藏、可爱的家乡，我们是建设新西藏的栋梁；怎能忘，天津是我们第二故乡，刻苦学习，团结向上，百炼成钢……"我觉得内地西藏班除知识储备之外，还特别注重培养学生的团队精神、协调和沟通能力。由于长期住校，平常生活中就不免与同学产生许多小矛盾，无形中培养了学生处理问题的能力。

父亲喜欢阅读，利用休假时间阅读，可以做到一个月足不出户。我也许是受他的影响，在初中时就看了邓小平传，也看过毛主席秘书李银桥写的回忆录等。当时我们还会利用午休期间听广播，大概二十多分钟，听单田芳老师的评书。记得在广播里听到许多历史问题，深度不够或是需要延伸，我就会去学校图书馆查看相关资料。那时查阅文献才能获得相关知识，不像现在直接在网上搜索就可以获取相关知识。读书是一种习惯，并且要自己进行摸索，找到读书的乐趣与方法。

初中时我们的班主任老师叫王秀雯。刚到天津那年的冬天，我只穿一件单薄的裤子，王老师看到后立即给我买了一条毛裤，对我说：你现在不穿厚点，将来腿脚就会出毛病。像这样的师生情在红光处处可见，从这些点点滴滴的日常生活中，我们这些在内地求学的藏族孩子从小就充分感受到了民族团结之情，藏族和汉族谁也离不开谁不仅仅是句口号，更是具体的行动。后来王老师的女儿得了白血病不幸去世，同学们就给老师写信安慰。后来老师到了西藏，我们也是在一旁陪同。她说："你们这三十个藏族学生，与我相依为命，像我的孩子一般，是我几十年教育工作的最好成果。"前一段老师的老伴也去世了，我们这些学生天天给她发短信。只要我们哪一个同学到了内地也都会去看她，有些同学有时候还要待一两天。老师给我们回信，信中总是回顾着过去在红光的学习生活，阿米是怎么样，阿穷是怎么样，扎平又是怎么样，哪个哪个又是怎么样儿，王老师了然于胸。她的回信让我们又回到从前，当时老师四十出头，而我们十几岁。如今老师已古稀之年，老师还经常打电话关心我们的进步，提醒我们处理好工作、学习、生活之间的关系等。

我成长为一名民族干部

曾在内地西藏班就读，有20多年工作经历，现在那曲市担任文化和旅游局局长的我，更加理解藏族是中华民族大家庭的重要一员，西藏是重要的中华民族特色文化保护地的意义。在漫长的历史长河中，各民族相互交融、相互促进，共同创造了中华文化。百年未有之大变局的当今世界，是实现中华民族伟大复兴的关键时期，习近平总书记指出："中华民族伟大复兴需要以中华文化发展繁荣为条件"。坚定文化自信应对百年未有之大变局，就是要坚持以马克思主义为指导，推动中华优秀传统文化创造性转化、创新性发展，继承优秀传统文化，发展社会主义先进文化，不忘本来、吸收外来、面向未来，更好构筑中国精神、中国价值、中国力量。在今后的工作中，我们应在以格萨尔为代表的非物质文化遗产中深入挖掘中华优秀传统文化蕴含的思想观念、人文精神、道德规范，结合时代要求继承创新，让中华文化展现出永恒的魅力和时代的风采；大力弘扬"老西藏精神""两路精神"，促进传统文化传承创新，为实现中华民族伟大复兴提供强大的精神动力和智力支撑；牢牢把握社会主义先进文化前进方向，坚持为人民服务、为社会主义服务，激发全民族文化创造活力；结合自己的工作，加大文化和旅游的融合，坚持"以旅彰文、以文塑旅"，力争把西藏打造成"世界旅游目的地"。

我记得高中时候我买了一台录音机，用来学唱藏歌，抒发对家乡的思

◆ 在培训会议上致辞

念。大概在90年代的时候,阿沛·阿旺晋美副委员长的二儿子阿沛·图道多吉先生,他以国家民委副主任的身份对内地西藏班的建设情况进行了一次调研。当时国家民委和教育部组成的工作组来到了天津红光中学,恰逢学校组织文艺汇演,领导们就来看望并关心我们的生活学习。当时我作为学生代表给他们唱了一首家乡的歌,这首歌唱完之后,也许是触景生情,图道多吉先生把我叫到他的身边,问道:"你们吃得怎么样?"我说:"吃得挺好。""开办内地西藏班,你觉得怎么样?"我说:"这个还真的不错!"我当时确实没有多少的情商或者考虑回答的方式,但若是现在回答,肯定会比当时要好很多。当然,当时的我感情是真的,也是纯粹的。如今我想说:"是党和国家培养了我,我始终会一心向党,努力工作。在此我也相信内地西藏班会越办越好!"

厚积薄发　芝麻开花

多　吉

受访嘉宾简介

多吉：藏族，1975年10月出生，青海黄南人。重庆西藏中学初89级校友。1994年参加工作，历任拉萨市城关区扎细街道扎细社区居委会副书记、主任（期间2002年至2004年在西藏民族学院脱产学习），拉萨市城关区吉日街道办事处副书记、副主任（期间2009年至2011年在西藏大学上函授本科），拉萨市城关区环境卫生保护局副局长、拉萨洁达环卫保洁有限公司董事长等职（期间在西藏自治区党委党校就读在职研究生）；2015年担任拉萨市城关区人民政府党组成员、副区长；2016年担任拉萨市净土文化传媒有限公司党委书记、董事长；2019年至今，担任拉萨市交通产业集团有限公司党委书记、董事长。

多 吉
厚积薄发　芝麻开花

肩负希望的远行

我叫多吉，1989年在重庆西藏中学学习。当年之所以选择去内地读书，其实跟我的家庭也有一些关联。父母早期离异，所以我从小大部分时间都是跟着爷爷一起生活，有时突然跟父母在一块儿，反而有些不适应，再加上他们感情也并不好，所以更加不自在。上小学的时候，班主任张老师对我的家庭情况比较了解，对我特别照顾，也一直鼓励我考入内地西藏班，说是对今后的学习、工作都会有非常大的帮助。为了锻炼自己，走上更高的平台，同时也为了离开这个比较沉闷的环境，拥有更加舒心的学习氛围，我便奔着重庆西藏中学去了。

当接到教育局的录取通知书时，心里真的非常激动，这种激动中除了对金榜题名的喜悦，也有对新生活的向往。家人也都很高兴，尤其是爷爷格外地开心。在我们家里，父亲只是一个工人，文化水平不高，顶多小学的学

◆1992年冬，在重庆西藏中学校园与同桌合影

历。爷爷也是小学文化水平。所以一家人把希望都寄托到了孩子身上，希望孩子们能有高学历和好前途。

记得那是我第一次坐飞机，印象太深了。由教育局的老师统一带队，在拉萨西郊客运站乘坐民航大巴直接到贡嘎机场。当时，要在机场停留一个晚上，第二天一早，看到飞机时，才意识到真要离开了，很多人都哭了，我也哭了。来送我的父亲，心里也是非常不舍，父亲再三叮嘱我："要好好学习，给爷爷争口气，实现他的心愿，一定要把学业完成好，一定要从我们这个家庭里出一个大学生！"

两个小时的飞行时间，大家有说有笑，唱起童年的歌曲，满是激动。从成都坐火车到重庆，也是我第一次坐火车。因为是硬座，十二个小时才到重庆，最开始很有新鲜感，但路途的疲惫让我觉得远行并不轻松。

快乐的校园生活

重庆，堪称"四大火炉"之一，夏天非常炎热，热得让人受不了，湿热的环境，让人觉得透不过气来。但当时，学校的老师们进行了周密的安排，担心来自高原的我们会不适应平原的环境，便安排了晚上乘坐火车，温度要低一些，我们更容易适应。坐上学校派来的大巴车以后，内心的兴奋难以言喻。从火车站到重庆西藏中学距离很远，大概在路上走了两个小时左右。班主任、一些授课老师以及师兄师姐们在门口热烈地迎接我们，孔令辉校长也在。

当时我们班里有五十余名学生，学校按照八人一桌的标准给我们安排了用餐。第一餐是雪白的大米饭，各种丰富的菜香喷喷的，非常可口。我印象最深的是每周二的包子，还是限量版，每个人只有两个。对于男孩子来讲，两个肯定不够。不够怎么办呢？大家凑一起想出了一个办法，每周一我们都会举行足球赛，堪称我们的"包子杯"。球赛的赌注，自然就是在同学们之间最受欢迎的包子了。

现在回想起来，觉得当时的西藏教育厅、重庆当地教育部门，在建立和选址重庆西藏班的时候，确实用心良苦。怎么讲呢？因为西藏的学生要适应重庆炎热的气候，需要一个过程。而安排在歌乐山，温度确实要比沙坪坝等其他地区低一些，周边都是农村，歌乐山又是国家级森林公园，可以说是一个非常适合求学的清净之地。那种环境能让一颗浮躁的心平静下来，认真学习。

我们学校的住宿条件也特别好，四人一间，虽然没有独立卫生间，但我们已经感到很满意了。寝室里四个人关系也非常融洽，总是在一块儿玩，总有说不完的话，我还当上了寝室长。初中时候我比较调皮捣蛋，酷爱足球，每当四年一届的世界杯赛事开始时，我都会偷偷溜出学校，去外面看球。当然，毕竟那时候小嘛，但现在我肯定不会建议孩子们这么做，一是要遵守学校的纪律，二是条件也今非昔比。

当时学校也组织我们去参观过渣滓洞、白公馆这样的红色教育基地，我深深体会到中国共产党的伟大，革命先辈们在艰苦环境下付出了生命的代价才换回了现在的新中国，才让我们这些后代有了现在的幸福生活。当时，听了小萝卜头的故事，对比着自己的生活，我感触很深。参观完后，那种立志完成学业，建设家乡的心情可以说再次高涨了。

美育满园　受益终生

当时我负责出墙报，也就是大家常说的黑板报，因为学校的要求比较高——墙报既要体现积极向上的价值观，同时还要体现这个班级的文化元素。大多数人就望而却步了，而我却十分感兴趣，为什么呢？当时有一门新开的课程叫"字体课"，我还主动报名参加了。我总觉得能写一手好字，对今后的工作肯定是有帮助的。所以我积极参与了每期的墙报设计与制作，让我们班的文化建设，比同年级的其他班要更突出。果然，功夫不负有心人，在全校第一届板报竞赛中，我们班被评为全校第一名。看到自己的努力有了结果，特别激动、特别自豪。

另外，学校还开设了图画课，培养我们多方面的兴趣，提升我们的文艺修养。我一个非常要好的朋友就参加了图画课兴趣班，后期发展得也非常好。他参加这个培训班的缘由，是因为他来自农村，平时会画一些具有民族特色的东西。刚进入学校的时候，他画得并不是很好。有一次，他主动将自己的画作展示，但是，大家都不知道画作想要表达的意思及内涵，总说缺了

◆ 参加重庆市少数民族大团结活动。倒数第二排左二为多吉

点东西。他参加了图画兴趣班之后，积极提升画作水平，最终他的作品多次在学校获奖，有的作品还参加了重庆市的绘画比赛。

那个时候虽然条件有限，但学校依然非常重视校园文化建设，我们也能明显地感觉到：一个学校的文化，将对学生的成长产生非常直观的影响，对今后步入社会后的实际工作能力，也有极大的帮助。

感恩老师　助我成长

到校后老师们就像父母一样手把手地教我们怎么刷牙，怎么叠被子，怎么使用蚊帐。那时候，蚊帐对于我们而言，闻所未闻。不清楚它的用途，也没有想到晚上还会被蚊子叮，因为新鲜，所以大家都认真地学习。学校还为我们配备了凉席，我却在琢磨被子需不需要盖，会不会着凉，全然没有考虑到当时的温度与炎热的天气。

重庆四年的学习生活，感觉老师们的教育方式方法是非常灵活的，会经常跟学生们做一些交流，利用班会时间了解学生的所思所想所盼。因为我们的小学是五年制教育，内地是六年制，教材又不一样，与内地的学生相比，我们的差距太大了，可以说有两个年级的差距。但是，从重庆西藏中学出来的学生，总体素养都特别好。

王天平老师，是我到内地学习以后的第一个偶像。他教学方法非常灵活，要求我们每晚必须要看半小时的新闻，不是看看而已，而是要把握主题，留意屏幕小框里的中心思想，速记下来。他还会结合我们的实际情况，让我们自主分析，如何利用四年的学习生活，形成步入社会后的正向帮助。每个月，老师都会把我们记的新闻联播主题进行评优评先，看谁记得最多、记得最全，通过贴小红花的方式进行奖励。这么一个小小的举动，既让我们关注了国内外的时事，又让我们提升了速记的水平，提高了写作的能力，加深了思考的深度，让我受益匪浅。

内地西藏班的班主任老师，就像我们的亲生父母一样。不仅要给我们上课，还要关心我们的日常生活。如果生病，老师们会陪着我们，给予我们无微不至的关照。这群"父母"们，真正做到了对西藏班学生无微不至的关爱与照顾。我印象最深的是吕贤德老师，当时任我们的政治老师，也是我们第二年的班主任老师。在我担任街道办事处主任的时候，组织了我们班上的大概十多名同学，开展了回访拉萨、关心走访学生的活动，还把吕老师、一些其他的授课老师都邀请到了拉萨，开了一个联谊座谈会。大家毫不保留地把自己步入到社会的经历与心得作了分享，传递着满满的正能量。我们一致认同，必须拧成一股绳，带动大家一起好起来，才是真的好。

现在，两位老师的身体都不是很好，我最想说的是：希望老师们不要太劳累，保重好身体；希望能经常到拉萨来看看他们所教的这些学生，来了解一下他们所教的学生们的成绩。同时，我也很想对老师们说：我们是能够让您骄傲的学生，我们为西藏的发展尽了我们的所能，没有辜负你们当时对我们的期待。多想再回到从前，感受你们对我们的关心爱护，听你们讲人生的道理。

新岗位　新动力　新目标

于我而言，最大的遗憾，就是初中毕业以后，因为家里的原因，没能继续学习。但是，反过来一想，我先进入工作单位，明确了自己在知识学习上的不足，有的放矢，接受二期的教育，也是一种渠道。因为一个人前期已经积累了社会经验，便会在后期的学习环境中，更懂得厚积薄发，更珍惜学习的机会。

1993年初中毕业后，因家庭原因，我便直接步入了社会，在拉萨市城关区扎细街道办事处工作。因为工作表现突出，很快便被破格提拔到了吉日街道办事处任党委副书记兼副主任，主持工作。2002年，通过自考，我得以在西藏民族学院学习了两年，专业是行政管理。2009年，我考入自治区党校，完成了在职研究生三年的学习。后因工作成绩突出，又被调到城关区环卫局，在环卫局任职的三年零四个月里，拉萨整个城市的卫生发展有了质的变化。我因此又被提拔，在城关区政府任副区长。在政府副区长岗位工作了一年零六个月后，按照拉萨市国有企业做大做强的目标，我又被调整到了拉萨净土文化传媒有限公司任党委书记兼董事长。

在传媒岗位工作了近三年时间后，2019年的9月24号，我被正式任命为拉萨市交通产业集团有限公司党委书记、董事长。我们这个集团，目前是拉萨市

◆ 与校领导一同为西藏民族大学实习基地揭牌

人员密集型的国有企业，现有员工八千多人。因为我们的行业主攻旅游业，所以车辆也比较多，有5278台。就业务层面而言，新的岗位的确对我是一个考验和锻炼，但我也在积极思考，如何实现交通产业做大做强的目标。

深知差距　倍感责任

我们上学那时候，拉萨最高的建筑就是邮电大楼，但也就五六层的样子。可这样的建筑，在重庆比比皆是，甚至比它高多少层的都有。当时的柏油路，只有从邮电大楼通往实验小学那一段，也就是五六百米。其它好一点的也就是石子路，差一点的是乡村路。但重庆几乎都是柏油路，而且路面也非常干净。看到重庆这样的基础设施建设，我就默默在思考：回去以后，我能做一些什么？一旦自己步入社会，能为家乡做些什么？

而这种对比性的思考，其实来源于内地西藏班的经历，这段经历对我有很大的影响，一方面接触了新的事物，让我视野大开；另一方面接触了新的教育方式，让我心智大开。因为学习氛围真的太好了，所以大家都很投入、用心，连平时调皮的学生都觉得不好意思，开始自律。所以，国家其实是为我们的成长创造了一个有良好氛围、人人比拼的好环境。

内地西藏班的教育，从国家层面也好，自治区层面也好，拉萨市层面也好，我希望继续延续下去，因为内地西藏班办学35年来的经验和成果表明，党中央的决策是完全正确的，是十分英明的，这些由内地西藏班培养出来的一大批优秀干部和各领域的人才，就是这个政策开花结果的最好证明。借这个机会，我也想对重庆西藏班的孩子们说声，加油！想对母校重庆西藏中学说一声，加油！内地西藏班的孩子们，我相信你们是最优秀的，你们有无限的潜能和希望，希望大家一定珍惜这个学习的环境与机会，认认真真地对待自己的青春，不要虚度时光，回到家乡以后，真正为家乡的繁荣发展做出自己的贡献。

时间记录成长的脚步

旦 增

受访嘉宾简介

旦增：藏族，西藏林周人，1975年10月出生。重庆西藏中学初89级校友。1997年毕业于上海市行政管理学校文秘班（中专）。毕业后被分配到西藏矿业发展股份有限公司总经办工作，短短几年时间里，他从办公室秘书做到办公室副主任。2005年起，先后担任西藏新鼎矿业大酒店有限公司副总经理、副董事长兼党支部书记、董事长兼党支部书记等职。期间考取中央党校函授学院经济管理（大专学历），以及东北大学行政管理（大专学历）。2020年至今担任西藏建工建材集团旗下高争投资有限公司代行总经理、党委副书记。

重庆：成长的起飞道

  1989年6月，我从拉萨市一小毕业以后，就考到了重庆西藏中学，当时叫重庆藏族中学，之前叫重庆市第三十一中。当年去内地西藏班，原因特别简单，也很可爱，就是想看一下大城市是长什么样的，大城市的人有什么不同，他们都吃些什么、玩些什么，想感受一下那种氛围。我们家一共三个孩子，都是男生，我是老大，两个弟弟也是内地西藏班毕业的，而且都是重庆西藏中学的。但当时我是身边所有亲戚朋友当中第一个考到内地西藏班的，所以在我们的圈子里也比较轰动，即便那时候生活条件比较差，但父母还是执意要给我庆祝一下。我们住在西藏藏医院住院部的公寓楼里，其实就是普通的职工宿舍，也不大，但父母请了一些亲朋好友在家里吃了顿饭，就这样简单地搞了一下庆祝。

  刚到学校的时候，第一印象就是学校里坡有点多，从进大门到教学楼再到宿舍，感觉要爬很多石梯，像是山城重庆的一个浓缩版。重庆的天气比较潮湿，有雾但不大，比较恼火的就是洗干净的衣服放到柜子里，隔两天就发霉了，如果是白色的衣服还会洗不干净。时间充裕的时候我们会把洗好的衣服拿到锅炉房里晒，里面温度比较高，能充分除去湿气，就很少发霉。有些男生还比较懒，周天晚上才洗校服，晚上就平铺在自己的被子上睡，早上就干了。但更有人周一早上才开始洗校服，但又不会干，索性使劲拧干穿上就去参加升国旗仪式了。

  按照规定，当时预科班新生都住一楼，初一住二楼，初二初三住三楼。我们宿舍的条件还可以，是一个四人间，住得比较宽松，虽然卫生间是共用的，但基本不会出现拥挤，清洁也做得比较好。我觉得最重要的还是舍友关系，因为整整四年都要跟他们相处，像自己在内地的家人，如果大家关系特别好，寝室的氛围也是轻松愉快的，那么即便条件稍微差一点，你也不会感到难过，因为快乐弥补了物质上的短缺；同理，如果寝室条件特别好，但舍友关系非常僵，你也不会过得舒服。所以内地西藏班的优点有很多，你看第一个就是能让孩子从小培养出在集体当中生活的能力，与人相处的能力，甚

共进与赋能
西藏班(校)35年35人口述史

◆ 1989年刚入校时的班级合影

至"制造快乐"的能力。

我在寝室里面算是比较活跃的"唱跳俱佳"的舍友，平时都会高歌几曲或者跳个舞让他们哈哈大笑。有一年我在空军医院住院，看到有些年轻军人正在跳C-Walk舞，感觉整个地都在跟着他们转，觉得非常新鲜，一下子就被吸引了。利用住院的时间，我也把这种舞蹈学会了，回学校以后，在"校园十大明星"的晚会上一跳，可以说是轰动全校了，连下届的学生也都过来让我教他们，用现在流行的歌词说就是感觉人生已经达到了巅峰。但跳舞真的是一个体力活，尤其动作比较大的舞蹈，更容易消耗体力。每次晚上练完舞蹈，就会特别饿，但也没有宵夜，学校也不让带饭到寝室，所以下午吃完饭的时候，我们就会把馒头夹在筷子中间，夹得越薄越好，然后藏在胳肢窝下面，趁着生活老师不注意，偷偷带进寝室。我们学生时代物质方面虽然要艰苦一点，但我们的精神至盈，我们把主要精力放在学习上。所以我觉得重庆西藏中学当年的选址定在歌乐山，是充分细致考虑的结果，除了清静，自然环境还那么好，不愧为一块学习的宝地。这点就跟军人一样，如果在条件优异的环境里训练，那怎么能够磨练出坚强的意志？

说到军人，就会联想起中国学生一个共同的青春回忆——军训。我虽然没参过军，但男生从小对军人是敬畏的，对一身迷彩服是向往的。我觉得这个职业能够充分表现男同志的阳刚之气，小的来说可以在地方除暴安良，大的来说可以用生命保家卫国。军训有一周左右，一到两个班组成一个连，每个连配一名教官，军训印象比较深的就是三件事。

第一是分列式。分列式通常是在军训闭幕式上举行，也是检验学生军训成果的一天。在这之前，我们几乎每天都在烈日下站军姿，每次练习摆手动作的时候，只要教官说停，你就必须得定住，这个时候因为整个队伍都是静止的，所以就算有蚊子来咬你，都要纹丝不动，所以军训首先会让一个人有规矩意识和敬畏之心；第二是拉歌的环节，两个连面对面坐着，然后各自出一个拉歌的人。拉歌的人必须是一个热情澎湃的指挥家，又是一名随机应变的军事家。他一开口，大家都必须唱起来；他一挥手，大家都必须再喊高点；他一收，大家就必须马上打住换曲目。总之要把对方连的气势给压下去。那时候我们顶多就合唱歌曲，比较多的是《团结就是力量》，像现在我看到网上还有连与连之间斗舞的，都很有意思，它可以培养一个人的团队协作精神和集体荣誉感；最后一个就是打靶练枪，教官会给每个人五发子弹，要通过规定动作把它装在一把半自动步枪里。好多女生别说开枪了，连枪都不敢摸，我也是平生第一次拿真枪真子弹。这个练习最重要的我觉得就是克服恐惧，握紧手把，集中注意力，否则它的后坐力非常大，开枪的瞬间整个人也会被往后推。后来想想，工作其实也如打靶，只有确定目标，有的放矢，才能够取得成功。

上海：成长的大天地

初中毕业后，考虑到两个弟弟都在上学，父母比较辛苦，我就想早点找个工作，帮帮家里。我的第一志愿报的是山东工商学校，从西藏班只招收两名学生，竞争比较大。第二志愿是上海行政管理学院，里面有个中专班全是西藏学生。录取结果出来时，我被录取到了第二志愿，但因为上海是座大城市，我觉得挺值得的，因为来重庆之前，我只听说过"大城市"，但初中的老师就会说上海是座国际化的大都市，所以特别想亲自去体验一下什么叫

"国际化"。

我在上海一共读了四年，觉得自己最大的一个变化就是知道自己要主动设定目标并为之不懈奋斗。在重庆西藏中学的时候，学校管得比较严，总是想溜出去玩。但在中专的时候，学校是比较开放的管理，老师也不会成天盯着你，自己却不会成天都在外面浪，反而更多的时间是在学校里面，连平时上课都特别认真，丝毫不敢打瞌睡，生怕漏了什么知识点。另外，我觉得自己更加独立了，这种独立跟初中比起来，有一个质的区别，以前可能是独立洗衣服，但中专时候是独立思考。我还积极参加学校组织的社会实践活动，在上海市中山北路街道办事处实习了一个月。慢慢接触社会以后，自己的思想也会更加成熟，为人处事也好、做事的方式方法也好，感觉都像小大人了，还会开始考虑理财。

中专阶段还有一个重大的改变就是我爱上阅读了，直到现在我还特别欣慰。那时候读书量还不算大，现在工作了就越发觉得读书非常重要，时间紧也会抽空去看书。我一直比较喜欢读人物传记，因为它比较真实，让你感觉在看一部真实的纪录片一样，不管是国内的、还是国外的人物传记类图书，只要内容好，我都会读一读。

中专的时候，还有一件事情至今都印象很深。有一天我们正在上课，突

◆ 初中时参加学校组织的夏令营。图为营员们在乐山脚下合影留念

◆ 参观中国共产党第一次党代会会址

然听到校长进来跟班主任说有西藏的领导到学校来考察调研，看看我们的学习生活情况。校长刚说完，正好有一队领导就走进了我们教室，对我们整个班进行了亲切的问候，还依次翻看我们桌子上放的一些书本。记得有一位个子比较高，戴着眼镜的叔叔走到我桌子旁边，把手放在我的肩膀上说："你是西藏哪个地方的？在学校过得怎么样？有什么困难？"我一一做了回答后，他还追问了学校的伙食和老师的授课情况，问得特别细。我个人也非常激动，下课后还专门问老师刚刚那位叔叔是谁，可老师也不是很清楚，说估计是西藏教委的领导。虽然只是匆匆一面，但那位叔叔的样子我一直记得很清楚。直到我正式上班了，看到西藏《新闻联播》和相关报道，才知道当时的那位高个子叔叔正是我们现在的英杰书记，心里除了"二次激动"外，更多的是自豪。英杰书记一生扎根西藏，从基层开始做起，可以说为西藏的经济社会发展做出了巨大贡献，尤其是他在教育系统的那些年，内地西藏班也才刚刚起步，他忙前忙后为我们藏族孩子的前途操碎了心。如果后面还有机会见到英杰书记，我一定会拥抱他，告诉他我就是当年他在上海调研时问候过的那个男生。

老师：成长的引路人

我要特别感谢我成长过程中的引路人吕德贤老师，她是一位教政治的女老师。在学校的时候，老师真是把全班同学当成自己孩子来对待的，对我们的期望很高。她把每一节课都安排得井井有条，上课时她的目光能覆盖到每一名学生。下课后，她还会带我们去她家里玩，给我们做一些好吃的，临走时还会给每个人塞点零食。那时候因为还没有多媒体上课，所以每位老师都要提前在一个本子上备好课，我看到吕老师的备课本每次都是满满当当的，还有好几种颜色的标注，但白天她都围在我们身边，可想而知那些密密麻麻的备课都是她每天回家后熬夜赶出来的。像吕老师这样的其实就是无数内地西藏班老师的一个缩影，他们为了照顾好我们，就不得不忽略自己的家庭。我当时听说有一些老师的子女，不管是年纪小的，还是比较大的，都多多少少对自己的父母，也就是我们的老师有过埋怨和责备，觉得他们都不把自己的亲生孩子"当回事"。但因为工作性质，老师们一直都默默地在坚持着，我知道他们也非常疼爱自己的孩子，但为了我们西藏班的学生，他们选择了舍小家、顾大家。这种爱，我们到现在还是深深地记在心里的。

前两年，我们在西藏的学生经过商量以后，组织大家共同出资，隆重邀请了吕老师和教数学的朱立棣老师来西藏游玩，他们转完了拉萨，又去林芝玩了一圈。虽说两位老师年纪都比较大了，但依然清楚地认得我们每一个学生。记得他俩刚到拉萨时，一见到我们就流泪了，走的时候又哭了一次。每次见到老师，大家既高兴又酸楚，因为老师头上的白发多了，脸上的皱纹深了，走路的时候步子也比较重了，恨不得让时光倒流，再回到当初。

那一次让我们特别感动的是，吕老师因为八十多了，已经不能像当年上课一样一口气讲两三个小时，很多东西说着说着也会忘记。等晚上我们都围着老师准备吃饭的时候，她忽然从包里掏出一封信读了起来。她声音哽咽，双手颤抖，但全场每一位同学都能真切地感受到老师发自内心对我们的爱。

等她用力地读完了整封信以后，原本强忍着的泪水还是夺眶而出——这，就是我们的老师。

虽然我参加工作已经二十多年了，已经是成家立业的中年人，但只要有人一提内地西藏班，我就会心潮澎湃、激动不已。我女儿目前在上小学六年级，如果她能考上内地西藏班，作为父亲，我肯定是非常支持的，因为在那种环境中，你可以学到知识，更重要的是你能学会做人。

对于我们年轻人，尤其是与内地西藏班结缘的年轻朋友们，我想说并不是每一个时代都有这么好的机遇，并不是每一个国家都有这么好的政策，希望每个内地西藏班的孩子都要珍惜这样的好机会。现在，我们的国家越来越强大了，社会发展越来越好了，发展空间越来越大了，我们"老一辈"内地西藏班毕业生和你们新生代的师弟师妹要完美地交接一次接力棒。你们应该是有理想、有抱负的一代人，定能超越我们，比我们做得更棒！

一座城 一些人 一份情

其美次仁

受访嘉宾简介

其美次仁：藏族，西藏芒康人，1976年2月出生。北京西藏中学初89级、高93级校友。本科毕业于西南农业大学经贸学院土地管理专业，2000年9月参加工作。历任拉萨市达孜县国土局副局长，拉萨市委组织部事业单位登记管理局副局长、组织科科长、部务委员；拉萨市城关区委常委、副区长；城关区委副书记、常务副区长等职。2015年1月至今担任拉萨市当雄县委副书记、县长。连续六年被拉萨市委授予"全市优秀正县级领导干部"荣誉称号。先后多次接受中央电视台、新华社、《人民日报》、《瞭望东方周刊》等多家权威媒体专访。

心之所向　身之所往

我叫其美次仁，出生在芒康县徐中乡一个偏远的山村，家里一共三个孩子，我上面是两个姐姐。我父亲是一名国家干部，早年在北京上过学，也到咸阳公学（现在叫西藏民族大学）进修过，算是见过世面的，所以他一直鼓励我去内地西藏班。幸运的是，公布小考成绩的时候，不仅我，我的姐姐也考上了内地西藏班，我在北京，她在石家庄，可以说是"双喜临门"。

当时我们小学共有五名同学考上，我是全县第二名，前两名被录取到了北京西藏中学。不久后，班主任老师就把通知书寄到家里了，我非常兴奋，听说班主任也很高兴，老师虽然现在已经去世了，但是去了学校后他跟我说过，我们考上内地西藏班，是他一生最大的荣耀。

我们老家有一个习俗，谁要出远门的话，每家每户都会拿点酥油，拿些蜂蜜，拿些腊肉前去祝贺。我父亲因为去过内地，算比较有经验，就说内地天气很炎热，好多东西容易坏掉，就建议带一些西藏的奶渣糕，因为它是用核桃和蜂蜜做成的，耐热，存放的时间更久一些。

从得知考上内地西藏班到出发的前一天我都是处在一种兴奋和好奇之中，但真正到了出发的那一天，我却有点舍不得离开，主要是因为爷爷。他那时已七十多岁了，他是一个坚强的人，从小我就没见过爷爷流泪，但是眼看我要出远门了，他一直背对着我，望着窗外的山，没有和我作别，而我能明显的感觉到他在流泪。这次落泪就像是他预感到永别一样，1992年爷爷真的离开了我，那年我还在北京读初二，等93年初中毕业回家的时候我才知道，家人怕我受不住，就没有把这个噩耗告诉我。

当时父亲和我坐着东风车从乡里用了三天时间，才抵达昌都地区，到昌都客运站以后，父亲忽然提议我们拍一张合影，那个照片现在还在家里，拍照的那一瞬间，我觉得凝固了很多父亲想对儿子说的话以及他的期望。到客运站不久，昌都教委集合所有学生统一出发。我们坐了七天的客车才到了成都。到成都后又坐了两天两夜的火车赶往北京。因为我和姐姐的学校都在一个方向，所以一路都在一起，姐姐中途在石家庄时下了车，可以说这是第二次离别了。其实去内地西藏班之前，我和姐姐都没有出过远门，对于外面的世界一无所知。我记得很清楚，我们小学的教室里挂着一张北京北海塔的照片，现在看起来无比普通的一张照片，但在当时却是班里所有小孩心中向往的地方。我觉得那就是内地，那就是北京，那就是内地西藏班所在的地方。

奋斗是青春的脚注

从北京火车站到北京西藏中学要走一小时左右，学校专门派了一辆货车接我们。昌都来的一共有九名学生，我们两三个就挤在货车的驾驶舱里，其他几个都坐在后面的斗篷里，虽然条件一般，但随着离学校的距离越来越近，我也更加兴奋了起来。当年北京西藏中学周边还算是郊区，没有现在这么繁华，新的校区也刚刚落成不久，我们是入住新校区的第一批新生。学校真的很漂亮，藏式建筑风格，我们称它为："小布达拉宫"，这种特色其实对离家的孩子来说就是一种亲切和寄托。

◆ 1995年在北京西藏中学卢占东老师家中，左一为其美次仁

到学校的第一件事就是换下了所有的衣服，拿去清洗和消毒。记得老师边说边比划了好久，我们才大概明白他的要求，其实也没完全搞清楚，基本都是靠猜或者看老师的动作来领会意思。等回到各自的寝室，环顾四周，各种日用品都提前准备得妥妥当当的，上面还有编号，我是400号，从学号，到床单号，再到牙缸号，都是400。我们寝室在四楼的417，在楼道最边上，八张床，但只住了7个人。上过内地西藏班的学生都知道，每间寝室的那张空床，都会成为大家放行李的好地方。

当时，初中一个年级有两个班，每个班有四十多个人，我们班是48个学生。预科时我的成绩还比较落后，因为基础太差了，甚至可以说没基础。为了尽快拉短和班级平均水平的差距，除了硬着脸皮跟老师用汉语交流，我每天还会背一百个词语，咬牙坚持了一年多以后，我明显地发现自己说话的时候不仅用词变得丰富了，语言也变得更流畅了。

因为深知机会难得，时间宝贵，所以我在学习上非常用功，一般早上五点多就起床，冬天就裹着学校发的军大衣，在楼道里看书，一有课余时间就钻到图书馆里。尤其到了高三，感觉到时间快速地从指缝流过，即将面对改变命运的高考，所以连最爱的足球都暂时放弃了，深入到题海里面埋头苦战。那段时间我都瘦了十到二十斤，但我的成绩却稳定在了班级前五名。

记得班主任老师经常苦口婆心地教育我们说"人生能有几回搏，你的人生当中像高考这种公平公正的竞争机会是很少的。"那时候，这句话对我的冲击特别大，也觉得是真理。我相信像我一样从农村走出来的孩子，对这句话会更有共鸣。

师恩难忘　师情永存

当年北京西藏中学刚组建的时候，国家可以说把北京市最优秀的老师全部抽调过来了，但他们除了优秀，更多的还是辛苦，从早到晚一直陪着我们，尤其对于一些成绩比较差的同学，老师从来不会忽略，更不会放弃，可以说把我们的方方面面都照顾到了。小时候，我们可能因为这样那样的原因，被老师批评了，当时年纪小，不懂事，还会埋怨老师。但长大了之后就

◆ 2019年6月回到北京西藏中学看望预科班班主任田树湘老师

会明白,这些人是你一辈子都感恩的对象。

对于自己影响特别大的就是预科班班主任田树湘老师了,第一次见她是在北京火车站,她负责接新生,给我的第一印象是比较胖,但非常亲切。田老师教语文教得很好,北藏的小孩,都很喜欢她。

她目前已经七十多岁了,去年我去北京看她的时候,她身体不是很好,整个人都消瘦了很多,但唯一没变的,就是精神状态和当年一模一样。老师和她的爱人住在北京昌平的一个小区里,她爱人也是一位老师,去年到她家里的时候,两口子挤在不大的厨房给我做了很多好吃的,但因为当时有公务在身,时间紧张,老师菜都没有端上桌,我就接到电话离开了,当时老师就像父母一样,赶紧去拿双筷子,堵在门口,非要让我吃两口再走。

因为当雄的水资源丰富,而且水质也非常好,可以说是"极净之水"。但北京目前还是挺缺水的,尤其缺质量好的水,所以去年我们县就在大胆尝试做水方面的项目,把当雄的水卖到北京去,对外是产品输出,对内是经济输入,觉得挺好的。因为当时没能和老师坐下来好好聊天,走得很匆忙,所以我就请做水代理朋友帮忙给老师送几箱矿泉水，既是希望老师能尝尝我们当雄的水，也是弥补之前的小遗憾。老师立即给我打过来电话，问："其美啊，谢谢你的心意，但这样做会不会对你有影响啊？"听完这段话，我非常感动。几箱水其实说实话就那么点钱，成本也不高，但老师就会从这么细小的方面，为自己学生考虑很多东西。

还有一位老师，他是我初中的数学老师李栾生，他改变了当年我身上两个很大的缺点。从小我数学成绩就很好，每次考试几乎没有不会做的题，但总是考不到满分，其实就是因为粗心大意，错在一两道最简单的题上。其实这是一个大问题，但我自己却没有意识到。初三的某一天，老师突然找我谈话："粗心是人生的大忌，这个毛病会影响你一辈子，你必须得改！"这句话说得很重，对我触动也很大，所以之后的考试里，对越简单的题我会越仔细。到现在，对很小的事，我也会非常用心，看到数字我也非常敏感，每次县里的相关材料只要数字有问题，我都能马上发现到。

另外就是我大学的选择，也跟李老师有很大关系。他是我初中的老师，但因为我高中也在北京西藏中学，所以高中开始即便他不教我了，也会经常在校园里遇见。有一次我在去洗澡的路上碰到了老师，他就问我准备报考哪里，我说现在还没有想好，他说："其美，你工作以后虽然有出来的机会，但肯定不会像现在在一个城市待这么长时间，中国很大的，你在北方待了这么多年，你一定要考虑再往南方走一走，这样你才能看到北方和南方的区别，也能了解整个中国"。我记住了老师的话，填高考志愿的时候在表上一直找"南"字，比如东南，西南，华南，最终我报考了西南农业大学，并被顺利录取。

时至今日，老师仍住在那个二十几平米的学校职工宿舍里，但房子估计是以福利房的形式买过来了。前年我和一个同学去看他时，发现家里除了一张床，一个书桌，连一个像样的家具都没有，说实话看到老师过得这么辛苦，心里挺难受的。当时他手里拿了个手机，是个苹果手机，手机是新的，但屏幕已经碎了。我就问老师怎么回事儿，他说这是儿子给他买的，可是自己不小心把屏幕整坏了，也没敢跟儿子说。后面，我马上买了一部新手机快递给他了，他收到后觉得太贵重了，还不好意思收。但和老师当年对我们的付出相比，这些东西又算什么呢？甚至什么都不算。

从受益者转变为建设者

现在有人说在线教育的未来很有前景,但如果是想以在线教育代替实体教育,或者说两者是等同的,我个人不是很认同。因为你在互联网上学习,可能学得很好,但一定比不上实际的感受。古人说得很对,读万卷书不如行万里路,这就是经历的重要,书上的,网上的,屏幕前的,都是知识,这点无可否认,但经历是脚踏实地地去看、去感受,才会感受到真实。

当年中国还没有在线教育,但即便有,我觉得我还是会走出去上学。就比如我到了内地西藏班以后,视野就打开了,真实的看到了外面世界的样子。内地西藏班的经历改变了我的一生,如果没有这样的机会,我可能一辈子都走不出来,更没有现在的我。所以,首先我想感谢内地西藏班政策,因为它给了我一次机会,也给了全区所有学子们一次机会,一次公平的求学机会。

35年来,我们在各个方面都发生了很大的变化,尤其是互联网的诞生,让整个世界连为了一体,让内地和西藏的教育也产生了更多的连接。现在西

◆ 2020年5月举办虫草文化旅游节,创新县长带货直播新模式——马上卖货

藏班毕业的学生，在内地系统完成本科，甚至硕士和博士阶段的学习后，返回西藏的比例很高，我觉得这是一件特别好的事情。因为这里海拔高，空气稀薄，条件艰苦，很多人是适应不了的，适应不了就意味着我们的人才引进也面临着一定的困难和挑战。所以在建设新西藏的力量当中，从内地学成归来的学子们，就是主力军，有内地教育的熏陶，也对本地文化有所了解，回来干一番事业，会很有成效，这也是当年党中央的希望和期盼。

内地西藏班是党中央的一项英明决策，在这个政策的推动和西藏本地教育的共同努力下，整个西藏的教育实现了跨越式发展。教育，既是改变个人命运的重要方式，也是解决一个国家或一个民族未来发展的根本大计。我要感谢国家让我赶上了这样一个好时代，遇到了这样一个好平台，结识了这样一群可爱的人。除了向你们表达我真诚的感谢外，我也要呼吁，从内地西藏班走出来的学生，一定要心系祖国，情系故乡，真正从一名受益者转变为建设者，为我们神圣而艰巨的事业奋斗终身！

总有一种力量在召唤

巴桑次仁

受访嘉宾简介

巴桑次仁：藏族，西藏泽当人，1976年12月出生。辽阳一中西藏班初88级校友，北京西藏中学高92级校友。本科毕业于中国传媒大学，艺术学硕士学历。现为西藏电视台文体青少节目中心主任，国家二级导演。曾先后担任2005年、2006年、2007年、2008年、2019年春节、藏历新年联欢晚会总导演；2013年、2014年、2015年、2017年春节、藏历新年联欢晚会总制片人；担任过西藏和平解放60周年文艺晚会等多个大型晚会总导演；多部作品荣获中国电视文艺星光奖、中国电视金鹰奖、自治区五个一工程奖以及珠穆朗玛文学艺术奖；被评为第十届全国"德艺双馨"电视艺术工作者。

从头顶飞过的飞机召唤我：要走出去

——隔三差五就能看见飞机从头顶飞过，听见飞机的声音。我对内地西藏班的渴望，最早源于这些飞机，它对我有一种要走出去的召唤。

我叫巴桑次仁，是西藏广播电视台的一名导演。1988年9月，我考上了辽宁省辽阳市第一中学西藏班，那是我人生的一个巨大转折。

我的家在雅鲁藏布江边的一座古镇上，那时候叫泽当公社，现在叫泽当居委会。我父母都是农民，家里有四个孩子，我是老三。在我们村里，有一块农田叫"索当"，是传说中西藏第一块农田。1985年，山南乃东县推行家庭联产承包责任制，通过抓阄，我们家很幸运地成了那块土地的主人。所以，我是喝着雅江水，吃着西藏第一块农田的糌粑长大的。

我能到内地上学，其实挺不容易的。因为当时我哥哥、姐姐都已上中学，而我平时很喜欢干农活儿，所以我父亲并不十分关心我的学业，他更需要我帮他打理农田。1985年，我上小学三年级的时候，泽当镇推行了家庭联产承包责任制，分田到户、分畜到户，极大地调动了村民们的积极性。各家各户、不分男女，以前所未有的热情投入到农田耕作中，到处是一派热火朝天、你追我赶的繁忙景象。那些场景，至今历历在目。实行联产承包的第一年，我们家仅用23天时间就完成了25亩地的秋收，而且获得了大丰收。在大公社时期，我们村要用三四个月的时间才能完成全部秋收。同年，家里通过竞价，买下了村里的一台二手手扶拖拉机，那台拖拉机放在家里没人开，所以，我父亲是特别希望我能留在家里，帮他打理农务家务。我父亲是一位地地道道的农民，从未上过学，他对土地有着深厚而特殊的感情，一直到现在都是如此。如今，我姐姐在家务农，如果她不及时施肥，不及时锄草，不用心照料好农田，老父亲是会发飙的。

也许是因为自己的经历，我的母亲一直鼓励我要好好学习，争取去内地上学。小时候，听母亲说她以前也上过学，可是上到小学四年级就因为家里的原因辍学了，没能继续学业，彻底改变了她的命运，为此，她一直很后悔。到现在，她的小学同学还会给我讲："那个时候，你妈妈的学习成绩比我好，但是由于家里的原因她走了，我继续上学，现在我成了国家干部，你妈却永远成了一名家庭主妇。"母亲的经历，让我第一次有了"知识改变命运"这个概念。

对于现在的人来说，飞机不是什么新鲜的东西。但是，上世纪八十年代，别说坐飞机，很多人都没见过飞机。而我可以经常看到飞机，因为我们村子的上方正好就是飞机航线。那时候，虽然航班不是每天都有，但隔三差五就能看到飞机从头顶飞过，听到飞机轰鸣的声音。每当飞机飞过，我都会久久凝望，心里想着：早晚有一天，我也会坐着飞机去内地。现在回想起来，其实，我对内地西藏班的向往，最早源于这些飞机，它对我是一种要走出去的召唤之力。

说起考上内地西藏班，还有一件有趣的事情。那一年暑假，我正在雅江边的林子里放牛，班主任边巴次仁老师骑了5公里路的自行车到村里送我的内地西藏班录取通知书，在村口恰巧碰到了我妈。我们上小学的时候，好像没有开过什么家长会，更没有微信群之类的东西，一般老师和家长根本见不着面，更不认识。边巴次仁老师问我妈："巴桑次仁的家在哪里"。不知道是老师没说清楚，还是我妈没听清楚，她根本没想到是我。直接带着老师去了另外一个叫巴桑次仁的家里。那个叫巴桑次仁的是一个成年人，边巴次仁老师到他家报喜以后，那个人就傻了，后来问清楚以后，才知道搞错了。那个巴桑次仁又把老师带到我们家，并说明了我考上内地西藏班的事，我妈这才恍然大悟，欣喜不已。我回到家里的时候，母亲指了指放在桌子上的通知书，很兴奋地告诉我考上内地西藏班了。说是录取通知书，其实是一个体检通知单，上面写着我的姓名和考号，要求三天以后去地区人民医院体检。后面标了注意事项，第一是要空腹，连水都不能喝，第二是要洗脚，鞋袜要干净，第三是要带上体检通知书。

我的小考成绩为189分，藏文、汉文、数学三门课。那年，内地班的分数线好像是150分，在泽当一小，我的成绩属于中等偏上。后来才知道，小考成绩在150分到199分之间的，一部分学生上江苏省常州西藏中学，另一部分学生上辽宁省辽阳一中，当时山南地区的大部分考生就上这两所学校，成绩200分以上的才可以到北京西藏中学。知道自己考上了内地西藏班时，我还是比较高兴，但是也没有特别的意外，我一直觉得自己能考上。所以，现在回忆起来，我还要感谢隔三差五从空中飞过去的那些飞机，它对我始终有一种要走出去的召唤。

内地西藏班养成良好习惯：终身受益

——后来驻京办的领导和工作人员，听说这批学生就是四年前在这儿把这个院子折腾不行的那批，现在被辽阳一中教育成这样以后，他们也挺感慨的。

那个时候，我们大部分同学根本不知道辽宁省辽阳市到底在哪里。1988年9月13日，我们在众多亲友的祝福声中离开了泽当，从贡嘎机场坐飞机到成都，从成都坐火车到北京，再从北京坐火车到辽阳，经过13天的奔波，9月26日到的辽阳。在所有内地西藏班学校中，辽阳一中是离西藏最远的一所。在从成都去北京的火车上发生了一件很好玩的事儿。火车在郑州站停了差不多10多分钟后，往回倒着开了一会儿，我们全车小孩以为要回成都，都哭了起来。列车长看到这个情况后也很着急，赶紧拿着一个地图告诉我们，火车到郑州站要换火车头，现在火车虽然往回开了几公里，但是我们不是往成都开，而是往北京开。列车长的耐心说明消除了我们的疑虑，哭闹声也就渐渐平息了。到北京以后，我们住进了西藏自治区人民政府驻北京办事处，就是我们经常说的鼓楼办事处。也不知道是没买到票还是其他什么原因，我们在那儿待了整整5天。

北京鼓楼办事处是一座古色古香的老院，我们住的是一排临时改建的住宿区。虽然有山南地区教委的老师看管着，我们一帮调皮的孩子还是把院里树上的柿子等能吃的全吃了，把手推车、自行车等能玩的全玩了，把房间里的好些个床具都扯坏了，弄得办事处的领导和工作人员很有意见，带队的老师更是生气，一边向办事处的领导道歉，一边吓唬我们："谁再瞎折腾就马上送回山南"。看到带队老师真急了，我们才消停了一点。

经过13天的长途跋涉，我们于9月26日到了辽阳一中。那天坐着客车进学校，两边是长长的迎接队伍，不仅有西藏班的，还有很多汉族班的同学，他们又是敲锣又是打鼓的，我们有一种凯旋归来的感觉，特别激动。到学校之后，第一件事情就是拿着刚发的新衣服去洗澡。那个时候，来自县里的很多同学从来没有在澡堂里洗过澡，到了澡堂里死活也不脱裤子，怎么说都不脱，有的急得都哭了，没有见过这么多人在一个大池子里泡着，不习惯，也不好意思。

辽阳一中的管理基本上是半军事化的，那种管理模式把学校、西藏班、年级、宿舍和每一个学生有效地组织起来，有点像现在的网格化管理。我们每个学生都有自己的学号，平时基本上都是学号和名字混着叫。所以，我现在见到一些老同学，经常是能叫出学号，却想不起名字。我们班是八八级二班，我的学号是2号，入学第一年，我就是预科二班2号，按照学校的安排，初一二班的2号负责带我去熟悉校园，在校内转转；初二二班的2号，给我辅导功课，顺便帮忙洗洗衣服，教一些简单的汉话；由于初三同学时间稍微紧张一些，初三二班的2号，主要负责每个月带我出去一次，买点东西或者到市里走走。因为学号关联，四个年级之间的关系也特别好，它是一个纵向的体系，每一串学号都是一段回忆，一份友谊。

由于学校管理严格，加上大家也没有多少零花钱，我们很少出校门，过着宿舍、教学楼、食堂三点一线的生活。虽然有些单调、乏味，但是特别充实。每天，一声清脆的哨声开启我们新的一天。东北天亮的早，每天早上五点半老师就吹响起床哨，我们开始起床、洗漱、叠被子，整理内务，那被子叠的真是豆腐块，整整齐齐、方方正正，所有的脸盆统一摆放在床下指定位置，脸盆里的牙缸和毛巾的位置、朝向都必须是一致的。我们经过半年的严格训练，一般从预科下学期开始，起床、洗漱、叠被子、整理内务在十分钟里头都能全部搞定。当哨声再次响起来的时候，大家已经到操场上准备出操，整个过程特别流畅，特别麻利。这种习惯一直跟随着我很多年，包括在大学期间，我的被子都是按那个标准在叠，跑步的习惯也是一直坚持到现在。还有，辽阳一中的很多老师字写得特别漂亮，有两位老师还是辽宁省书法协会的会员，我们一直临摹他们的字体，加上学校经常安排每个班轮流出板报，大家也就十分注重自己的字体，时常练字，所以辽阳一中的大部分学生都能写出一手漂亮的字。

辽阳一中的教学很注重培养学生的集体主义和吃苦耐劳的精神。辽阳的冬天经常下雪，没过膝盖的雪是经常的事情。下大雪之后，全城的交通基本瘫痪，各单位要组织各自的人员到早就划定好的区域扫雪。每当下雪，晨跑自动取消，我们每一个人自觉拿起一把铁锹就去扫雪，把我们自己的那片区域扫完以后，去帮助友谊班，每个西藏班都有一个汉族校区的友谊班。帮完友谊班，看学校哪个地方还没有扫完，再去帮他们扫，一场大雪扫下来，大冬天都能累出一身汗来。为了确保冬季有充足的过冬蔬菜，每年入秋时节，五六辆大卡车将几吨大白菜堆放在操场上，我们要把白菜一个一个、整整齐齐地码在操场上，这一面晒完一周以后，翻过来再晒一周，让白菜最外面的两层菜叶烂掉，再把烂掉的部分剥掉，白净的菜心统一存放到地窖里，盖上厚厚的棉被，这是全校师生过冬的蔬菜。每当干这些活儿的时候，我们都是以班级为单位，唱着歌儿，没人说累，没人叫苦。所有这些，在潜移默化中培养了我们很强的集体主义意识和吃苦耐劳的精神。

1992年6月，经过了四年的学习，我们顺利从辽阳一中毕业。从辽阳回西藏的时候，我们还住在北京鼓楼办事处。那个时候，我们的变化就大了。在班干部的带领下，我们每天早上统一起床、整理内务、出操，把办事处院子里里外外清扫得干干净净，还选派部分同学到餐厅去帮厨等，驻京办的领导和工作人员，听说这批孩子就是四年前在这个院子折腾的那批学生，他们十分感慨，一个劲儿地夸赞辽阳一中的教学质量。

辽阳一中让我们每个人都养成了非常好的习惯，如诚实有信、勤奋好学、乐观向上、乐于奉献等等，这些习惯到现在还在影响着我的生活，确实让我受益一生。

老校长谆谆教诲：激励成长

共产党员，一个与众不同的称呼，意味着许多与众不同的责任与义务，希望你们继续努力，做一名优秀的共产党员，为西藏的发展进步奉献自己的一切。

说到内地西藏班教育，不得不说说西藏班的老师。我常常在想：一个人最大的幸运，莫过于在成长的关键时期遇到一些好老师。就我个人而言，每一个求学阶段,都遇到过很多让我受益终身的良师、名师。

从小学开始,老师对我的影响就很深,尽管当时我自己可能感觉不那么明显。泽当一小的扎桑、边巴次仁老师等是我的启蒙老师;上内地西藏班以后,辽阳一中的张秀云、胡雪芬老师;北京西藏中学的张连科、卢占东老师;中国传媒大学胡智锋、关玲老师等等,这些老师不仅责任心强,知识渊博,还很有爱心,他们教给我的不仅仅是科学文化知识,还有怎么做人做事,应该以一种什么样的思维和格局观察世界、审视自己,这些对我的帮助和启发是巨大的。

1992年9月,我和19名辽阳一中的同学考上了北京西藏中学。跟辽阳市相比,北京就是现代大都市,高耸入云的大厦、川流不息的人群、四通八达的地铁……这里的一切,对我们来说太新奇了,太现代了。我记得在辽阳上学的时候,北京西藏中学的张连科校长带领5位老师来辽阳一中考察过,他们从早上起床跟到晚上熄灯睡觉,跟了整整5天。当时张校长就说过:"辽阳一中的学生,有几个人报北京西藏中学,我们就要几个",这是对我们的肯

◆ 在卢占东老师家过春节。左一为巴桑次仁

◆ 毕业后回母校看望张连科校长和卢占东老师。右一为巴桑次仁

定和鼓励。从那时起，我就梦想着要到北京上学。我们考进北京西藏中学的时候，校长还是张连科，他是北京西藏中学的缔造者之一，他把这所学校当成了自己的家，把所有藏族学生当成了自己的孩子。平时，他基本上就住在学校，与我们同吃大食堂，同住宿舍楼。从早上的晨跑，到晚上的自习，从宿舍楼、食堂到教学楼，总能看到他忙碌的身影，听到他亲切的声音。高中三年，我在很多方面得到了老校长的亲切关怀和热心教导。从高二开始，张校长就经常找我谈心，了解我的家庭、思想和学习情况，并鼓励我主动靠近党组织。在老校长的悉心指导和帮助下，高三那年，我加入了党组织，成为了一名中国共产党党员。入党前最后一次谈话时，他语重心长地对我和李皎琳（与我同时入党的另外一名学生）说："共产党员，一个与众不同的称呼，意味着许多与众不同的责任与义务，希望你们继续努力，不辜负学校的培养，不辜负西藏人民的期望，做一名优秀的共产党员，为西藏的发展进步奉献自己的一切。"入党后，他对我们的要求也更加严格，希望我们在思想、学习、生活等各个方面发挥党员的先锋模范作用，给全校学生带一个好头。我入党后就马上接受了两个任务，一是高考成绩必须达到当年北京市本科分

数线，二是不许谈恋爱。在老师的严格要求和自己的不懈努力下，当年的高考，我考了454分，达到了北京市本科分数线。如今，老校长虽已故去，但是他的音容笑貌还时不时浮现在我的脑海里，他的谆谆教诲一直激励着我成长。

卢占东老师是我高中的班主任，管教很严。平时虽然有点唠唠叨叨，但很热心，还认我们三个学生为他的干儿子。而那时候，我们正好处在叛逆期，有时候还跟他顶嘴，现在想起来我们太不懂事了。大学毕业以后，我们的联系更多了，他管我叫小子，我管他叫老爷子，只是没有叫"爸爸"。由于他对我十分关心，我哥哥嫂子都去北京看过他，他也来过我山南的老家，我们全家都很喜欢这个北京老头。有一阵他还问过我，说晚年有没有可能在拉萨住。我跟家里说过这个事情，家里人也没反对，只是担心一个北京老人在拉萨能不能住得惯，身体能不能受得了？

2006年6月初，他买好了来西藏的机票，我这边也已经联系了拉萨、山南、林芝的同学，安排好了老师所有的行程。但是，6月14日那天，我接到了他孙女的电话，说卢老师突发心脏病，于13日在北京安贞医院去世了。这个消息来的太突然，我一下子不敢相信，马上给李皎琳打了个电话，请她确认了一下。

对于卢老师，我一是感激，二是有些歉意。他是真把我们当成他的孩子了，而我们对他的那份亲近，还没有到他渴望的那种程度。上大学的时候，我们经常去他家吃饭，北京西藏中学很多届的学生，每次来北京，他都邀请大家到家里吃饭、住宿，甚至还帮忙去买火车票。他对我们付出了火热的父亲般的爱，而那个时候我们也许是太小，也许是大意了，没有感悟到那份感情。我们对于他的回馈有点太少了，或者是太薄了，确实有一份歉意在心里。他是内地西藏班很多优秀老师的缩影。

跟当地的汉族学生比，我们在语言交流、学习基础、文化适应等方面都有很大的差异。所以，内地西藏班的老师比其他学校的老师要辛苦很多。此外，他们需要付出更多的感情和精力，内地班的很多老师觉得这些孩子千里迢迢来读书真不容易，都是农民的孩子、牧民的孩子，汉话都说不上几句，为此他们做了大量的工作，付出了很多心血。但是由于我们不懂事儿，有时候对他们的管教还嗤之以鼻，冷眼相对。稍微大一点以后，就好很多了，对于老师们的关心关爱，我们就更加珍惜，觉得应该把我们民族尊师重道的传统重视起来，加倍努力学习。

对故乡的热爱让我选择归来：导演之路

——我拿起一支粉笔稍削一削，特别自信地在黑板上写下"北京广播学院"几个字。胡智锋老师说："这是我们在北京考区见过的最好的字，没想到还是一名藏族学生写的。"这一下子我就自信多了。

能够在西藏广播电视台从事导演工作，与我在内地的学习是分不开的，与我对西藏的热爱也是分不开的。

高中时，我的文理科成绩都还不错。高三分班的时候，文理科老师都做我的工作，希望我能进他们的班。当时，我自己确实有一点纠结，到底考什么样的学校，选择什么样的专业，心理根本没底，家里也没有什么具体的要求。选择文科更多的是考虑将来从事教师或者律师之类的职业，同时我也感觉文科更有把握一些。但是，报考北京广播学院是特别意外的事儿。刚上高三的时候，听说上海戏剧学院要招藏族学生，我特别兴奋。就在西藏中学张辛培老师的指导下排了小品、背了一些经典台词，准备考上戏。后来听说上戏只从西藏区内招生，感觉挺失落的。1995年2月末，学校通知我们，北京广播学院文艺系文艺编导专业要招两名藏族学生，属于艺术类提前招生，不影响第一志愿和第二志愿的报考。在学校老师的鼓励下，当年我们北京西藏中学一共有九名学生报名参加了北京广播学院的艺术类面试。

报考北京广播学院的经历也特别有意思。1999年，广播学院文艺系文艺编导专业在全国一共招收30名学生，其中北京考区11名，含两名藏族学生，属于定向委培，这是国家对西藏的特殊政策。而北京考区是700多名考生争9个名额，北京西藏中学、天津红光中学和成都西藏中学的13名藏族学生争西藏定向委培的两个名额，竞争还是比较激烈。面试分为初试和复试，初试分为自我介绍、才艺展示和相关知识问答三个环节，我的才艺表演是演唱藏族民歌《桑吉卓玛》。那时候条件有限，也没接受过什么文艺方面的专门培

◆ 在2020年藏历新年特别节目《走向春天》录制现场。左四为巴桑次仁

训，北京西藏中学的张辛培老师用手风琴在卡带上录了《桑吉卓玛》的伴奏，在张老师的指导下我跟着伴奏练了几次就去广院面试了。初试那天，其他考生不是演奏乐器，就是唱歌跳舞演小品，个个看上去很专业的样子，而我们几个却拿着一个卡带在唱歌，当时只是觉得有点不好意思，现在想起来实在是太LOW了。进入考场后，有三位老师坐在对面，我把刚才在走廊里填写的初试表用双手恭恭敬敬地递了过去，胡智锋老师（胡老师的姓名是考进广院后才知道的）看了看那张表问我："这个表是在哪儿填的"，我说："刚才填的"，他又问："是你自己填的吗"，我说："是我自己填的"。三位老师看完表格窃窃私语后，胡老师让我当场在黑板上写一下"北京广播学院"几个字。我从初中开始练字，在北京西藏中学还经常出板报，粉笔字写得非常好。我就拿起一支粉笔，稍微削一削，特别自信地在黑板上写下"北京广播学院"几个字。胡智锋老师很欣喜地说"这是我们在北京考区见过的最好的字，没想到还是一个藏族学生写的"，这一下子我就自信多了。然后问了一些文学、戏剧、音乐方面的问题，最后，我唱了《桑吉卓玛》。唱完以后，胡老师又问我："还有别的才艺吗？你们藏族能歌善舞，你还能演点别的

什么？"我说我还可以跳舞，说着边唱边跳了个堆谐《雅吉查姆》。三位老师一直在交流些什么，好像对我的表现还比较满意。差不多过了一个月，我收到了北京广播学院1999年艺术类面试通过的通知书，最后我以高考454分的成绩，顺利考上了北京广播学院。

我们上大学的时候，胡智锋老师还没结婚，住在单身宿舍里。我们班的男生经常到他屋里蹭饭。他时常教导我们，一台好节目就好比一桌好菜，既要美味可口，更要讲究色香味，所以，想做一名好导演，先要学做一名好厨师。在胡老师的带领下，我们也跟着他一起学着做些小菜。毕业以后，他给我们讲过一个有趣的事情，每次我们去他家蹭饭，他都轮流让我们去买菜，每次买菜他都给一百块钱，今天给你一百块钱，让你买菜，过几天给他一百块钱，让他去买菜，在校几年里，买完菜后，剩下的零钱一分不差退还给他的只有我。每次他让我买菜也好，买个饮料也好，花了多少钱，剩下多少钱，我还真是一分不差还给他。原来，他是以这样的方式给我们一些零花钱，而每次我把剩下的钱退还给他以后，他就经常在文艺系办公室和北京广播学院学报《现代传播》杂志社给我安排一些抄抄写写的小活儿，然后以劳务的形式给我钱。每年寒暑假，他都会给我一个信封，里面装有五百八百不等的现金。他一直说这是系里给我的补助，其实我知道，那是他给我的。

大学毕业的时候，我其实有留在校团委的机会，也有留在北京被央视一些栏目聘用的机会，但是我还是回来了。对西藏的眷恋与热爱，是我做出选择的最重要原因。

我从大二开始在外面打工，先后在中央电视台、北京电视台一些栏目从事电视节目拍摄及编辑工作。从刚开始扛三脚架，当摄像助理（大二的暑假，我整整扛了两个月的三脚架），到后来的独立拍摄和参与一些节目的编导，我持续干了两年多。这样的社会实践既能锻炼自己，开阔视野，还能挣不少的劳务费，改善生活条件。几年下来，我也跟不少制片人和导演熟了起来，当时中央电视台的一个制片人跟我说，你要是留在北京的话，工资3000，住宿补贴800，交通补贴500，一共是4300元。1999年，在北京，应届毕业生一个月4300元基本工资是相当不错的。更何况，在北京，我随时可以住在卢占东老师家，他一直希望我留在北京。

毕业前夕，我在西藏电视台实习，胡智锋老师（现为北京师范大学艺术与传媒学院院长，教育部"长江学者"特聘教授，博士生导师，时任北京广播学院文艺系主任）、关玲老师（现为中国传媒大学戏剧影视学院副院长，教授，时任北京广播学院文艺系副主任）、方明老师（中央人民广播电台著名播音朗诵艺术家）和邹友开主任（著名导演，时任中央电视台文艺中心主任）都给我写了亲笔推荐信。我带着四封推荐信，拿着广院四年的成绩单，以及广院优秀学生干部、三好学生的证书和国家教委授予的内地西藏班优秀毕业生称号的证书，找了当时西藏广播电影电视厅和西藏电视台领导，向各位领导表达了希望在西藏电视台工作的强烈愿望，我说我有能力在内地工作生活，发展基础也很好，但是如果能在西藏电视台工作的话，更能激发我的积极性和创造性。后来，就如愿以偿分配到了西藏电视台，一直干到现在。

总之，不管是当年去内地西藏班上学，还是后来放弃在内地工作或发展的机会，毅然回到西藏，我想都是一种召唤，一种关于爱、向往和使命的召唤。我将心怀感恩，铭记成长路上所有的恩遇和感动，坚守几十年不断丰满的爱和向往，勇敢地承担起属于自己的使命，勤学善作，行稳致远。

从大山深沟处迈进人民大会堂

江勇西绕

受访嘉宾简介

江勇西绕：藏族，西藏江达人，1977年12月出生。沙市六中西藏班（现武汉西藏中学）初91级校友，昆明陆军学院附属藏族中学95级校友。1998年9月入伍，本科学历，大校军衔，现为中国人民解放军西藏军区某部队部队长。入伍以来，先后荣立一等功1次，二等功2次；被原四总部表彰为"全军爱军精武标兵"、"全军优秀指挥军官"；被共青团中央评为"中国青年五四奖章标兵"；2009年中央军委授予其"忠诚使命的模范军官"荣誉称号；2006年共青团西藏自治区委员会，西藏自治区青年联合会授予其"西藏十大优秀青年"荣誉称号。曾分别担任共青团第十六届中央委员会委员和第十一、十二届全国人大代表，现为第十三届全国政协委员。

男人就应该出去闯荡

我叫江勇西绕,家乡是昌都江达县。1991年,我以班级第二名的成绩考上了内地西藏班——湖北沙市第六中学。1995年,高中考到昆明陆军学院附属藏族中学。1998年,在昆明陆军学院读步兵指挥专业。2001年,大学毕业后分到西藏工作。2006年,我又读了专升本,在西藏大学获取了两年全日制的本科学历。现在我在西藏军区某部队担任部队长。

受老一辈影响,康巴人从小被灌输的思想是"男人应该出去闯荡"。我父亲是牧区的,母亲是农区的,家庭条件不是很好,父母觉得放牛、种地很辛苦,所以想要子女通过学习知识改变命运,同时他们又受到县里上班的叔叔阿姨的影响,就让我去上学了。当时我姑姑的女儿在湖北沙市上学,她把内地西藏班的情况反馈回来,也让我有所了解。基于以上原因,我参加了内

◆ 2019年3月28日,江勇西绕在庆祝西藏民主解放60周年大会上发言

地西藏班考试，也很幸运考上了。

对我来说考上内地西藏班最大的奖励就是父亲不再像以前那样教训我了，因为父亲特别严厉，我一犯错误他就会很严厉的惩罚我，我从小就很怕他，根本不敢跟他交流，顶嘴就更不敢了。但是考上西藏班后，我还记得跟他顶过一次嘴，父亲却没有因为这个事来"骂"我，来"收拾"我，对我来讲这是最大的奖励。走之前我挺兴奋的，因为觉得终于可以脱离父亲严厉的管教了。另外，作为男人，当时应该是男生，也觉得自己应该出去闯荡，去看看外面世界到底是怎么回事儿。

在沙市的四年

我当年去内地是统一从昌都坐汽车到成都的，走318川藏公路，翻二郎山，全是土路，非常危险。但因为是第一次出远门，再加上都是同龄人，那几天每天都是欢声笑语，吵吵闹闹，唧唧喳喳的，一路稀里糊涂开开心心的就到了目的地。在成都我们待了两三天，见到了从来没见过的轿车和高楼大厦，还有冰激凌、冰糕，到哪儿都觉得稀奇。然后又从成都坐火车到湖北，经重庆去襄樊，最后从襄樊坐汽车到的沙市。

到学校时已经是晚上了，但还是有师兄师姐迎接，帮我们拎包，带我们去吃饭，带我们洗漱睡觉。第二天，我才算看清了学校的面貌，有个很大的礼堂，小学的时候根本没有这种大礼堂。学校的绿化也特别好，教室宿舍都很干净亮堂。对伙食印象最深，有青椒、热干面、鱼膏等，星期六还有包子，那是又好吃又大，一般女生只能吃一个，男生至少吃两三个，但因为是限量，所以我们还会通过踢足球比赛来赢包子。

刚过去的时候我的汉语水平特别差，沙市摸底考试我是全班倒数第二。老师布置作业，我都不知道是哪道题。我名字的汉语写法，也是语文老师帮我改的，以前是"加拥西绕"，后来老师帮我调整成"江永西绕"，但我觉得康巴男人是"以勇为长"的，就把"永"改成了勇敢的"勇"。后来表姐给我提了一个建议，她说：你没什么事就读报纸。她给我买了本字典，读不懂的就标上拼音，于是朗诵报纸的习惯一直延续到了现在。坚持了一段时间以后，效果比较明显，语文成绩就跟上了，加上其他课没有拖后腿的，我就从倒数直接排到班级第七了。

关于兴趣，我赞成现在大家普遍讲的，人要有两样东西，其中一样应该始终保持在路上，要么思想，要么就是身体。从当时到现在我都是以看书和踢球为主。尤其走到这个岗位，特别是我身份比较特殊，我觉得除了体能外，加强理论学习也是同等重要的。初中过得很快，但我的三观的真正形成就是在沙市，特别是学校的老师给我们西藏班的引导都非常正面，起到了重要作用。现在我们同学聚的最多的就是初中同学，说的最多的就是初中的事情，每天都说不完。初中四年，我既学到了知识，还树立了正确的价值观、人生观、世界观。感谢我的母校和我的老师们。

成为全村学习的榜样

我父亲脾气不好，但是很正直。他对党是有真正的感情的，因为他经历过那个年代，他出身于旧社会。他关注时事政治，看着中国的发展壮大，感受着党中央对西藏的关怀。父亲那一辈人，由衷地从骨子里拥护党、热爱党。解放前条件好的家庭只是极个别，剩下的百分之九十几都是穷苦的，当时政府不管，连自己的亲戚都不管你。现在政府大事小事都在管，多不容易！他讲的是切身感受，我们看到以前穷的时候什么样，现在富的时候什么样。特别是我有幸遇到内地西藏班这样好的政策，才能一步步走上这样的岗位。

母亲是我最敬佩的人，她看得远、想得远，而且很大度。母亲没有上过学，没有知识，但是她有文化。母亲喜欢看新闻，对时事政治掌握的甚至比我们好。她虽然不识字，但我们的国家领导人，或者其他哪个国家的总统，她几乎都说得出来。母亲觉得她干农活很累，深刻体会到通过知识改变命运是最好的途径。受母亲的影响，我们四个子女就都上了大学，所以母亲真的很伟大。

同学们都说我是班里最具有男人味的人，因为我很少掉眼泪。但是在内地西藏班第一次收到家信的时候，我跑到饭堂的后面，哭得稀里哗啦，哭完了才开始看内容。突然觉得特别想家，我也发誓再也不跟母亲顶嘴了，这也是我到沙市最大的改变之一——内地西藏班让我们懂得家人的不易！

当时全村人都在路口等我。一下车就被众人围住了，我一下子把母亲、父亲、舅舅，还有村里的叔叔阿姨都认出来了，但他们一个个都不认识我似的。因为我小时候胖，身高一米五八，回来的时候已经是一米七六了。我大声喊："爸！"他们觉得很诧异，感觉还是很陌生，但母亲就跟其他人不一样，她有特殊的感觉，她就觉得眼前这个人就是自己的儿子，就认出我了。我弟弟特别可爱，躲在我父亲背后，偷偷看我，觉得这哪能是哥哥啊！

听说内地西藏班的学生回来了，村里面所有人都会对我们高看一眼，这是事实，而且家里每天都有络绎不绝的访客来看我。家长们常对自己的孩子说："你好好上学，就可以上内地西藏班，你看江勇西绕……"我就成为了全村举例子的对象。我们家四个小孩都读了大学，然后我亲姑姑家是三男一女都读了大学，其中我表姐也是内地西藏班的。我舅舅家六个小孩，五个上了大学。你看，这就是互相影响的结果。可以说我们整个村受到我们家的影响，都愿意把小孩送出去上学。因为上学，我们的命运改变了，发展得也很好，这是正面的教育。现在，我听说因为我们村的小孩都在上学，连隔壁村也被带动起来了，家长们会很放心地把孩子送到内地西藏班就读。

你就是当兵的料

1995年初中快毕业的时候，正值昆明陆军学院附属藏族中学开办的第二年，这也是内地西藏班中考时唯一能报考的军校。我学习成绩不错，体育成绩出色，身体条件又特别好，所以学校就力推我参加昆陆的招生。见了面，聊了几句，看了我的档案，来招生的政委就说："小伙子，你就是个当兵的料！"他们都一致认为我应该进昆陆，我就这么报了。刚开始的时候我的家人包括我自己都比较迷茫，但是等到高中毕业之后，我取得了非常好的成绩，得到了大家的认可，我也就慢慢坚定了信心。后来我在国际上获得比武大赛的第二名，被中央军委点名授称，引起了特别大的轰动。后来我各方面的竞争力越来越强，各方面的条件也越来越好，所以我很感激当年那些帮助我当兵的人。

共进与赋能
西藏班(校)35年35人口述史

◆ 江勇西绕正在指导战友训练

到昆陆后我很快就适应了新生活,还当了连长,相当于高中班的班长。昆明陆军学院学生种类较多,有义务兵、士官、干部等。说实话当时我们117名同学中,从初、高中直接考到军校的并不多,其中只有包括我在内的11名学生是直接从附属藏族中学考到军校的,其他都是部队考过来的。他们本就是军人,之前就对部队有系统的了解,所以军事训练这块跟我们的差距很大。陆军学院要求比较严,半年后有个达标考核,两门课不过关就会被退回去,压力就陡然上升了。但是我们不怕,因为我们上进心很强,不甘落后。我们从基础体能、基础技能开始抓,其他同学休息的时候,我们那11个同学就请老兵指导我们。入学的头三个月,晚上十二点才睡觉,一直是加班加点训练体能和技能。我们的目标很明确:三个月以后一定要跟上他们!有了这种清晰的目标和强烈的上进心,再加上学校合理的课程设计以及同学的帮助,不久后我们就基本上都跟上来了。当时参加考核的有600多人,最终我排第四;我们全队117人里,我排第一。

毕业的时候,我已经百分之百地确定了去部队这个方向,当时从地域来讲,我可以去拉萨,可以去昌都,可以去边防,可以去作战部队,也可以去后勤部队。但我还是想回昌都，因为可以照顾家里。政委跟我讲："江勇你去哪个地方都可以，但是以我对你的了解，你只能去西藏唯一一个应急作战部队。这位老团长特别清楚我的情况，我就相信他的话，就去了那里。我不敢称自己为千里马，但他绝对是我的伯乐。

在林芝待了一年半后我被分到了部队，我下定决心要在部队建功立业，精忠报国。在连队里，我们排长跟士兵必须同吃同住，同训练，同劳动，同学习，我都做到了，但是要让连队所有人从心底服你，那可不止做到这些。当时我们马上要驻训，忙着物资准备，要统一拉到驻训点米拉山。到了米拉山住下来，为演习做准备，挖地下工事。米拉山海拔4000多米，除了体力，那更要靠毅力。挖工事的时候大家看出了我的坚韧和干工作的努力程度，还有浑身上下的这种使不完的劲。我从来都没有叫过苦，甚至他们休息的时候我自己干，慢慢地排里就认可我了，开始立足了。在米拉山草坪上我们踢了一场足球比赛，其中有一个踢得最好的，叫张树斌，他是连长的心头肉、手中宝。他看我踢得好，才愿意主动跟我配合，他认可我了，慢慢他身边的人也认可了。我们的老排长是从武警转到陆军提干的，他其实没有系统学习过军事指挥，我们两个后来就分工了，他搞管理，我搞指挥，就这样局面打开了。这个过程现在说来简单，但当时是很艰难的。而这种不怕苦不怕难的品质，正是在内地西藏班期间形成的。

中国军人与世界舞台

真正改变我命运的是参加"爱尔纳国际侦察兵比武大赛"。比赛的要求很高，大学学历以上，身高不低于一米七五等等，但重要的是代表中国参加比赛，一听这个就没有任何人敢主动报名了。营长跑过来揪着我的耳朵说："江勇这是给你量身订做的，你不去报谁报啊？"我是我们全旅第一个报的，后面又陆续强制性推荐了17个人，组成了旅里的集训队。我们步兵转到侦察兵要有个转化过程，要接受短期的强化训练。西藏军区情报处下来考核，我总分考了第一，总共选了10个人到成都参加考核，当时是原成都军区组建了200多个集训队，它是全程淘汰的，每一个时间段淘汰1个，200人中出国比赛的只有9个，其中只有我一个人是藏族。

选拔是一个递进的过程，体能先淘汰一拨，然后技能淘汰一拨，最后是智能。我们到海南之前总共19人，到海南搞野外生存，搞海训。19人里面我是唯一一个不会游泳的，领队教练要求我一个星期就必须学会游泳。由于离出国比赛很近了，学不会就只能回去了。我有个战友以前做过海训，中午他把我拉到海边做海训，给我演示，说："我给你做个示范，我手脚都不动，都沉不下去。"他一憋气像个气球一样，其实人的皮囊就跟气球一样，只要鼓起来就沉不下去。这样折腾两三天，第三天我突然间游了十米，当然这个过程中我喝了很多海水，呛得不行，那真是一把鼻涕一把泪。第一次游了十米，就有了动力，之后便是二十米，三十米……

第二天要进行海训，上了橡皮舟，把我拉到深海区的时候，其他人都下去了，我迟迟不敢下，结果教练一脚就给我踢下去了。

我浑身哆嗦，深海海水冷一些，再加上盐水呛到鼻腔里，难受之极。然后慢慢放开了，可能游了两百米，用了二三十分钟游到岸边，上岸后我足足躺了五分钟。此时心里清楚了：第一是命救回来了，我没死；第二是我觉得这下终于可以留下来了，不用被淘汰了。后来我才知道，我是第一个藏族军官代表中国军人参加国际比赛的，因此我觉得自己也算给家乡争了口气。

历经千辛万苦，为国家争光

中国分一队和二队，我虽然资历浅，但应急能力强，心理素质好，爆发力强，又能吃苦耐劳，所以让我当了二队的队长。出国比赛的难度和强度，远远没有训练时候大，但它对抗性很强，这种压力和紧张程度是从来没有过的。整个比赛整整持续五天四夜，头五个小时我就进入状态了，我在水沟里，有人在我头上尿尿，我都得纹丝不动；打实炮，我在炮火下面爬着潜伏侦察都不害怕。爱沙尼亚侦察营的选手在宿营的时候，我们在晚上跑过去把他们的伪装网拿刀子割下来披在身上，那是为了适应爱沙尼亚自然环境专门设置的伪装网。当时一共有十六个国家参加，最后他们都对中国军人竖起大拇指。

比赛结果我们是第二名，第一名是芬兰队。颁奖的是爱沙尼亚的国防部长。

江勇西绕
从大山深沟处迈进人民大会堂

◆ 江勇西绕正在研判地形

回国后，在组织层面，成都军区给我记了一等功，这是很难得的。接着各级领导接见，开事迹报告会，把当时的感受感想传播出去，传播正能量，给大家鼓劲，效果还是蛮好的。我是幸运的，因为我还活着，还立了一等功，作为一名军人，部队给我这么大的荣誉，还有什么比这更值得庆幸的事呢？但最令我难忘和骄傲的，就是我作为一名中国军人站在了国际领奖台上！

有幸得到习主席的接见

毕业回来后分到某部队的，我深知上级机关是把我作为一个重点的训练骨干派到这个单位的，所以我一定不能辜负组织的这种期望。入职后我带了很多徒弟，他们参加了很多重要的比赛，也取得了很好的成绩，得到了组织的认可。

我是第十一、十二届全国人大代表，现在是第十三届全国政协委员。这不仅是我个人的荣誉与责任，更是党和人民对民族干部的信任与期望。作为

183

一名民族干部，我在"两会"中提出的不少建议都被组织采纳了。作为新一代的藏族军官，我们在内地西藏班完成了初高中的学业，又在内地获得大学学历，所以要与时俱进，积极适应这个新时代。另外作为五十六个民族当中的一份子，每一个民族的同胞都应当尽一份力量共同建设我们的祖国。

2010年，时任营长的我有幸以人大代表的身份在京参会，期间还受到胡锦涛主席的接见，心里特别激动。胡主席和蔼可亲，对我们部队特别对我们民族地区满怀深情。因为他之前也在西藏工作过，还去过我的老家昌都江达，并委托我给老家和部队带去了问候，做了一些勉励。2017年我在京参加第十二届全国人民代表大会第五次会议解放军代表团全体会议时，受到了习主席的接见，他看到我的胸牌上的名字时说："江勇西绕是藏族吧？"我说："是的，我是藏族。"主席问我部队在哪？我便把部队的驻地给习主席汇报了。"哦，我知道了。"习主席微笑着说。习主席还问了我部队现在的训练状况和训练效果，我都一一做了回答。最后，他对我个人和部队致以问候并提出勉励。

在西藏首次设立"3·28百万农奴解放纪念日"当天，我作为军队代表在大会上做了发言，但我同时觉得自己也是内地西藏班学生的一个代表，心里非常自豪。吴英杰书记曾是内地西藏班工作的亲历者和见证人，对其有特殊的感情，而我又是内地西藏班毕业的，每次自治区两会或者其他一些活动他见到我都会说："江勇西绕是我的学生。"这么一说，无形当中感情拉近了，压力也更大了。他也给我提要求："你不能给我丢脸，好好努力，现在不错，发展势头还可以，还要进一步努力。"

回首自己的成长历程，内地西藏班是我个人历史上不能抹去的重要一笔。我从农牧民家庭的小孩，成长为共和国的军官，这是我做梦也不会想到的。也希望今后的学弟学妹们倍加珍惜这个来之不易的机会。最后，作为一名内地西藏班的毕业生，作为一名少数民族的军队干部代表，我要感谢党和人民军队对我的培养，感谢国家最高领导人对我的深切关怀和鼓励。我一定不忘初心，牢记使命，为中华民族的长治久安贡献自己的一切！同时，我希望内地西藏班这个平台发挥更强大的作用，为新西藏培养出更多的建设人才。我衷心祝愿内地西藏班越办越好！

教育改变了我和我的墨脱

格桑德吉

受访嘉宾简介

格桑德吉：门巴族，西藏墨脱人，1978年5月生。岳阳一中西藏班初94级校友。1997年毕业于河北师范大学民族学院，毕业后回到家乡墨脱，几十年如一日，坚守乡村教育。2013年被评为"全国最美乡村教师"；2014年被评为"感动中国人物"；2015年被评为"全国民族团结进步模范个人"；2018年1月当选为第十三届全国人大代表；2018年5月荣获第二十二届"中国青年五四奖章"；2019年被评为"全国三八红旗手标兵"。现任西藏自治区林芝市墨脱县完全小学副校长。

偏僻墨脱，阻隔不了奋进的脚步

我出生在西藏墨脱，是门巴族。1994年我从林芝二小毕业，升入湖南省岳阳一中，四年后初中毕业，1998年考上河北师范大学附属民族学院，读了三年。这所学校有很多藏族学生。我没有读高中，读的是中师，中师毕业后直接回墨脱工作，后来在西藏大学读了本科。目前我在墨脱县完全小学担任副校长。

八九十年代的墨脱，只能上到二年级，之后政府会把学生送到林芝二小继续就读。那时学校的条件非常艰苦，只能用凉水洗头洗脸，冬天寒风凛冽，洗完后头上会结一层厚厚的冰。在墨脱，我还不知道有内地西藏班，林芝二小每年都有几个学生考入内地，老师也会向我们介绍内地西藏班的情况，尤其会介绍那些繁华的城市，引起了我的向往和羡慕，当时觉得林芝已经是很广阔的天地了，没想到还有比林芝更广阔的地方，所以我一直努力学习，梦想考入内地。那时候没有电话，联系不上家里，所以去内地上学都是自己的决定，我们这些从大山里出来的孩子，饱尝生活和求学的艰辛，很早就开始懂事了。

家人都在封闭的墨脱务农，根本不知道内地西藏班这回事。我们的数学老师同时也是副校长，经常外出开会，见识广，通过他的讲述，我们几个墨脱出来的小孩都在内心树立了坚定的目标。在得知自己考上内地西藏班后，我没有回家，一直在学校等候通知，因为回墨脱没有信号，收不到通知，大概等了有半个月，终于等到了梦想中的通知书。我们班里有四十个同学，大家都很努力，考入内地西藏班的就有三十八个。当时，对口援助林芝的有江西南昌和湖南岳阳的西藏班，墨脱籍的被分到了岳阳一中。后来还出现了个小插曲，被分到江西南昌西藏班的一名学生想同我交换学校，当我了解到岳阳一中是一所历史悠久的学校，连孙中山都曾在那里读过书后，委婉拒绝了他的请求。我渴望通过好的学习环境努力学习，改变自己的人生，改变墨脱父老乡亲的困境。

现在的墨脱，交通越来越便利，2013年通车，2015年全县通路，一路畅行无阻，一天可达林芝。墨脱通路以后，昔日的"孤岛"不再封闭，就学、就医都很方便，墨脱发生了翻天覆地的变化。

  但是当时在林芝就读时，我一年只能回家一次，还要翻雪山、攀峭壁、穿密林。暑假很短，只能在家里待十五天左右。冬天大雪封山回不了墨脱，常年见不到亲人。小学毕业后又准备去西藏班，就没有回家，因为路途远，从林芝到波密需走两三天，路上还会遇到塌方、泥石流，到波密后再走四五天，才能到墨脱，况且我家在最偏远的帮辛乡，来回至少得半个月左右，后来父亲特意赶到林芝看望了我。我们西藏班的学生统一从林芝出发，到拉萨坐飞机到成都，然后坐火车，三天后，终于抵达了梦想中的岳阳。

改变家乡的贫穷是我的目标

  到达岳阳，学校热情迎接我们的到来，岳阳一中，比想象中更漂亮。岳阳市有浩渺无垠的洞庭湖，矗立湖岸的岳阳楼，让我们不禁吟诵范仲淹的《岳阳楼记》——"浩浩汤汤，横无际涯；朝晖夕阴，气象万千"。我们的学校就在岳阳楼对面，校门气派宏阔，门上还贴着少年英雄赖宁的照片。走进校园，古朴雅致，散发着历史的厚重感。

  我们是预科，已在岳阳读了一年的初一学生，排着整齐的队伍迎接我们。我们统一编号后，由对应号码的学姐把我们带到宿舍，宿舍干净整洁，床铺、蚊帐及生活用品都摆放得整整齐齐。学校的饭菜也非常可口，早上有包子、馒头，中午晚上都是三菜一汤，还有我最喜欢的土豆泥。我们小学时的住宿饮食，完全没法与这里相比。

  大概过了半年，有一天老师喊我去接电话，原来是父亲打电话到学校找我，他问我怎么这么久没有音信，好像消失了一般。那时候，就学校办公室里有一部电话，根本不知道怎样与家人联系。

  我们寝室有八名同学，当时学习抓得比较紧，基本上一天到晚都在学习，只有星期日下午有半天的休息时间，这时候我们会选择到学校周边走走，或结伴到洞庭湖畔看看。有次我们想坐船，老师便联系了当地部队，部队派人带我们环湖游览了一圈。有时我们也会到湖边捡贝壳，因为从没见过贝壳，所以特别好奇，我们卷起裤脚，踩在松软的泥巴上，捡拾着现在看来很普通的贝壳，那时的欢乐与欣喜，至今记忆犹新。学校对面有山，山顶上有塔，我们偶尔会步行很远去爬山。近几年同学邀请了好几次，但我一直没有机会去。以后一旦有机会，我会回去看望初中的班主任秦丽霞，她已退休，目前居住在长沙，我们好些同学去探望过她，她是我们在内地的亲人。

到内地西藏班以后，意味着自己要独立生活了，不过对墨脱孩子来说没有任何问题，我们从小学开始就住校独立了，所以从生理到心理，我们很快就适应了这里的生活。有几个藏族男孩不太适应，潮湿的气候使他们身上长满了湿疹。我们还有个年纪大的生活老师，每天早上吹哨喊我们起床，然后带我们到操场跑步，晚上又催促我们按时睡觉。

学校西藏部的欧主任，对我们的关心无微不至，每天都会微笑着问我们："适应这里的生活吗？有没有不舒服？吃饱了没有？"虽接触不多，但他慈祥的面容让我们感到十分亲切。我们的班主任，就是前面说的秦丽霞老师，她自己也有两个小孩，一个上小学，一个上幼儿园，但她每天都陪伴着我们，我们上晚自习，她会在办公室里批改作业，然后一个一个叫过去订正。我们睡觉，她也会到宿舍看一下。她很少对我们发脾气，还亲切地呼唤我们"宝贝""小傻瓜"。我们的零用钱都保管在生活老师那儿，我们每周取十块二十块，她会叫我把同学们没有花完的零钱，一块一块攒下来，教育我们不要乱花钱。我作为班级生活委员，会把攒下来的钱详细记账，然后存入学校旁的银行，每次班级搞活动，就取出来作活动经费。生活如何自理，学习如何用功，班主任都会事无巨细地教导我们，我们同她的感情很深。当我拿到"最美乡村教师奖"的时候，第一个电话就打给了她，她高兴地说已经知道了，还收看了颁奖典礼，很为我高兴。

在内地西藏班时，我思考的最多的是怎么把学习搞好。我的学习还可以，在班级前十名。但最困难的是学藏文，因为我是门巴族，听不懂老师讲话，学藏文像学英语一样，藏文老师虽讲得很认真，但我们学得很吃力，早晚都花时间死记硬背，可能由于基础太差，方法不对，每次都考得一塌糊涂。数理化挺好，除了藏文以外其他科目也都八九十分，如果不算藏文，班级排名前五以内，如果算上藏文成绩，总分就只在十名以内了。

虽然在内地西藏班学习期间，学习和生活都有一些困难，但为了改变家乡的贫穷面貌，我立志一定要认真学习，这是我不变的学习动力。

走进师校　选择教育

初中毕业，我选择了师校，如果继续念高中读大学，我的家庭已无力承担，还有当时墨脱的教育，师资缺乏，条件很差，只能读到小学二年级，就没法继续求学，好多门巴小孩因此辍学，能走出大山的凤毛麟角。在林芝读小学时，中间回过几次家，那时仍有好多孩子，待在家里面玩，没有上学的意识，父母让孩子接受教育的意识也很淡薄。当时就想，以后一定要当老师，回到家乡，把孩子们教育好，以绵薄之力让山区的孩子们像我一样走出大山，见识外面的世界，到初三时，对未来的选择坚定而明确。老师问过我："如果以后是去偏僻的地方教书，你愿意吗？"我说："我就是从偏僻的山区出来的。"

中师三年，学校刚建校不久，处于发展之中，学习环境较差而任务繁重，但学校的老师特别热心亲切。师范学校的专业性比较强，老师会带我们去河北有名的小学、中学实习，听课评课讲课，教我们备课、写教案、练习普通话，还有钢笔、毛笔和粉笔字练习。口语老师的普通话特别标准，像新闻主播一样好听；心理教育学老师熟练讲解教学内容，像演讲般酣畅淋漓；体育老师教我们篮球技巧，编练游戏体操，带领我们去外校打比赛。扎实的专业教育，孕育出出色的教育管理能力，也对我的教学理念产生了深远的影响。当初之所以选择这所学校，也是因为了解到学校不仅管理严格，对学生的要求也非常高。

师校的老师都尽职尽责，班主任崔光红经常同我们交流，关心我们的学习和生活！有一位生活老师的书法特别漂亮，经常为学校各项活动书写横幅，我们踊跃向他请教，练习书法，现在能写得一手好字，也是缘于这位老师的教导。当时学校的学习氛围特别好，哪怕是周末，大家也会到图书馆阅读，参加兴趣班、学钢琴、学绘画、学书法。我们苦练教师基本功，还自学了音乐、计算机。工作以后，如何适应教学，如何教育学生，如何管理学校，都是从师校学来的。老师的辛勤教育，为我们现在的教学工作打下了坚实基础。

在师校的三年，我自觉遵守校纪校规，勤奋努力，自身能力有了很大提升，也有了清晰的人生规划，为今后的教学工作树立了强大自信心。

反哺家乡

1998年初中毕业，我回过一次家，6月离开岳阳，回到家已经7月了。路途遥远艰险，没有公路，还要翻越五千多米的嘎隆拉雪山，一路上更没有住宿的地方，只能搭个棚，或躲在大树底下，囫囵睡个觉，辛苦危险可想而知。所以我花了将近半个月才回到帮辛，在家待到8月份就出来，等候师校的录取通知书。

家里人不知道我要回去，到家后，父母已出门务农，只有两个弟弟在，我做了晚饭等他们回家。父母一进屋，第一感觉就是他们变老变瘦了，短短几年过去，生活的艰辛困苦都写在他们脸上。父母见到我，说我跟以前不一样，长大了，变瘦了，心疼我走了半个月才回到家。

墨脱跟我四年前离开时相比，变化不大。我去了一年级时就读的学校，教室还是以前的一间木板房，除了疯长的杂草，几无改变。乡政府仍旧是破败的旧房子，老百姓也还过着被固体胶封闭一般的生活。1998年的印象，还是小学时候的印象，几年过去，我以为会有一些变化，但是没有，仍旧贫穷、仍旧落后。

在岳阳四年，发现内地时时在变，年年有变，但自己的家乡四年过去，毫无改变。附近小孩知道我从内地回来，都好奇地跑来看我，我拿出提前买好的零食糖果，发给他们吃，不少七八岁的小孩，背着自己的弟弟妹妹光着脚跑来，问我："你是从哪里来？你叫什么？"我就说："我是从这里走出去的。"好多小孩不认识我，我问他们上过学吗，结果大部分都没上过学，我说："你们也要出去读书。"他们连连摇头："不敢，不去！"听后我的内心一阵刺痛，大多数墨脱的家庭，都没有接受教育的意识，一辈子困于大山，祖祖辈辈永远生活在贫穷中。

那个时候虽然没有现在一样的责任感和使命感，但当时的场景，激发了我回家的渴望，我一个人出来了，很多人却出不去，总觉得我回墨脱当个老师，把几个孩子培养一下，让他们也出去看一看大千世界，想法就这么简单，所以，当老师是我自己的选择。中师毕业后，在选择回老家，还是去环境条件优越的学校工作？我坚定了自己早年的选择——回家。当时好几个去了林芝、波密的同学劝我："你别太傻了，难得从墨脱走出来，你还要回去吗？太笨了！要不要帮忙？"婉言谢绝后，我直接回到了墨脱，直接去了教育局，明确表示希望回到帮辛乡，当时帮辛只有三个老师，教育管理着两百多名学生，局长很高兴，立马批示，我顺利回到了梦想的起点——我的故乡。

做孩子们保学圆梦的天使

从墨脱到帮辛，没有公路，小道步行需要整整两天，在这里，我开启了自己的教育生涯。在内地待了7年，城市繁华、条件好，到乡里任教，对比感非常强烈，生活、工作、交流方方面面都不能适应。但这是我自己的选择，是我的梦想，绝对不能抱怨，一定要坚守初心。

刚到学校时，五个班才四个老师，什么都教，语文、数学、藏文、音乐、体育，一个人几乎承包一个班。五年后稍微好一点，因为陆陆续续来了一批老师，但新老师基本都是从外地选派来的，本地的很少，难以面对墨脱艰苦的教学环境，来一批半年一年左右就走了，工作压力持续存在，只能咬牙坚持。后来，墨脱通路以后，重建学校，校园环境改善后，来的老师渐渐增多，我们承担的任务才相对少了一些，稍微轻松一点。我担任了十二年班主任，也兼任过德育工作、教务工作、财务工作，什么都做，什么都管，后来担任副校长、校长，十六年光阴就这样飞逝而过。

当时最困难的是没水、没电，学生还要住校，我们招生就只能一个老师承担一个村，去村里动员年满七岁的小孩来学校读书，"你们家的小孩9月份要送过来，该上学了！"有些家长不让孩子来，因为墨脱是峡谷地带，悬崖峭壁，雨季漫长，经常会有塌方、泥石流，家长担心孩子来往学校的交通安全；有些家长不让孩子来，因为白天出门干活，需要七八岁的小孩在家照顾更年幼的孩子，甚至做大量家务，补充劳力。所以动员墨脱孩子入学，矛盾重重，困难极多，推进艰难。

◆ 带领学生进行"四讲四爱"学习

  有的家长确实很难做通思想工作:"你以为我们的小孩跟你一样,能走出去,有份工作,有稳定收入?我们供不起!家里条件那么苦,我们没有你父母那样的办法。"我的父母也是农民,但他们真的很伟大,母亲是村里的赤脚医生,识得一些字,有时会外出培训,算是有一点见识,所以她说家里再苦再累,也要把我送出去读书,但等我毕业回家,家里欠了好多债。因为我知道教育的重要性,所以我会苦口婆心地劝说他们:"我们这里为什么苦?西藏其他地区的孩子,基本都上过学,哪怕残疾人,也是识字的,墨脱的小孩如果不上学,将来就跟你们一样辛苦,继续过穷苦日子!读书上学,才能改变现在贫穷落后的面貌!"

  墨脱当时的习俗是,长到十四五岁,就可以成家立业了,有一个快毕业的小女孩刻苦努力,学习成绩很好,很有希望考到内地,从她身上我也看到了自己当初求学的影子,但她好几天没来上学,我连续去了她家三趟,了解到因为贫困,父母已经接受了别人的聘礼,准备把她嫁出去。我对她的父母说:"孩子读书挺用功,如果考入内地,将来有了工作,家里的状况就会改变,如果实在是太困难,我也可以帮忙。现在国家的政策越来越好,有不少资助,除了少量路费、生活费,我在内地上学的其他费用都是国家资助的。"他们既动容又无奈,说:"小孩已经给别人了,你到他们家再去说一下。"于是我又跑到男方家,他家是我的远房亲戚,一开始并不同意,低着头一句话也不说,我就说:"以后小孩后悔了,你们要负责吗?人家书念得好好的,学习也挺好,还是很有前途,你们阻碍了她的前途,以后她在你们家受苦受累,不怨你们吗?你们大人谁都不要管,我就听小孩的,她愿意读书,我就带她走,她不愿意读书再说。"结果小女孩非常渴望继续念书,几经周折,我终于把她带回了学校,她后来考到了内地西藏班,现在也成了一名教师。

墨脱是全国最后通公路的地方,2013年通路以后,给我们带来的最大方便是,孩子们可以吃到新鲜的食物,不必再吃过期食品了!通路后马上通了电,我们申请采购了冰箱,食品可以冷藏保鲜。通网络后,有了手机,可随时与外界保持联系,不止学校,当地老百姓的生活条件也大为改善,电子电器设备齐全,信息畅通无阻,进来的人多了,我们出去的机会也增加了。

与外界接通后,墨脱老百姓接受现代教育的意识逐渐增强,孩子们也知道没有文化不行,政府继续加大力度支持当地教育,去内地西藏班上学的孩子也多了。2013年通路以后,政府说:"我们牵头,资助保学的工作我们来做,你们安心教书吧!"驻村干部也参与保学工作,学龄儿童入学率跃升至百分之百。

荣誉纷至,初心依旧

2013年9月,我被评选为全国"最美乡村教师";2014年,又当选为"感动中国人物"。当时教育局下发了一份通知,"寻找张丽莉一样的最美老师",我觉得张丽莉的故事非常感人,这样的老师实在太优秀了,而自己的教育生涯太过平淡平凡,就没有申请。结果在帮辛乡待过一段时间的同事推荐了我,他将十六年来,我和老师、家长、学生之间发生的故事,讲述给了记者。后来中央台的记者电话采访了我,说我在艰苦的乡下待了那么久,希望能更深入地了解一下。我说:"别选我了,我觉得这些都是我作为一名老师应尽的职责。"

说实话,这份荣誉不只是我一个人的,跟我一起坚守在乡里的所有老师

◆十三届全国人大二次会议中共中央政治局常委、全国政协主席汪洋到西藏代表团看望格桑德吉等代表并参加审议

都是这样做的，这是坚守在墨脱教育岗位默默奉献的所有老师共同的荣誉！我不过是他们的缩影。我看过"感动中国"的节目，他们挺了不起，跟他们相比，自愧弗如，这份荣誉太高，不适合我，我想要放弃。驻村干部就鼓励我说："不能放弃，好多人都是从平凡中走出来的。你都拿了'最美乡村教师'了，'感动中国'节目更应该去！"在朋友，同事的劝说下，我决定去参加节目。通过节目让更多人了解墨脱，了解帮辛乡小学。著名主持人白岩松和敬一丹，为我颁发了这两个奖项。站上领奖台的那一刻，心情非常激动，我觉得十六年来能够坚守乡村教育，通过自己的努力，让墨脱的孩子走向更广阔的世界，我的这份初心，是我一辈子的坚守。

2015年我出任校长职位，想办法新建校舍、完善制度，采取了一系列措施后，学校环境改善，教师心态平衡，师资队伍稳定，教学质量提升。2018年，组织将我调到墨脱县完全小学任职，先后当选了林芝市党委委员、自治区人大代表，后来还当选了十三届全国人大代表。两会期间，我同西藏自治区主要领导，一同步入人民大会堂，见到了全国最优秀的代表，见到了国家领导人。我，一个普通老百姓的子女，一个普通的基层人民教师，能够走入国家最高级别的会议，跟那么多高层领导一起参政议政，这是我一辈子的荣幸。

作为人大代表，要代表人民的心声；作为教师代表，最关注的是教育，特别是西藏的教育。我在去年提出了加快培养西藏少数民族人才的建议，希望内地名校高校，扩大招收少数民族学生，大力培养教师、医生等专业人才。虽然西藏也在不断发展，但跟内地相比，差距仍然存在，国家的"智力援藏"，仍需坚持和加强。

我现在的教育成绩、个人荣誉，都离不开内地西藏班的教育培养。虽因家庭条件，当初没能继续求学深造，但同时也欣慰自己能够坚守初心，用教育改变家乡贫穷落后的面貌，用教育改变门巴孩子的人生，帮助他们走出大山，改变自己的命运。我会继续待在墨脱，做好我的教育工作。在此，我想感谢内地的老师，尤其是秦丽霞和崔光红老师，感谢他们不光教会了我知识，也教会了我做人的道理；感谢家乡的父老乡亲，在我求学阶段，一块两块凑钱供我读书；还要感谢乡党委政府的领导，无偿拿出部分工资，支助我求学。在这里，我衷心祝福内地西藏班的老师工作顺利、身体健康！也祝内地西藏班的学弟学妹，努力向上，不忘初心，学成归来，建设西藏！

◆ 在十三届全国人大三次会议"代表通道"上回答记者提问

内地西藏班走出来的女校长

巴桑卓玛

受访嘉宾简介

巴桑卓玛：藏族，西藏加查人，1978年10月生。辽阳一中西藏班初90级校友，天津红光中学高94级校友。本科毕业于东北师范大学汉语言文学教育专业，在职研究生学历。2001年7月至2005年5月在山南中等职业技术学校任教；2005年至2019年在西藏自治区教育厅工作，历任基础教育处主任科员、机关后勤服务中心主任、基础教育处副处长、思想政治工作处副处长、思想政治工作处处长等职。2019年3月至今任拉萨中学党委副书记、校长，也是拉萨中学历史上首位女校长。

巴桑卓玛

内地西藏班走出来的女校长

不远万里求学路

我叫巴桑卓玛，是土生土长的山南人，父母是当地县城的公务员，家里还有一个弟弟。1990年我离开父母和家乡，到万里之外的内地求学，许多点滴回忆恍若昨日，现在回想起来真是感慨万千。但每一个回忆片段，都是对我们这一批西藏孩子与内地西藏班奇妙缘分的真实再现，是对我们人生旅途的色彩还原，也是构成内地西藏班发展历史的一块块拼图。

第一次去内地上学，是我人生第一次坐飞机，也是第一次坐火车。走的时候比较匆忙，那时我还是个小女孩，只记得父母反复在说："把自己照顾好，别把自己弄丢了。"当时觉得内地应该很大，小孩随时有走丢的可能，心里就特别警惕，一直紧跟着队伍，丝毫不敢放松。坐飞机时，我们两个小孩要挤一个座位，空姐便帮我们将中间的扶手收了起来。到成都之后，要继续坐绿皮火车去辽阳，这一路很漫长。到了一个站点老师就交代我们，如果有人想从窗户爬进来的话，就大声叫，因为当时火车的窗户可以打开，到一个站会有人从窗外往里卖东西。

长途跋涉之后，终于到了学校，一下车就看见很多来欢迎的人，有拉横幅的，有帮着拿行李的，一直喊着"欢迎欢迎"，感觉自己就是凯旋归来的勇士。

我们到学校之后第一件事情就是排队进食堂，吃面条。九十年代中国的经济跟现在没得比，但在那时候辽阳一中的伙食可以说丝毫不亚于现在的水平，尤其是学校的大包子，是全校学生至今记忆最深的美食。

辽阳一中一直管得非常严格，整体的卫生也非常好。我们学校的要求是被子一定要叠成豆腐块，而且有人专门来检查，如果不符合要求，寝室就会被扣分。另外，学校要求早上响铃后要立马起床到操场准备集合跑步，而整个过程只有十分钟，时间太紧了，但又不能提前起床，只能等打了铃才能起床，感觉就像是一场比赛。加上我又不会梳头，通常都是前一天晚上舍友帮我把头发扎好，为第二天早上冲刺做好准备。

当时联系家人的方式除了写信，还有一种特别有意思的方式，就是用录音机留言。班里哪一个人有录音机就借过来，自己再买个空白的磁带直接录了就可以，通常一个磁带需要几块钱，也算不低了。录好后寄回去，家里再录一盘寄过来，这种方式跟写信感觉是不一样的，觉得更亲切，因为能听到家人的声音，有点像原始的语音留言。内容基本都是相互说说生活、学习和工作的情况，有时候实在不知道说什么，就会和宿舍同学们一起唱一首歌再寄回去，家人也很喜欢。家人除了叮嘱我要照顾好自己外，有时还会请邻居家的叔叔阿姨说几句话寄过来。这些留言的方式虽然现在已经是过去式，甚至是古老式了，但却是好几代离家的孩子抒发思乡之情的记忆载体。

◆ 1990年正在辽阳一中读预科班的巴桑卓玛在蘑菇亭留影

永恒记忆是师恩

在内地西藏班遇到的老师，对我的影响非常大。一位是预科时候的班主任王晓燕老师，从早到晚跟着我们，每天比我们起得还早，看着我们从早上最简单的起床刷牙洗脸叠被子，一直跟到晚上我们熄灯睡觉，每个流程都要一个一个教，可以说是为我们操碎了心。她那时候是一个才毕业非常年轻的女老师，到现在还没有退休，真的可以说把自己的青春和一生都献给了民族教育事业。

第二位是初二之后的班主任，叫李雅递老师，这位老师在整个辽阳一中办学历史上称得上是一位传奇人物。各个新闻报道，宣传片，学校的纪录片里出镜得也比较多，之所以那么传奇，其实就是因为她是出了名的严，非常非常的严格。有一件事我印象深刻，因为她太严厉了，也要求我们班在各种评比当中要争第一，初二下学期的时候，我们全班都感觉压力太大了，受不了那种高压的氛围，于是我们就联名给学校写信说，经过全体同学一致的意见，我们不想要这个班主任了。但没想到这件事对李老师的伤害特别大，她知道这件事情的当晚，一宿没睡着，连夜给我们全班写了一封长长的信，信里的内容情真意切，也说了老师自己管得可能过严了，但就是希望我们的进步可以更大点更快点。

当我们读完这封信后，说实话心里也不是个滋味，只是那时候小，肯定也不会想那么多，就只是觉得太严了受不了，所以也没有管她的感受，就用那种比较冲动的诉求方式把老师给伤害了。后来我们觉得很内疚，不应该那样，于是我们又去给她做了检讨，说我们做错了。但老师也没有生我们的气，只是教育我们以后大家要加强沟通，关着门是一家人，有什么事要好好解决。从那次后，直到毕业，我们都相处得像家人一样，没有任何问题。

毕业时，同学们的升学情况都很好，其实跟李老师的严格和努力是分不开的。她从西藏班办班开始就带藏族孩子，从87级到我们90级，之后又带92级，一直到退休。她现在已经七十多岁了，仍然在我们那个班级的微信群里。很多同学只要去辽阳都会去看她，甚至会让自己在辽宁上学的孩子专门

◆ 1997年天津红光中学高三宿舍全体女生合影

去看望她。关于那些时光，现在回想起来自己挺感触的，如果李老师现在坐在我面前，我应该不会再提当年的那件事了，但我也说不出什么煽情的话。可是在内心深处，我是无比感恩的。现在，我自己当校长了，更会以自己的学校有这样用心负责的老师为傲。

综合素质益终身　女儿求学内地班

当年学校的领导说过这么一句话，没有分数过不了今天，光有分数过不了明天，所以成绩和其他能力对于一个孩子来说同样重要。分数之所以重要是因为这就是我们现在的教育体制的一个要求，没有好的分数，就意味着没有机会升入更好的学校学习，甚至没有再深造的机会。但分数只是你全面发展的一部分，除了分数之外，内地西藏班提升了我们的综合素质。

首先，是性格上的改变，内地西藏班出来的孩子大多比较开朗，性格阳光，能独立面对很多事情，有思考辨别的能力，走到工作岗位上之后，心胸和格局也比较大。

其次，因为他们见到的事情和接触的人不一样，所以眼界和思维也就不同。具体表现在跟人的交往上，我发现这批孩子相对会显得大方一些，甚至开放一些。我父母是国家公务员，小时候家里的语言环境要稍微好一些，所以我去内地西藏班的时候语言沟通能力算不错的，但那个时候我们班里面很多同学还不会说汉语，开班会的时候，老师用普通话讲，我再翻译成藏语给同学们听，看似简单的流程其实在一定程度上锻炼了我的综合素质，例如语言表达、人际交往、当众说话的胆量等。

关于见世面，还有一件趣事。在很长的一段时间里，我内心深处对火车特别抗拒，因为坐火车坐得有点心理阴影了。那时候坐绿皮火车，每次赶火车时都是一个老师在前面跑，喊着："后面的快点，快点！"后面一个老师在往前赶，说："前面的快点，快点！"我们背起书包，拖着笨重的行李，一直在火车站跑个不停。我就一直以为赶火车就是要跑，所以后来只要能不坐火车我就不坐。直到参加工作之后，有一次带学生去参加夏令营，中间有一段没有飞机可坐，只能坐火车，我才发现原来赶火车不用跑，只要自己看着出发的时间提前到就可以了。现在出差多了，发现坐高铁、动车，其实是最便捷、最安全的出行方式。

现在，我的女儿在重走她母亲走过的路——在内地西藏班读书。女儿跟我当年有相同点也有不同点。不同的地方是，她理科学得非常好，比我早拥有独立思考的能力；跟我相同的地方，就是都喜欢吃零食，我们对内地西藏班的很多记忆都跟零食有关，我觉得这也是一种美好。另外，让我比较惊喜的是，我从她的班主任那里了解到，我女儿对人和事都有自己的一种态度，我觉得这个很难得，因为这点说明未来她可能会成为一个懂得欣赏和包容的女孩。我希望她在内地西藏班，除了学到丰富的知识，更能一直拥有快乐。

初心不变教育路　传承创新教育观

去年，我从自治区教育厅转到拉萨中学工作，并担任校长一职。拉萨中学成立于1956年，是西藏和平解放以后党中央在西藏设立的第一所中学，也是西藏历史上的第一所中学。学校在几十年的发展历程当中，形成了自己的办学特色，凝炼了"拉中精神"，不仅在西藏，包括在内地也有一定的办学声誉。正式执掌一所历史悠久的学校，我觉得压力很大，但是很有信心，而这种信心跟内地西藏班的学习经历是分不开的。

在内地读书期间，除了学到课本上的知识外，还有综合素质，比如责任感、集体荣誉感、学习方法、精益求精的态度、对自己严格要求等。刚毕业当老师时，只觉得把书教好就可以了，后来从事教育行政工作，现在又到具体的管理岗位上，我觉得自己使命光荣，责任重大，每天可以学到很多新东西，觉得自己充满了活力。

当了校长之后，我会经常把本校和内地西藏班校进行对比性思考。像我以前去的辽阳一中是军事化管理，一般情况下所有同学都会在十分钟之内，做完自己所有事情，还会拿着书去跑操，跑完操就去背书，很少有人再回到寝室收拾这个，收拾那个。但每一种管理理念和方式也是时代的产物，我们上学的时候是九十年代，整个社会的发展程度和现在是无法比较的，大家的行为习惯也没有养成，西藏当地的很多学校，包括家长对学生个人的生活能

◆ 2000年在哈尔滨松花江冰雪节留影

力、卫生习惯等缺乏关注，所以当时的管理理念还是有积极意义和成效的。但是现在随着西藏经济社会不断发展，对外开放程度不断提高，大家对养成教育的关注已经今非昔比了，自觉和自律也成为很多学生的奋斗目标，所以在这样的新环境下，我觉得学校的管理也是需要与时俱进的。

作为一名校长，我认为三个方面的校园工作非常重要。

首先要做好学生的后勤保障工作，其中重点是学校的食品卫生和安全问题，这在学校里面是天大的事情，不允许出一丁点问题。我们学校从去年开始推行校长陪餐制，校长跟着学生一起吃食堂，就能知道学生到底吃得好不好，吃得开不开心。同时，因为条件改变了，现在的孩子就不像我们当时在内地读书时一样，对包子有那么大的向往。这就要求我们除了食品的卫生和安全外，要在食品的种类和特色上进行补充和丰富，像我们学校现在的早餐，除了稀饭、包子和馒头，还有藏面、甜茶和肉饼。我觉得每天早上学生们吃得开心了，去教室上课也能学得更好。

第二是学生的心理健康问题。上世纪九十年代很多学校可能对学生的身体健康关注更多，因为物质条件摆在那里了，长得高和长得胖就成了硬指标。但现在，心理健康已经是现代人不能忽视的一个问题，所以学校专门开设了心理咨询室，而且跟其他功能教室是分开的，相对要私密一点。有学生进行心理咨询时需要登记，但是这个登记本也是保密的，哪怕上面来检查都不能看的。同时，学校设有宣泄室，里面有仿真的人形，还有防护手套和垫子，学生觉得压力大了可以进行情绪的宣泄，给他们提供一个释放压力的空间，目的就是用科学的方法引导学生形成一个乐观积极的心理状态。

第三就是关于校园文化建设的问题。我们学校奉行的理念是让校园处处都能体现它的育人功能，处处都是育人的场所，让每一面墙都会说话，让每一棵树都会育人。这是校园文化建设在外观设计和环境上的体现。但更重要的还有内在的德育建设，像拉萨中学这样历史悠久的学校，其实就是西藏现代教育发展的一个最好例证，通过带领学生参观校史室，对话学校的老领导老职工，可以从思想上让他们感受到历史发展的变迁，让学生珍惜现在来之不易的求学机会。

三十五载风雨兼程，三十五载筚路蓝缕。还记得母校辽阳一中的校训"凡事不做则已，做就要做一流"，说白了，就是教育一个人在做事情的时候要么别开头，但凡开头了，就一定要坚持下去。尽管从内地西藏班毕业已经很多年了，但这种精神还深深地影响着我的人生轨迹，照亮了我从年少到青春的成长之路，给我留下了不可磨灭的记忆。在那些记忆里，有五彩缤纷的美丽，也有酸甜苦辣的味道。直到现在，它又继续影响着我的女儿、我的生活和我的工作，在总体上，它影响了我的一生。

就这样，御风而行

鹰萨·罗布次仁

受访嘉宾简介

鹰萨·罗布次仁：藏族，西藏曲松人。北京西藏中学初91级、高95级校友。本科毕业于中国传媒大学，中央民族大学在职研究生学历。毕业后留京工作近7年，先后在西藏自治区人民政府驻北京办事处、西藏经济文化交流中心等工作，期间在国务院新闻办七局、西藏自治区文化厅市场管理处挂职锻炼。首位藏族文化（演出）经纪人，中国作家协会会员。现任自治区文化厅产业发展与资源开发处处长。著有长篇纪实报告文学《西藏的孩子》《就这样，御风而行》，并获得第十届全国少数民族文学创作骏马奖、第七届北京市文学艺术奖等。

走出大山

我叫罗布次仁，老家是西藏山南曲松县。我是一名年轻的老党员，因为我在高中的时候就已经入党了。1991年上的内地西藏班，那会儿，我的家人、我的老师，包括其他同学对内地西藏班的理解完全是两种概念。我有幸参加内地西藏班的招生考试，成绩合格通过体检考上了内地西藏班。当年去内地西藏班的时候年纪还小，但是我自己的主观愿望是很强烈的，家里也同意了。

当时知道自己考上内地西藏班，是学校这边收到的通知。那时候山南地区的教体局会给学校发通知。当时听到这个消息的时候，我非常高兴。考上内地西藏班，我是有把握的，从平时成绩来讲的话，觉得理所当然。包括毕业班的招生考试结束以后，我觉得我肯定能去内地西藏班，要离开西藏去内地了，但是至于考到哪个学校还不大清楚，对于家长来讲这个事是一个很头疼的事。我们有一个传统是送茶，村里有什么事的时候，甚至红白喜事大家都互相帮忙串门，倒个酥油茶。对于我要去内地这个事，整个村在我临近出发的时候，到家里来给我倒茶、送茶、献哈达。

对我本人来讲那时候知道要去北京上学，第一时间想到的是我可以到天安门广场了。我是邱多江乡的，老父亲在下江乡工作，他在下江乡的住处墙上贴了一个很大的天安门广场的招贴画。我看到那个画，就觉得我可以到天安门广场，可以到首都上学，很开心。离开家前，没有更多地想我要准备什么。对于家里人来讲，也不知道怎么准备。因为内地对于他们来讲太遥远了，也很陌生，包括物质准备。

那时候知道要去北京西藏中学，但也没有了解过北京西藏中学的信息，没有了解过学校的教学条件，或者生活环境。幸好我有一个表哥正好考了北藏。当时从他给我寄的照片里面，有一张印象极为深刻，就是他穿着校服，跟他老师的合影，背后我看到过一个建筑，白墙红檐，这个建筑我有一点点印象，觉得原来是这么一个地方，仅此而已，没有其他更多的了解。

我们曲松县当时有三个小孩考上了北京西藏中学，山南教体局把各个县的小孩统一集中到泽当,从泽当直接把我们送到机场,第二天坐上飞机到成都。当时跟家人分别是在泽当,我父母都来了,还有我的叔父,他也一起过来送我。跟家人分开的时候,我觉得是两种截然不同的感受和状况,对于我来讲很兴奋,因为再过几个小时就可以坐飞机了,但是对于父母来讲,应该是很担心。但是我们之间的表达,只是让我吃点东西、喝个茶,然后交代一下路上的注意事项,一路叮咛的话也再说一遍。等我到了北京以后,写家信,从回信中才得知,我上了飞机以后,母亲有两三天饭也吃不好,觉也睡不好,非常担心我。

来到北京的"小布达拉宫"

到学校的时候是白天,当时我们从成都坐上绿皮火车到了北京站,学校的一辆大巴把我们从火车站接到了北京西藏中学,学校在北四环,周边才发展起来,相当于是北京的荒郊野地,不过现在很繁华了。我们到了学校附近以后,老师说:"同学们往窗外看,那边就是咱们学校。"因为周围树很多,看得不是很清楚。车子到了院子里面,有高年级的学生来接我们,他们说我们的学校就像一个"小布达拉宫"——白色的墙,绛红色的屋檐,整个楼从中间最高处向两边是递减下来的,有点像布宫的建筑风格,真的就像"小布达拉宫"。我们第一感觉很亲切,第二因为我们上小学都是在平房,没有在楼房里面上学的经历,觉得很开心。

初中的时候,寝室条件没有现在好,但是比我们在老家的小学,好太多。所以刚到学校的时候硬件方面感觉太好了,感觉这就是,我心目中的内地西藏班,这就是我以前看过的《远方的教室》画面里面的样子。记得,刚到学校是个中午,我们那时候还是大锅饭,每个小孩会有一个碗柜,会发两个碗,发双筷子。学校准备了米饭和炒菜,有一道菜是牛肉炒芹菜,我从来没有吃过芹菜,就感觉那个菜很硬,味道又冲,在想这怎么能是菜呢。没想到这道菜经常会吃到,当时学校为考虑饮食整体的营养性,每天的配菜都不一样。北京和西藏一样,四季其实相对比较分明,虽然北京两个最美丽的季节,春天和秋天很短,但是它跟夏天、冬天的过渡还是能感受到,学校学生的伙食还是按照四季进行营养搭配，各方面还是有科学的考虑。

我们中学的时候，正流行"四大天王"，就开始在歌词本上抄歌词，还会贴他们的贴画，包括后来的F4。我们男生平常喜欢踢足球，那时候开始关注世界杯，马拉多纳的时代我错过了，那是1990年，但后来知道了罗伯托·巴乔。

在关爱中"奔跑"

当年跟家里联系主要是写书信，也都是报喜不报忧，拍电报都是很紧急的事情，基本上不会用到电报。打电话是很难的，在整个内地西藏班这七年，我只记得预科的时候，家里面给我打过一次电话，这是第一次，也是七年里的唯一一次。除此之外，上学期间也不能回家，毕业就成了第一次回家。我们那时候因为要上预科班，初中等于上了四年，四年以后再回到老家，看到有很多变化。在家里好不容易待了两个月时间，又要离家去内地。那次父母也来送我了，但他们都非常伤心，因为这种感触跟第一次完全不一样。四年好不容易再重聚一次，短短不到两个月时间又要分别，这一分别还要过三年。

幸好我的初中也在北京西藏中学，算比较熟悉了。对于我来讲，这四年是很重要的阶段，无论是长个子也好，学习知识也好，生活等各方面进步很大。但这四年时间也有太多时候想家，担心家里人的情况，包括我初中毕业回去的时候，才知道我的姥姥已经去世了，但是我在北京的时候他们没告诉我。我姥姥应该是1993年去世的，那时候我还在上初二，因为他们怕我担心，就一直没告诉我，在信里也不会说。像我一样的很多学生，小到生病，大到亲人远去，可能家人和孩子谁都不会相互说这些情况，不是故意隐瞒，而是不管父母也好，我们也好，都不想让对方担心。父母相信学校的老师会把我们照顾好。

再一次离开西藏就是高中三年以后上大学了，那时候有能力可以承担自己应尽的责任，不像第二次上高中的时候尽管意识到了，但是没有能力，只能担忧或者伤心。大学，到北京的时候，我的方向感更强了，人一旦方向清

◆ 上预科班时与数学老师王新兵合影

晰了以后，就不会有那么多的担忧，只管奔跑就行。

这些我一生感激的人

内地西藏班的老师真的非常辛苦，因为他们额外承担了很多工作，跟非内地西藏班的老师相比，首先他们的辛苦程度不一样，他们是内地西藏班的核心角色。白天要给学生们上课，晚上还要看我们的就寝情况，不仅要照顾学生的学习，还要照顾好自己家人的生活。不但要考虑星期一到星期五的课程，还要考虑到周末，还要考虑到节假日。尤其我们1991年那个阶段，或者更早的，学生们的汉语基础不太好，老师在讲台上讲课，好多学生根本听不懂，那要怎么办？首先就要专门过语言关。学校和老师都一直在不断地探索，改进自己的教学方法，用课堂以外的很多自己的时间来提升学生的语言能力。我觉得内地西藏班的老师可以说非常的伟大！

所以那时候我们的老师和学生之间的感情是很深厚的，很多孩子都喊老师"爸爸妈妈",老师也喊小孩"干儿子""干女儿",那都是发自肺腑的。这里面有我预科的时候班主任田淑湘老师,有我初一的时候的班主任任金香老师,初二初三时候的班主任杨淑英杨老师,老师对我们真是用心用情。对于我们来讲,到了一辈子感激的地步。同时,学校也非常不容易,校领导怕我们在学校待的时间太长,生活会枯燥,到了春天有春游,秋天有秋游,学校还考虑到很多藏族孩子没有去过海边,到了暑假专门带我们到北戴河去玩。

今年二月份,北京西藏中学的首任校长张连科去世了,对于张老师,大家印象最深的是,他好像24小时都在学校里面。北京冬天很冷,他穿着军大衣看着我们出操,节假日的时候,学校搞兴趣活动,他也经常会来转,特别负责。我第二天知道这个消息以后,因为处在疫情期,只好在网上发起了一个悼念活动,我在后台看到,有四千多人为老师送行,其中也有很多老师留言,表达自己的哀思。

除了教学上的老师,还有两位"特殊"的老师令我印象深刻,一个是我们的教职工,我们叫他老爸,他是我们后勤管理中心的一位水电工,他跟我们很多学生关系特别密切,他会经常邀请我们到他家去吃饭。另外一位就是他的爱人。阿姨在北京公交公司上班,从我们北四环的小营站到和平里站,正好这条线有个62路公交车,那上面有位售票员就是她,我们能经常碰到她,每次也是嘘寒问暖,说有时间来家里玩。他俩的小孩身体不太好,原本家里经济就相对拮据一些,挺心疼他们的。但就那么一个家庭,对我们很多藏族学生都很好。我之前去北京西藏中学时候见到了老爸,他说:"罗布你来啦!"一过来就是一个大拥抱,时间很长,非常用力,表达了很多东西。

在奋斗中实现人生价值

内地西藏班跟其他学校的管理不太一样,所以需要大家建立一个互动关系,学生的诉求也好,家长的诉求也好,老师的诉求也好,都有渠道表达。因此,需要建立一个联动循环的渠道,比如在学校的时候父母对于我们想管也管不了,所以学校跟家长层面的渠道要打通。学生处在青春期,也有了自己的想法和个性,所以也需要打通学生和学校与家长之间的渠道。不像之前

共进与赋能
西藏班（校）35年35人口述史

是一种双向循环，现在这个时候我们需要建立一种学校、家长和学生的三向循环。

当年我写过一本书叫《西藏的孩子》，其实初衷很简单，第一个是有感而发；第二个是我本身作为内地西藏班政策的受惠者，我觉得有义务，有责任，也有必要让更多人去关注、了解和支持内地西藏班；第三个我觉得每个人到了人生的某一个阶段，总有一些东西需要梳理的，或者需要表达，希望能够把自己所思所想跟更多的人分享。而这个过程当中，我觉得真实性是很重要的。《西藏的孩子》这本书

◆ 1993年在北京金山岭长城参加广告拍摄

是一部纪实文学，通过我个人的视角，写我身边的同学，写我的老师，写我们当初是怎样离开家乡，然后走出大山到内地，后来是怎样又返过来报效家乡，报效祖国的。这本书里我尤其关注的是十一二岁的小孩，因为当年他们面对着一个从文化环境到地理环境都不一样的空间，所以那一代人所面临的陌生和彷徨都是一样的。

后面这本书我还出了续本叫《就这样，御风而行》，第二本书的标题，应该是表达了我写这本书的想法。"就这样，御风而行"，本身御风而行就是一个典故，有个鸟叫"蓑羽鹤"，这种鸟在它的一生中需要翻越喜马拉雅山脉，如果能够翻越八千多海拔的山脉，就可以迎来新的一年，并且繁殖后代，延续自己的生命。在这个过程当中御风而行，本身要面临很多挑战。就像内地西藏班，现在已经走过了三十五年了，也进入了一个全新的时代。对于一个人来讲，相当于过了而立之年，我自己也已过而立之年，进入了不惑之年了。就像总书记说的一样，无论你的事业也好，人到中年也好，都是往上冲的阶段，相当于爬山。而，这是最吃力也是最困难的阶段，但是一定要挺过去。如果挺不过去的话，可能前功尽弃，但挺过去了，可以到达更高的

210

高峰，能够望见更远的风景。

希望的田野

我想用"希望"这个词去比喻内地西藏班，因为内地西藏班给予了我们改变人生的机会。我的部分小学同学是没考上内地西藏班的，部分可能在中途因为各种原因辍学了，等我初中毕业或者高中毕业回去以后，他们已经成了什么样子呢？本该上学的年龄而他们几乎都是三岁小孩的父母，被拴在了原来的那块土地上。所谓的拴，我不是说不好，只是说他的整个人生方向已经很窄了。

内地西藏班给了我们很多实现希望的平台，我们可以在这平台上不断地探索，不断地尝试，奔着自己希望的方向去奋斗。这是国家给我们的一个最昂贵的礼物，因为这个礼物给了无数农牧区的小孩一种改变人生的可能。

我求学时期在内地时间很长，七年中学，四年大学，加起来总共十一年，但在这十一年当中，我只回过两次家。在这个过程中家里面最亲的亲人，包括我的奶奶、姥姥都相继去世，自己后悔没能在膝下尽孝。包括我大学毕业，参加工作后我又在北京待了七年，父母年龄也越来越大，但是作为子女，没能在身边，这是我个人比较愧疚的。因为很多时候所谓的尽孝，其实父母不指望我做更多的事，很多时候就是需要一种陪伴，或者在他们的跟前继续长大，在他们的眼前成家立业，这对于他们来讲是最大的满足。

我深知有些东西是永远无法弥补的，但重要的一点也要学会珍惜当下，到现在为什么我还与母亲住在一起，我对自己也说，也一直对朋友们讲，现在我这个年龄段实际要学会做减法，所谓的减法就是省出更多的时间，用在自己的工作上面，用在自己的家人上面，越到后面越会发现时间是最珍贵的东西，所以既然选择在这条路上，就自然会失去一些东西，要尽忠尽孝，都要及时。

对于我来说现阶段是一个不大不小的，相对比较尴尬的年龄。说大还感觉自己很年轻，但是从四十岁这个年纪来讲，我觉得应该是一个思想成熟、承担更多责任的年龄段。

与时代同频共振

我在很多地方都说过，内地西藏班的学生不要有大民族的观念，也不要有狭隘的地方民族主义，要与时代同频共振。

内地西藏班给了我们一个最大的"得"，就是能够很客观平等地看待国家的问题、民族的问题和地区的问题。内地西藏班的学生没有那么多狭隘的地方民族主义观念，也不会局限在自己的小天地里面。可能见了很多人，经历了一定的事，看过了不一样的问题，在反思的过程当中就会发现，每个文化都是你中有我，我中有你，谁也离不开谁的关系。比如最近正是新冠肺炎疫情爆发的特殊时期，病毒已经蔓延到了全球，但这个时候，我们国家是怎么做的？其他国家又是怎么做的？大家都看得非常清楚。在中国共产党的领导下，我们十四亿人口，在一两个月内就控制住了疫情的再次爆发，而这种处理危机的能力，体现了社会主义制度优越性。

内地西藏班的一切，我最想说的就是感恩。我希望不管是正在上内地西藏班的学生也好，或是从事这项工作的各级领导，包括教育工作者，包括老师，甚至家长，都需要一起努力，在原有的基础上，密切关注更深层次的、更细节的一些东西，这对内地西藏班高质量的发展，持续健康地发挥作用，帮助很大。

对于我们这些已经毕业的内地西藏班的校友，我也希望每个人通过自己的努力，在各个行业各个领域，用自己力所能及的力量，即内地西藏班给予我们那么多的东西，我们也要为内地西藏班贡献绵薄之力，内地西藏班现在已有三十五年，而立之年，进入人生更关键的一个阶段。但在这个过程当中，我希望大家还是能把它当成我们的孩子一样，给予它更多的呵护、关心和宽容，助它茁壮成长。

◆ 1997年在学校发展为中共预备党员，右一为罗布次仁

我的青春七色光

洛 色

受访嘉宾简介

洛色：藏族，西藏扎囊人，1979年9月出生。辽阳一中西藏班初91级校友。1995年毕业于辽宁营口第一职业学校，后获得中央党校函授学院法律专业本科学历。历任拉萨市堆龙德庆县商务局局长、县劳动和社会保障局局长、拉萨市人民政府办公厅后勤服务中心主任、共青团拉萨市委员会党组成员、副书记等职。2013年任共青团拉萨市委员会党组书记；2016年6月任拉萨市经济技术开发区党工委委员、管委会副主任；同年10月任柳梧新区党工委副书记、管委会主任。现任柳梧新区党工委书记、一级调研员。曾任西藏自治区第十届政协委员、共青团第十七届中央委员，连续三年被评为"拉萨市创建全国文明城市优秀个人"，连续两年被评为"拉萨市优秀正县级干部"。

我也想那样出去学习

我叫洛色，出生于山南扎囊县。父母亲都是地道的农民，家中兄弟姐妹十二个，我排行老七。十二个兄弟姐妹当中，现在还有五个在农村从事与农业相关的工作，其他七个各自在不同的领域打拼着，有的在山南，有的在拉萨，有的在其他城市工作。

我是1991年到辽宁省辽阳市一中读书的。当时我只有12岁，到现在也已经有三十多年了。从85年到91年，扎囊县已经有好几年的办学经历，这里的家长已经对内地西藏班的各项政策比较了解了，大家也都知道，如果能把自家孩子送出去学习，接受教育的条件就不一样，成长环境也会不一样，以后的人生道路也会发生一些转变。像我们孩子在上六年级的时候，只要平时在校成绩稍好一点，家长都会期待能够把他送到内地西藏班去就读。另外，村子里面也有一些从内地西藏班归来的小孩，各方面都和本地小孩存在比较大

◆ 读书时期的洛色

的差异。因此，无论是学生自己，还是家长们，对能否到内地西藏班读书就更为在意和热衷了。

当时，我对内地西藏班的了解比同龄人更多一点，因为我亲姐姐就在内地西藏班就读。她是辽阳一中88届的，比我大四届。1991年，我过去的时候，姐姐已经在读初三了。那时候没有手机，通讯也不发达，跟家里联系只有通过书信。没到辽阳之前，姐姐一年可能会寄六七封信给家里报平安，告知家里她的学习和身体情况，同时也问问家里的情况。我一方面觉得姐姐很了不起，同时又看到村子里的一些比我年长的哥哥姐姐也陆续到内地西藏班读书，耳闻目睹他们回来以后的种种变化，这在潜移默化当中给予了我巨大的信心和动力。虽然我们村每年只有不到5%的学生能考到内地西藏班，但这丝毫没有影响我的决心。

人生第一次穿西装

1991年暑假的一天，永远印在我的脑海中。那天，母亲正带着我在农田里挖土豆，留在家中的姐姐便气喘吁吁地跑过来说，县里面来人去家里通知了，说我考上内地西藏班了！听到这个天大的喜讯，我别提有多激动了，母亲和在田里一同劳动的乡亲们也都特别高兴，纷纷向我和母亲道贺。

短暂的激动过后，我开始有一点茫然……既然考上了，那怎么走？什么时候走？是不是真要坐飞机？一连串的问号不停地闪过，很多事情对我这个从没出过远门的农家娃而言是不可想象的。同时，因为马上要离开父母和兄弟姐妹了，心中的不舍之情更加强烈。终于迎来了走出去的机会，这份巨大的喜悦和离开亲人的伤感在内心深处矛盾地交织着。

那时候家里孩子多，劳力少，负担重，条件本来就不是特别好，所以我考上内地西藏班后家里也没有能力为我特别庆祝。我只记得父亲的几个兄弟在得知这个消息后赶来为我献了哈达，还给了点零花钱。更令我印象深刻的是邻居的叔叔阿姨也特地过来为我庆贺了一番，并给了我一百块钱，在当年，那可是一笔大钱啊，比父母和亲戚送的加起来都多得多！如今，他们二老早已过世，但当年那份感动之情至今难忘。

老七第一次出远门，父母亲非常不舍。尽管家里并不宽裕，二老却也不想让我在外面显得寒碜。我从小到大没有穿过什么好衣服，大部分时候穿的都是哥哥们已穿小的旧衣服。但是那次父母却专程带我到城里的裁缝店，特地给我做了一套西服。我人生当中的第一套西装，是来自家里的一种无言的支持，是让我干干净净、体体面面地到大城市去，到更远更精彩的世界去。我和父母亲是在家里分别的，临走前他们为我献了一条哈达，送上了祝福的话语，又一直送我到离家两百米左右的地方，妈妈嘱咐比较多，爸爸不善言辞，只是简单叮嘱我在外照顾好身体。我记得妈妈说的最多的就是要好好学习，要写信给他们。当时是姐姐把我送上了去泽当的东风车。

在辽宁开启求学的航程

我是坐在东风车的车顶上到的泽当，之后我们考上内地西藏班的学生由山南地区的教体委统一安排，坐公共汽车到贡嘎机场，停留一晚后乘坐第二天的飞机抵达成都，接着在成都也停了一晚，第三天从成都坐火车到北京，然后就到了当时的驻北京西藏办事处，在办事处大院住了两天，又坐火车到了辽阳，期间大约用了四到五天时间。到学校的前几天，躺在床上耳朵里却仍是火车隆隆的回响，久久不肯散去。

到辽宁火车站后，学校班主任已经等在火车站了，我们一同去的有90多名学生。到学校后，感觉比想象中更大，更高，心里还暗自惊叹五层楼居然有那么高！接着就看到师兄师姐们都在学校里迎接我们，万分感动。

正式开始寄宿生活后，印象深刻是学校的饭菜都不用给钱，全部免费，而且伙食挺好，当时就暗下决心要好好学习，将来回报祖国，也让一家人生活得更好一点！时隔那么久，第一顿饭吃了什么印象不深了，但学校食堂里总有一两个菜是到现在仍然时时回味的，比如东北辽宁的豆腐脑，一块豆腐加一碟臊子，拌在一起吃，虽然简单，但口感特别棒。每次我有机会到内地出差，只要看到有卖豆腐脑的，就必须去尝一下。虽然如今的拉萨也有，但是吃不出当年的味道，总感觉差了点什么。还有东北的馄饨也是很美味的……辽宁，给了我不一样的味觉体验，也为我打开了一扇不一样的学习之窗。

独立自主从洗衣开始

　　学校的管理是井然有序的。刚开学时，为了便于一对一的管理服务，班主任和生活老师总是会频繁与我们沟通生活、学习上的各种问题。而且我们每一个新生都会由几名上届同学号的学哥或学姐指导。当时我是91届一班的10号，因此就由上一届90一班的10号，89一班的10号，88一班的10号来帮助照顾。那段时间建立起来的深厚感情使我们之间至今都还保持着联系，也因为那段记忆，一直觉得10号是我人生当中非常重要的数字。我们宿舍里面的十个孩子都是山南籍，有扎囊、贡嘎，还有乃东一带的，所以语言上几乎没有任何障碍，大家无论年纪和性情都相仿，除了个别学生大个一两岁外，都是78、79年出生的。从陌生到熟悉，也就三五天的过程，室友们的关系也很融洽。到学校以后，有自己的亲姐姐，还有那么多学哥学姐，学校也有忙不完的事情，给刚入校的新生也安排了很多工作，也就由不得我再多愁善感些什么，很快就融入到了新的环境中。

　　到学校半个月之后，姐姐和我一起给家里写了封信，是姐姐执笔的，主要是告知家里我的情况。当时，寄信到山南要一个月左右。我们每年大概会写48封家书，有时也会随信寄去我们的近照，让家里人放心。每年藏历新年前，家里会给我和姐姐各寄一个包裹，包裹里基本是些干肉和奶渣之类的食物，另外还会寄来50元零用钱，一年一次。

　　在老师和学长们的关心和同学们的互助，还有姐姐的照顾下，我很快适应了内地西藏班的生活。但是对我而言，最困难的一个挑战就是洗衣服，头几个月是姐姐帮我洗的衣服，偶尔也有平日照顾我的同学号的上届学哥帮我洗，之后我便学着自己洗了，当时觉得要想在学校真正学会独立自强，还是得从学会自己洗衣服开始。

一分努力，一分收获

　　到内地西藏班初期，我和老师的交流还是有一点困难，因为我们的普通话基础很差，只达到能够简单听懂的水平，但是总感觉张不开口。现在回想起来，可能是过于紧张导致的。在学习上，班里的每一位老师对我们都很负责，从生活老师到班主任，每个老师都在尽全力帮助刚刚开始适应的新生们。尤其是在学习方面比较吃力的同学，老师们更是会给予无微不至的关心，不会撒手不管。当时的课程较多，当然也有不想学的时候，如果有老师占用了像体育、音乐等副课，我们心里自然会一百个不乐意，但整体来讲，我们上课的状态还是很积极活泼的，因为课后作业不是很多，所以白天上完课后，只要你精力集中，在接下来的两节自习课中就可以完成作业。

初中时，西藏班共四个年级，一个年级各两个班，总共八个班。当时的学习氛围非常浓厚，除了白天的课程，晚上还有两节自习课，会有班主任或者其他老师陪我们待在教室。学习时间安排得非常紧凑，哪怕是周末，老师也要到阅览室去走动走动，有些同学每周都习惯去阅览室看书，老师会经常表扬这些学生，这在无形当中也激励着只爱打球不爱看书的同学，因此周末休息时，都会挤出半天时间到阅览室看书查资料，久而久之，也就养成了非常好的学习习惯。当时我最喜欢的课程是汉语文和藏文，对物理化学并不很积极，理解能力也相对较差，所以在班里45名学生里一般排到30到35名之间。直到进入初三，通过不断的努力，也基本能进前10名了。

"严是爱，松是害"

初中那会儿我们有两位班主任老师，预科班的是白露老师，负责教语文。初二的时候换成了康淑琴老师，老师第一天作自我介绍时，在黑板上写的一句话："严是爱，松是害"。康老师无论在学习上还是在生活方面都对我们关怀备至，但也极为严格，所以我们对康老师是既爱又怕。她在五六年前来过一次西藏，当年她带过的学生大多数都去探望了她，与她畅聊当年在校的一些有趣的经历，大家都很愉快！两年前，听到康老师去世的噩耗，我的心情异常沉重，康老师不仅传授给了我们知识，还教会了我们如何为人处事，康老师的教导对我的人生影响很大。我想能够让康老师欣慰的是，她带过的每一位西藏的学生，如今在各自不同的岗位上都是骨干。如果老师还在世，我想对她说："我很好，大家都很好，谢谢您对我们的谆谆教导！"。

培养兴趣　开阔视野

当时，在一周五天的课程里每天都会安排一节藏文课。初中时候的藏文课最后是要进入中考成绩的，所以我也非常重视。藏文老师跟我们一样，也要一起在内地生活。那时我感觉老师总是有很多精力和时间，一方面他能够很好地利用一节课教授我们藏文知识，另一方面，我们上晚自习的时候，老师有时也会专程来到教室，给我们讲很多西藏传奇人物的典故，让我们兴趣倍增，印象深刻！

那时候，对我影响较大的中国名人就是中国女排的"铁榔头"郎平，除了能在电视上经常看到关于她的报道，我们的图书室里挂的海报和相关的资料也都有她。另外学校组织观看《新闻联播》也好，或者是播放地方台，感觉报道最多的就是中国女排。当年，女排是一种精神、一种斗志，那份激励到现在都对我有着某种正能量的影响。

提起课外活动，我们男孩子普遍爱踢足球，喜欢篮球的不多。我也喜欢

◆ 洛色的"足球周末"

踢足球。现在我每周都会去踢球。读初中那会儿，班级里面男孩子比较多，一个队需要十来个人，论个头、体能我都不占优势，所以通常是踢中场，现在也是。体育活动本身就能够带给人一种释放，在学校的时候学习压力大，踢完一场球觉得很轻松，而且能交上很多朋友。参加工作后也会面对各种不同的压力，偶尔找个时间踢半天球，无疑非常解压！

初中时，内地西藏班不允许组织跨省活动，但是同一个省里不同城市的学校可以在每年的寒暑假组织跨市交流活动。令我记忆犹新的是大连，在大连既能看到山，又能看海，城市很干净，那是我生平第一次看到大海。才知道原来书本上描写的海，仅仅是一种普普通通的文字表达，真正游到海里，你才会明白海是有味道的，是有声音有灵魂的，会带给你真实不可思议的体验。

热爱藏语言、藏文化、吃苦拼搏、团结协作、海纳百川……在内地班经历过的一切，不经意就留在了心间，融入了血液，深深影响着我日后的思想、习惯，言行。

东北，令我获益匪浅

我们每到一个陌生的城市，总是会对这个城市和生活在这里的人们有一个初步的印象。东北人给我的印象首先是彪悍、高个儿、嗓门儿大，个性率直。

上初中那会儿，学校周边开馆子的，做生意的，只要我们出校门，都知道我们是藏族孩子。我们有时候去理发忘记带钱，可以下次理发的时候一并付。这样的事数不胜数，建立了彼此信任的关系。我那时候爱聊，人家不停地问，我不停地说，后来也就

◆ 在2019全国双创周西藏分会场启动仪式上致辞

成为朋友了。而我不只是一个单例，其他藏族学生也大多是同样的情况。回想起来，这也算是民族团结的一个缩影吧。

毫无疑问，东北人这种热情而耿直的性格，对我产生了很大的影响。如今体现于我个性中的坦诚与率真和当时的成长环境确实是息息相关的。藏地的幅员辽阔赋予了我一种天生的宽阔豁达的胸怀，到辽宁西藏班之后，东北文化的豪迈和大气，很快与我作为藏民族的基因特征毫不违和地融合到了一起。我始终庆幸我的内地西藏班生涯始于东北那块土地，令我获益匪浅。

内地西藏班毕业生是一生的荣誉

记得从内地西藏班毕业回家后，身边的亲戚朋友、邻里街坊都会高看我一眼，满足了年少的我那点小小的虚荣心。回到家中后，消息很快就传遍了村里。没过两天，陆续就有亲戚带着茶或者一些干果点心之类来看我。纷纷说我长高了，长胖了，已经长成一个大小伙子了！有些家中有正在读小学的，家长还会邀请我抽空去看看他们的孩子，给补补课，言语之间满是赞许。

我觉得把七年内地西藏班的学习生活比作一段旅行是很恰当的。一段既紧张又精彩，酸甜苦辣兼有的难忘而美好的旅行。旅行中的色彩不只是一种，如果一定要找一个色彩定义，那应该是——七色光。缤纷多彩！内地西藏班的经历给我的整个人生都带来了很大影响，有句话说"脚步有多远，胸怀有多宽"，内地西藏班有很多像我一样的学生，我相信每个人的回忆都是难忘的。走出了各自的家乡，踏上祖国的另一个地方，拓宽了视野，结交了很多不同的朋友。我们走出去了，不是遥遥几步，而是从青藏高原走到了祖国的东北！

那个年代信息闭塞，交通不发达，对于其他地域的文化认识更是少之又少。如今，交通、信息飞速发展，祖国960万平方公里的土地上，56个民族，你中有我，我中有你，各民族相互交流沟通，一起参与祖国的改革与发展。大家都应该在继承和发扬民族文化的同时，学习和借鉴其他民族优秀的文化。

"浪奔，浪流"

罗布占堆

受访嘉宾简介

罗布占堆：藏族，西藏拉萨人，1979年11月出生。上海回民中学西藏班（现上海共康中学）初91级校友，天津红光中学高95级校友。2002年从陕西师范大学英文专业毕业后进入拉萨市第三高级中学任英语教师，并于2005年辞职。先后在拉萨、北京等地担任中国政府与澳大利亚政府合作的西藏卫生支持项目中藏汉英翻译；在比利时国际助残INGO国际性非政府组织担任总经理助理；任北京卓美时代国际文化有限公司戏剧教育副总监；2013年从雪堆白传统手工艺术中心辞职，创办卓梦培训中心。现任卓梦培训中心校长，卓梦体育发展有限公司总经理。曾被评为拉萨市优秀教师，获得全国高中英语教学竞赛一等奖、西藏自治区五四青年奖章、人社部SIYB创业讲师证书等。

罗布占堆
"浪奔，浪流"

爱面子的男生哭了

我叫罗布占堆，父亲是昌都人，母亲是拉萨人。我父亲是名公务员，母亲是家属，我是1991年9月进入上海市回民中学的，它位于沪太路1000号闸北区；高中在位于水产前街的天津市红光中学就读。我初中读了四年，高中读了三年。目前我在成立于2013年，位于西藏拉萨仙足岛滨河公园的卓梦教育担任校长。

当年上内地西藏班，因为我们家里相对比较民主，

◆ 罗布占堆与"卓梦"

他们会问我想不想去，如果想去他们会支持，如果我不想去也不会逼我去。所以去内地念书是我个人的选择。

我小时候爱看《上海滩》，里面经常会出现"浪奔，浪流。"就会觉得上海滩是一个很棒的地方，是中国最现代化的城市之一，非常向往。所以我小考时的第一志愿是上海，也顺利考入上海回民中学。

11岁小学毕业那年，一次出去玩儿晚上回来时，父亲高兴地说："你考上了上海市回民中学。"

去内地西藏班的时候，几乎没有什么准备。当时我们先是坐飞机到成都，再从成都坐绿皮火车到上海，在成都待了三四天。在成都，我好像看到了大千世界，见到了很多以前没有见过的东西。我们住的地方就在武侯祠附近。我把母亲缝在我衣服内的包拆开，拿出五十块钱，在武侯祠公园里体验了之前只在电视上见过的各种游戏。

我对当时的记忆特别深刻，尤其是每次出差在武侯祠附近的时候，都会想起我第一次离开家乡时的情景，第一次看到天空中尤其是傍晚的那种像蛋黄一样的太阳，挂在天空中时，就会觉得天哪！那是什么东西？我还问了旁边的人说："那是什么？"，他们说那是太阳，那次让我觉得内地的太阳还可以长这样。

当时去学校是统一走的，我们在拉萨东郊的日光宾馆，所有考上上海市回民中学的人，先得聚集在那儿，家长也只能把我们送上大巴，当车要离开的时候，我觉得上海多美好啊，但车开始开的时候，我就会受到很大的影响，我拉上了车上的窗帘，貌似很酷的离开了，其实拉完之后就开始哭。坐我旁边的有好多女生，感觉哭不太合适，然后就假装在打哈欠。我也是一个特别爱面子的男生。

小不点来到新世界

从成都坐火车去上海当时是硬座，超过二十多个小时。火车站离学校不远，当时是乐霆校长及其他多位校领导来火车站接我们的。

学校门口老师们带着学生已经早早地等候着我们的到来，在一片"欢迎欢迎，热烈欢迎！"和"团结勤奋，求实进取"的欢呼声中走进了校园，后来才知道是我们学校的传统。因为是夏天，我心里想这个地方怎么会这么热，听到了原来只在电视里面听到的知了声。

上海菜偏甜，我小时候就喜欢吃甜的，这对于我来讲刚刚好。上海回民中学食堂给我留下最深刻印象的是包子，拉萨的包子小，上海包子大，还有很多汁，那种肉包味道真的很好。现在只要有机会去上海出差，也会去找包子吃。当时寝室是普通的八人间，上下铺，当时给我安排了下铺，老师说："你小，怕你掉下来。"初二初三的时候，宿舍里都是来自拉萨市及各县的，交流没有问题，宿舍里印象最深的是边巴次仁，第一因为他是我们的班长，第二他篮球打得好，第三他的藏文书法很好，他是我们的大哥，来自堆龙，对我们照顾有加。我记得我去上海念书的时候身高是一米三八，他身高在一米五八，从我的角度看是大哥哥，是当时公认的领袖式人物，所以我当时在自己寝室扮演的角色就是小兵。当时年纪小，个子也小，几乎是处于被照顾的一方。

宿舍楼晚上九点半左右锁门，早上七点左右开。当时自己算是比较调皮的，受到的惩罚也就多了。家人跟我说在上海要晒被子，因为上海比较潮，有一天我去晒被子，忘了收，睡觉的时候才知道自己没有被子，去收的时候发现被子是湿的，因为下雨了。晚上睡觉到半夜就被冷醒，就晕晕乎乎的去了值班室拉了一床被子盖身上睡着了。第二天班主任、教导处主任，把我叫去问话，说我偷跑进值班室拿走了老师的被子，因此受到了惩罚。

往事历历在目

到内地的第一天晚上听到知了的声音。床上还铺了个席子，叫凉席，觉得很新鲜，在拉萨从来没有盖过类似小被套似的被子睡觉，耳边还有嗡嗡蚊子的声音，会被叮，总之很兴奋，难以入睡。

我在内地没有偷偷哭过，学校整体的环境很好，经常组织活动，比如周末晚会，唱歌、跳舞、玩旱冰、打球，还有橄榄球，各种有意义活动，让我的求学生活五彩斑斓。那个年龄段体会不到与家人联系的意义，更多还是贪玩。到高中的时候，最想念的是爷爷，从小跟我关系最好的是爷爷，爷爷会与我通信，看到寄来的照片时觉得爷爷变老了，我非常担心他，也非常想念他。初一暑假时回了一次家，初中四年总共回过两次，另一次是毕业的时候。庆幸的是父母经常来看我，父亲出差，差不多一年会来两次，妈妈也单独来过，我是那批学生中跟家人见面最多的。

从学业上来讲，我学习的动力是加入到学校乒乓球队、学校篮球队，因为这些运动类的团队都是校级团队，都要确保学习成绩。为了加入，我努力提高学习成绩。印象中没有取得过什么较大的荣誉，但有得过"进步学生"校级运动队奖，因为期中考试考得不太理想，家里打电话批评了我，说要好好加油，班主任蒋宝明老师也不断地鼓励我，期末考试成绩有了较大提高，因此被评为进步最快的学生。

初中大概每周都可以上一次街，没有时间限制，下午天黑前回来。当

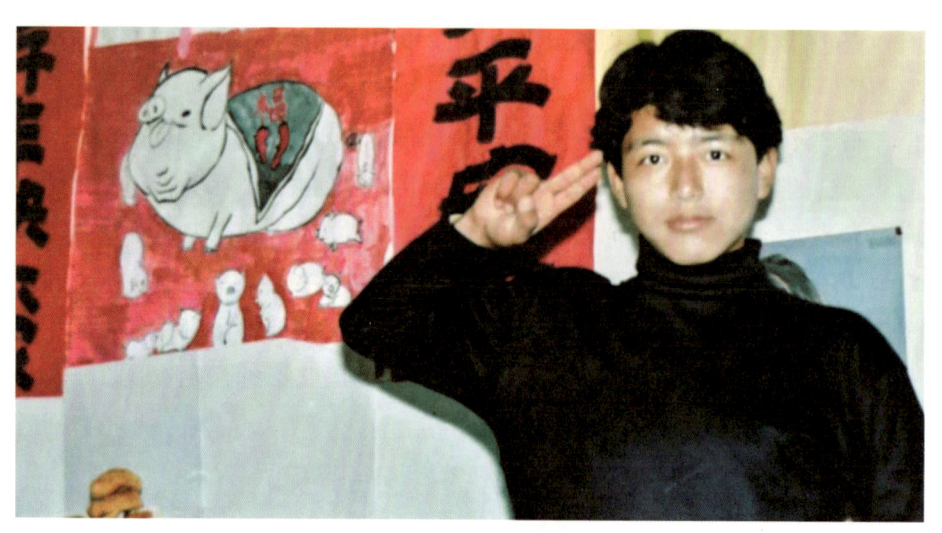

◆ 在内地西藏班过年

时课外活动非常丰富。因为我的成绩有所提高而顺利进入篮球队,虽只是替补,也正式上过场。我记得是上海市回民中学跟其他学校的一场比赛,我们的一个主力选手受伤了,我才有机会上场。

那个年代陪伴我们的动漫有《七龙珠》《小豆豆拳王》《孔雀王》《北斗神拳》《城市猎人》……我对动漫的了解也从那时开始的,时至今日我仍对动漫情有独钟。那个年代最喜欢小虎队、王杰、郭富城、林志颖等歌手的歌曲。

一个冒牌快递小哥

我的成绩在班里排中上,班主任老师对我们严格要求,班级整体学习氛围比较好。当时我最喜欢语文,另外,因我从小学习英语,所以英语成为我的优势;最头疼的是数学,数学成绩不好。蒋老师会让我做各种各样的数学题,有一道闸北区统考题目,就我一个人做对了,这个对我影响很大。

高中时的英语魏老师,曾经不遗余力的帮助过我。我的英语基础较好,在背诵方面,我总是全班最快的。魏老师也会时常鼓励我说,"罗布占堆你基础好，更要多背。"

前两年有机会去北京出差，我想专程去天津见一见魏老师。我就打电话给她的爱人，他爱人说魏老师眼睛不太方便拒绝了。后来，我们在班级的微信群听说魏老师已经双目失明的事，并请大家录下对老师祝福的音频发给我，我来剪辑。大家不仅发了音频还给我发了红包，我用这些钱买了一个魔声耳机，将祝福录入耳机中。我冒充快递员，来到老师家，并对魏老师爱人说："顺丰快递，请您签收。"可她爱人一眼就认出我来，"你是西藏班的吧。"我只好坦白说："是是是，我也实在没法，魏老师不大方便见我，我只想把这礼物送给她。"我放下礼物就准备离开，魏老师爱人马上说道："别走，跟我上楼吧"。

来到魏老师家中，魏老师对我说："我不接受任何礼物。"我解释道："魏老师不是这样的，这只是耳机，里面是同学们给你的祝福。"我把耳机给魏老师戴让，魏老师听完录音特别高兴。

那天晚上我们一起度过了一个非常愉快的晚餐时间。魏老师是影响我很深的一个人，她让我知道了教师职业是这般美好。虽然她没有教过我应该怎样当老师，但是我从魏老师身上感受到教育的根本是建立自信。

再一次出发

从西藏来到内地之后，除了见到很多新鲜事物以外，更多的是在学习思维和学习能力方面有了质的变化。小时候，父亲母亲常常"一对一"地坐在旁边看着我写作业。在内地念书的时候，对自己有了更高的要求，也有了理想和目标，学习也更加自觉和主动了。

初二的时候我担任过班长，因为我是班里面最调皮的五人之一，我是周三的班长，因为一旦让调皮的人当上班长之后，他就不再调皮了。这是老师的良苦用心。当时我太小了，管理经验为零，但整个初、高中任班长的经历，我也积累了一定的管理经验，这为了我现在管理这支庞大的团队，管理好某些"调皮"的员工，打下了基础。

初中毕业后我又考上内地西藏班的高中——天津红光中学，第一次去内地的时候更多的是期待，甚至躁动，但四年中我去了很多地方，增长了见识，眼界也宽了，所以这次天津之行，虽是不一样的城市，但我已经习惯了这种远行和离开，又一次的远行，又一次的求学，只是又一种生活的开始。1991年，填报高考志愿，在魏老师的指导和影响下，加上我对自己英语水平的自信，我毅然决然地报了英语专业。

如果还能重新来一次

内地西藏班的记忆我们谈了很多元素，学校周围的面貌更值得来说一说，因为我是每周都会出去的小朋友。上街通常都是一两个人去外面吃点东西。学校会给我们每个人分十块到二十块钱，组织我们拿着这些钱到外面吃生煎，所以生煎在我的脑海中留下了深深的烙印。从我们学校走一百米左右有一个叫影都的电影院，所有上海回民中学的学生都去过这家电影院。每逢大片上映，学校会统一组织我们去看。这是我初中时印象最深刻的地方。

◆ 罗布占堆荣获"西藏青年五四奖章"

有时学校也会组织到较远的地方旅游。我记得语文课本里面有一篇文章叫做《苏州园林》，我们还没有学这篇课文之前，学校会把我们带到苏州，去亲身感受苏州园林那种江南小庭院，老师在讲的时候，就会身临其境，就不仅是课文给我们的想象力，而是自己经历过之后有共鸣。我把这种旅游称为"超前学习模式"。

课文中描绘的事物见到了，摸过了，感受过了。再学课本时印象非常深刻，这些经历对打开新世界以及自己的视野非常有帮助。

◆ 罗布占堆向吴英杰书记汇报高校毕业生创业工作

现在回想起来，觉得人生当中所有的选择，跟"后悔"这两个字时常扯上关系，但是对于去内地念书，如果让我有选择的机会，我愿意重新再来一次。因为这样的选择，我才有自己比较满意甚至有点骄傲的感觉，才有我想要并正在从事的事业，这都是这些年在不同的内地西藏班学习经历所赐予我的。如果还有机会重新来一次，我还是希望能够去同样的学校，见我的同学们、初恋、同桌，进当初的球队，拥有同样的成绩——因为一切都很美好。

当然，不管在哪里都会有收获，也必然会失去，这七年时间如果说我失去了什么，那就是和家人相处的时光，尤其是与弟弟。我11岁离开拉萨，等回来时已经22岁了。我22岁的时候，弟弟有他自己的价值观，我有我的价值观，我们两个很多时候很难聊到一起。现在我渴望被他了解，我也试图去了解他。假设有一个选择去内地西藏班重来一次，我还是会选择"是"，并且我会让他跟我一起去。

传递教育之火：我想对你们说

我想对千千万万的他，或者一直努力为了内地西藏班奋斗的师弟师妹说，设定自己的目标，积极参加学校的各种活动，不管是艺术、体育，还是其他任何一种学校组织的活动。要通过参加不同活动来发现自己的天赋，一旦发现了就要牢牢地抓住它，全力以赴往深了钻，让自己变成一个真正有特长的人；一定要努力，因为一个努力的人，会让自己成为一个享受克服困难的人，享受克服困难的过程，这样的人生才是有意义的。

毋庸置疑，我是内地西藏班政策的受益者，我的经历给我带来了很多选择，比如说创业，比如说"北漂"等等。相对标准的普通话，可以与天南海北的人聊天，交换各自的所思所想。所以作为一名受益者，我要对那个时代说的是：我心存感激，我没有浪费获得的机会，没有辜负我的青春韶华，也没有辜负许多人给予我的希望，所以无悔。

今天，我希望孩子们去主动了解学校，不要像我们当年只是被别人告知说："上海市回民中学挺好"，就按"挺好"这两个字做了自己的选择，当然我的运气不差，确实挺好。现在内地西藏班政策还在继续，我希望能够让孩子们了解内地西藏班，去考内地西藏班。

最后我衷心地祝福内地西藏班越办越好。为了西藏的美好未来，为西藏的繁荣昌盛输送有理想、有担当的有志青年。

爱在阳光下

慈旦德吉

受访嘉宾简介

慈旦德吉：藏族，西藏拉萨人，1980年2月生。浙江绍兴中学初92级校友。1999年毕业于河北石家庄师范学校，同年被分配到拉萨市城关区拉鲁小学任教，期间就读西藏大学教育数专（函授）；2006年任拉萨市城关区团委副书记；2008年被推荐为北京奥运会拉萨火炬手；2008年作为中国青年代表团成员访问德国；2010年任城关区团委书记；2011年在北京市石景山区团委挂职书记助理；2011年起历任拉萨市城关区两岛街道党工委副书记、主任，团市委党组成员、青年工作部部长等职。2014年至今任团市委党组成员、副书记、机关党支部书记。曾被评为"全区优秀驻村干部"。

我要走出大山　去看外面的世界

我叫慈旦德吉，出生于西藏拉萨，是一名土生土长的拉萨人。我的父亲是名摄影师，母亲是工人，从小家里对我们几个姊妹的管教非常严格。小时候，西藏的交通闭塞，条件比较艰苦，不像现在的小孩一放假就可以全国各地的跑。以前像我们这代小孩，除非家长有出差的机会，不然很少有了解内地的机会。我父亲因为工作的关系，经常出差，他从内地回来都会给我们带一些非常新奇的礼物，也会给我们看世界各地的照片，讲很多内地的事。

有首歌叫"我要走出大山，去看外面的世界。"可能就是这种想法，从小，我对内地充满了好奇，充满了渴望，我想出去看一下，看看内地到底是什么样子，跟我们西藏到底有什么不一样，从小就在心里埋下了这样的种子。

上小学时，老师经常会给我们说："成绩好的学生必须要上内地中学，上了内地中学就能感受到祖国的发展，看到多彩的世界，也能学到更先进的科学文化知识，会有更广阔的舞台"。父母对我们报考内地西藏班没有特别的要求，但是我和妹妹都报考了内地西藏班，也考上了。当然，父母对内地西藏班政策是非常认可和赞成的，对我们能考入西藏班也是非常支持。当时去学校之前没有了解过相关情况，因为考到绍兴一中了，只是听父亲在浙江省政协的一个朋友说，绍兴是一个比较发达的南方城市。

1992年，去内地之前，妈妈给我做了一套当时非常流行的粉色西装，还准备了一箱换洗衣物，清晰的记得妈妈还在我的秋衣里缝了一个小口袋，把前两个月的生活费装到里面又将口袋缝了起来，再三叮嘱我，到了学校一定要把生活费交给班主任。

离开家的那天，天没亮叔叔旺堆啦就来喊我们走，家里人给我戴上哈达就出发了。在车上我觉得走了很长的路，一直靠着山走，现在想应该是曲水机场那条老路，走了将近四五个小时，之后统一乘大巴进机场，我记得我们上大巴就要往机场方向走的时候，妈妈含着眼泪向我一直挥手，还叮嘱我要好好学习，听老师的话，虽然心中有一种说不出的感觉，鼻子酸酸的、喉咙好像被卡住了，但还是没有哭出来，可能是那是时候，比起分离的伤感，更

◆ 1992年在绍兴一中校门口

多的是期待和好奇。

  我们是统一从拉萨坐飞机到成都，从拉萨到成都应该是花了两个多小时，从成都坐绿皮火车到的绍兴，坐了两天一夜。当时教育厅的有关人员把我们带到内地，下了火车半个小时后到学校，离得不算远。刚到学校的时候比较晚，下大巴一进学校大门，西藏班的所有老师，所有上届的师哥师姐等着我们，欢迎我们，感觉很亲切，很温暖。虽然是晚上，但感觉得出学校很大，操场也很大，学校的建筑和西藏的建筑风格完全不同，真的到了一个新世界。

他乡记忆 温暖了时光

  到学校寝室里，有一个叫卓玛的学姐帮我扛下了所有行李，帮我铺床，我当时非常感动，第一次出远门，来到一个陌生的城市，有这样一个贴心的姐姐主动过来帮我，心中温暖极了。现在，虽然都不知道她在哪，但是我始终记得这份情谊。

到学校第一顿饭是老师准备的包子，鸡蛋和紫菜汤，紫菜汤是第一次喝，后来习惯了就经常喝。南方的伙食刚开始吃不太习惯，饭菜口味偏甜，感觉辣椒都是甜的，很不适应，不过我的适应力比较强，前两周觉得不太适应，慢慢的就很好了，到现在我还比较喜欢吃南方的菜。

或许是一路上太累了，到学校的第一天晚上睡得非常香，还来不及想家就睡着了。说实话，没有那么快的反应想家、想家人，因为当时处于兴奋激动的状态，所有都是全新的，一切都在新奇当中，都在想象第二天会发生什么。

时间久了，新鲜劲儿过了，就真的开始想家了，有时候也会默默地流泪。尤其是自己遇到一些特别棘手的事又很无助的时候，就更想家了，比如，冬季的衣服太厚重，我那时候还是个小女孩，拧不动也洗不干净，在这个时候就觉得妈妈在身边那该有多好啊！幸运的是，我们班里有个姐姐，她是堆龙县小学毕业的的，算是班里个子、年龄偏大的，每次看到我们的衣服没洗干净就去晾晒，她就会全部收起来再洗一遍，每洗一次，就会被这个贴心的姐姐感动一次，也因为如此，我们班的同学都喜欢叫她"莫卓嘎"。

当时绍兴一中的西藏班有四个年级，一个年级一个班，全部都是藏族，而且因为绍兴的生源在拉萨，所以全部都是拉萨的小孩。寝室有三层楼，第一层住的是宿管老师和藏文老师，二楼是男生宿舍，三楼是女生，七个女生住一间。我们的宿舍在三楼，房间号是303，学校还给每个人都编排了学号，我是33号，我们宿舍的学号从33一直顺延到39。

我们室友们关系也非常好，都是那种比较听话的乖女生，但因为年龄都太小了，自理能力比较差，在卫生方面经常给班级拉后腿。我们的寝室长叫尼玛仓决，也是我们心中默认的老大姐，非常负责的一位姐姐。班主任在选寝室长的时候考虑比较周全，寝室长都是安排年龄相对大一点的，自理能力相对好一些的，也成熟一些。但我们寝室长的性格比较急躁，有时候因为我们没有清扫干净，扣了分，没有得到流动红旗，她就会发脾气，也不是争吵，就会自个儿在那生闷气。那时候我就经常充当和事佬的角色在她们中间说两句好话，逗她们开心，同时也鼓励大家下次一定要拿到流动红旗。到现在，她们也经常开玩笑地说，当年如果没有我，可能她们直到毕业都不会说话。

沐浴阳光　知识滋养

绍兴一中虽然只有四个西藏班，但我们那所学校是绍兴市的重点中学，也有汉族班，都是本地的高材生，整个学校的学习氛围非常浓，无论何时，操场上都可以看到同学拿着一本书在背诵，所以竞争也挺大的。因为我读的小学——拉萨一小是拉萨市最好的学校之一，刚到那会儿，我的成绩在班上还是比较靠前的。

但升了初中后，我在理科方面明显有了落差，感觉跟不上了，整体成绩就有点下滑，最头疼的科目是化学，初三的时候经常不及格。我们的班主任对所有同学的成绩都很关心，课余时间、周末都会主动找我们说需要补哪科，需要怎么补。我们的班主任是教语文的，她对理科不是特别擅长，但是她也会帮忙对接化学老师给我们补课，对理科偏差的同学，周末老师会放弃休息时间来帮我们补习。

◆ 2008年作为中国青年代表团成员访问德国

到内地求学发现除了接收到很好的教育之外，学习能力和思维方式也有很大提升，不知不觉地，整个人也就发生了变化。以前在父母的督促下，规定动作完成比较多，到了内地以后，培养了我们的自学能力和自理能力，这个改变对我以后的学业，以后的工作、生活都有积极的推动作用。现在我除

共进与赋能
西藏班(校)35年35人口述史

了工作之外，更喜欢看书和学一点有趣的乐器（虽然都学不精），我想，这个习惯的养成就是从那个时候开始的，这些都是内地西藏班在我身上的烙印。

点滴在心　师恩难忘

我的初中班主任叫陆爱珍，是位女老师，我们背地里叫她"莫陆"（陆奶奶的意思），我非常喜欢她。第一次背井离乡到陌生的城市，确实很需要一位像母亲一样的依靠，而陆爱珍老师就是我们的依靠。陆爱珍

◆ 担任奥运会拉萨区火炬手

老师从85年起在内地西藏班任教，非常有经验，无论是我们在学习上还是在生活上出现任何状况，她都能在第一时间像母亲一样发现并关心学生们状态的变化。记得我有几次因为成绩的下降，一段时间心里比较失落，老师发现了，专门找我聊天，而这种聊天是母女式的询问，不是那种直面的批评，老师细声细语的帮我指导的画面至今令我印象深刻。

不过老师也有严格的一面，特别是对班里那几个调皮的男生，老师就会很严肃地批评，更严格的管教他们。当时很多女生很害怕陆老师，多年后的今天，更多的是喜欢和感激。记得有一次晚自习以后，我回到宿舍开始收拾内务，但距离晚上熄灯的时间就那么长，熄灯之后我就偷偷跑到洗漱间洗衣服。没想到班主任老师来了个突击检查，把我吓坏了，我直接拿着肥皂回宿舍躺着，动也不敢动，等老师检查完的时候我也睡着了，第二天醒来发现我是抱着肥皂睡觉的。

回想起来，其实内地西藏班的老师们都非常辛苦，既要当任课老师、负责学业，又要当学生的父母、负责学生的生活，特别是班主任老师，对学生的健康、心理、生活，方方面面都要负责，作为内地西藏班的老师是非常

辛苦的，工作量也是翻倍的。如果老师现在我面前，我最想说的是：感恩有您，像妈妈一样陪伴着我们成长！如果下次有比较宽裕的时间，一定再回母校看一下，而且希望带上我的爱人和孩子们一块儿去看看我的第二故乡，看望像亲人一样照顾我们的老师们。

永不褪色的记忆

绍兴一中虽然是封闭式管理，但每周还是有一次上街的机会，从上午十点到下午四五点。通常上街都是和同学结伴一起去，因为老师也有要求，希望我们能够结伴，要么一个宿舍，要么和关系好的同学一起，为了安全考虑，基本上不让学生独自出校门。上街更多是去吃一些好吃的，去买商场里花花绿绿的衣服，会去批发市场或者零售店买一些偶像明星的卡片，像当时很流行的刘德华、郭富城、伊能静的海报、贴画。印象比较深的是学校门口有个小摊，是卖臭豆腐的，刚到学校一闻到那个味道都快吐了，心里在想天下竟然有比厕所还臭的食品，还刚好堵在学校门口，真是太讨厌了。没想，过了几个月后，这个奇臭无比的豆腐竟变成了我们的最爱，一串五毛钱，也能消费得起。每到周末，我们不是吃冰淇淋，就是去吃臭豆腐。

我们上学的时候，比如像中秋节这种短假，除了白天学校会组织一些体育、娱乐活动，晚上我们还是要正常上自习，确保所有小孩在校园内。如果是寒、暑假，学校就会带着我们去周边旅游，我记得第一年是到杭州一警营开展的军训，军训结束了还带我们到杭州西湖、杭州动物园去玩，军训加旅游的模式，特别有意思。初中生活中，最隆重的还是要数藏历新年，节日没到的时候就会看到学校在紧锣密鼓地做各种准备，我们自己也会以宿舍为单位凑一些钱，把宿舍装点一下，添一些彩纸，把自己喜欢的明星画全部换新的。每个宿舍在大年初一要端着自制的"切玛"，拿着父母寄过来的干肉和自己买的各种零食、饮料，到每个宿舍挨个拜年。虽然不在老家过年，但因为都是同年龄的小孩在一起，但那种热闹程度和氛围远比在家里浓厚。

虽然已时隔多年，但是在内地西藏班的人和事我都清晰地记得，美好的画面已深深地印在脑海里，完整地保留在我的记忆深处，永不褪色。

◆ 刊登于《西藏青年报》上的早年任教图片

我和家乡一起成长

去内地读书之前，我们家住在一个老院子里，初中毕业回家时，已经搬到雪新村了，而且是二层楼房。92年，拉萨很多都是平房，印象中最高的也就是二三层楼，雪新村以前是块农地和杂草地，但读书回来发现这里盖起了许多新楼，以往住在平房里的百姓都搬进了崭新的公寓楼，道路两旁有绿化，马路宽敞平坦，公园里满是健身的老人和玩耍的孩童，人们的穿着更讲究、更时尚了，初中毕业回来时拉萨已比较繁荣了。

内地求学的我从南方绍兴跨到北方石家庄。南方是婉约的，江南像一个很羞涩的女子，北方却是一个粗犷的大爷，两边的跨度很大。从西藏出来到南方时我十二岁，正是塑造良好习惯的年龄，我的性格柔弱面更多一些；而来到北方后又使我变得更加坚毅和刚强。后来在工作岗位上，我既能以柔性的姿态去看待和细心解决很多问题，也能以北方人的气质干练、果断处世，面对工作生活中的困难和挫折既能平稳心态，又能坚强面对和克服。可见一座城市、一种氛围对个性的塑造和培养是非常重要的。

另外在为人处事方面，更是受到老师们的影响。那时候老师就如父母一样，是我们学习的榜样。我们是藏族，内地老师有汉族、回族或者其他民族，但他们对我们，像对待自己的孩子般耐心和细心，所以，中华民族共同体意识和民族团结意识深入我们的学习、生活的点滴中，这远比教科书深刻的多。当然，这对于我们在以后的工作、生活中，很好地融入不同的环境、不同的文化，奠定了很好的基础。

随着时间的推移，自己也在逐渐的成长，这是一个过程，而经历就是这个过程最好的催化剂。记得我在内地读中专的最后一年，到石家庄的一所小学去实习，当自己以老师的身份站到讲台上，面对学生讲课时，感觉自己一瞬间长大了。特别是听到小孩子们喊着"老师、老师"的时候，有一种自豪感、满足感和成长的喜悦。那一刻，我深刻地感受到这就是内地西藏班对自己潜移默化的影响和老师们辛勤付出的结果，下定决心要像自己的老师们一样，有一份热，发一份光，为孩子们付出自己的一生。

愿我们眼里有光　心中有梦

我是内地西藏班政策的受益者，也是亲历者、见证者。内地西藏班从成立到现在整整经过了三十五年时间，为西藏的经济发展、社会稳定、环境保护，培养、输送了大量人才，如今在各行各业都能听到某某骨干是内地西藏班毕业的，这是西藏自治区党委坚定不移走中国特色社会主义教育发展道路，坚持社会主义办学方向，全面贯彻落实党的教育方针政策取得的成效，也是对内地西藏班教育成果的肯定，对一代又一代内地西藏班教育工作者的肯定。所以持续加大对内地西藏班政策的扶持力度是很有必要的。我也坚信内地西藏班在党中央、国务院正确领导下，在全国人民特别是援藏对口省市及有关单位大力支援下，在西藏自治区党委、政府带领下，西藏教育一定会飞速发展，稳步向前，继续为西藏培养更多优质建设者和接班人。

这是一个飞速发展的时代，转眼间，内地西藏班已经35岁了，而我们80后也步入了不惑之年。虽然已毕业多年，但在内地求学的那段岁月是我永生的记忆，也是我们共同的回忆。无论是中年一代，青年一代，还是少年一代，我们都要走好每一步，我们现在所走的每一步，就像是总书记说的"在摸着石头过河，现在正是啃硬骨头的阶段"。机遇永远与挑战并存，我希望现在就读于内地西藏班的每一位学弟学妹能够把握好眼前的机会，努力学习，练就过硬本领，时刻准备着为建设祖国、建设家乡建功立业。

作为"老一辈"的内地西藏班人，我要感谢有这样一个机遇，让我真正走出拉萨，看到了内地的发展变化。也让我从内地把先进的科学文化知识带回家乡，为自己的家乡做出一点贡献。与内地西藏班的老师、同学的亲情、友情以及那些充实、美好的青春岁月，是我一生的财富，我会好好把这些财富转化到自己的工作岗位上，为西藏的青少年事业做出自己力所能及的贡献，为实现中华民族伟大复兴中国梦西藏篇章贡献自己的微薄之力。不忘初心，牢记使命，以实际行动践行"功臣不必在我，功成必定有我"的担当。

有一种成长叫做水到渠成

卓 玛

受访嘉宾简介

卓玛：藏族，西藏拉萨人，1983年5月出生。北京西藏中学初96级、高00级校友。2000年曾作为中国申奥代表团合唱团成员赴莫斯科参加活动，受到李岚清副总理接见。2007年毕业于北京大学，随后进入西藏奇正藏药股份有限公司北京总部，全程深度参与公司IPO项目；历任西藏奇正藏药股份有限公司拉萨区域人力资源负责人兼副总裁助理、西藏传媒集团有限公司董事会秘书等职，期间赴日本游学；2017年创立西藏他喜管理咨询有限责任公司；2018年创立他喜职业技能培训学校；2019年收购西藏卓番林文化股份有限公司；兼任中国青年创业导师、拉萨市青联委员、西藏社科联第二届委员会委员等；获得"西藏自治区三八红旗手""西藏自治区民族团结进步奖"等称号，并受到李克强总理亲切接见。

米林状元解锁内地西藏班

当年我在林芝的一所子弟学校上小学,我们的班主任兼语文老师是北京师范大学毕业的,也是我们学校的校长,他经常会跟我们讲内地西藏班的一些见闻,也希望我们能考上内地,去外面的世界走走看看。那时候我姐姐已经在湖南岳阳西藏班上学了,每一两个月我都会收到姐姐寄来的书信和照片,感觉像是以"图文并茂"的方式给我介绍内地西藏班的情况,让我在心底对西藏班产生了初步的向往。

我父亲在我小时候就已经去世了,所以我和姐姐从小跟着母亲一块儿长大,她对我们的要求非常严格,这种严格不仅在学习上,也体现在生活的方方面面,比如吃饭的时候如果吧唧嘴,她立马就会说你。记得有一次,母亲跟我非常正式地说,你必须要考上内地西藏班,这是我们家庭的一个希望,也是唯一的突破口。我还清楚地记得她说这句话时候的眼神,有一种不可拒绝的坚定,也像是一种真诚的恳求,作为一个女人,独自撑起一个家,供两个孩子上学,背后的辛酸可想而知。

1996年,被母亲寄予厚望的我以总成绩位列米林县小考榜单的第一名,如愿考上了内地西藏班。那年我们小学一共只有七个人考上了,其中只有我去了北京,因为只有第一名才能上北京西藏中学。我其实希望母亲最先知道,因为她太需要这个结果了,这个成绩的取得也和她分不开。但没想到,原本那么坚强,甚至是一副女强人形象的母亲忽然对我说:"我比任何人都对你的成绩感到开心和骄傲,但我也比任何人都对你的离开充满担忧和害怕。"这是我第一次见到母亲这么矛盾,这么脆弱,可怜天下父母心啊!

那时候还没有直接到北京的航班,我们统一坐飞机到了成都后,又坐了一个星期的绿皮火车才到了目的地。八月份的北京可以说能把人都蒸熟了,我还穿着毛裤,到了学校洗澡都不敢脱。因为母亲在毛裤里缝了一个钱袋,里面装了一千元现金,这在当时对一个学生来说可是"巨款"啊,所以走到哪里都得摸摸自己的毛裤,连晚上睡觉的时候也是穿着毛裤的。

我们初中的时候还没有饭卡,学校会给每个学生发饭票,面值有一块、

卓 玛

有一种成长叫做水到渠成

两块、五块不等，每人每月的标准是两百左右。男生差不多半个月就没粮票了，但女生还会剩很多，这时候就出现了一种"合作模式"，就是男女搭伙，女生供票，男生打饭，尤其打米饭。物以稀为贵嘛，越缺什么大家就越爱什么，1996年到2000年左右，我们学校比较缺大米，下课后每个人都会拿着盆子冲刺去食堂打米饭，但每次几乎只有前三名才能买到米饭，后面的就只能吃馒头了。不像现在，桌子上摆满菜和饭，孩子都不见得吃多少，但我们那时候，别说妄想什么满汉全席了，光是闻到米香就会流口水。

◆1999年暑期军训期间班长卓玛与教官合影留念

　　那时候也没有手机，整个宿舍一栋楼就一部公用电话，在生活老师的宿舍里。学生可以定期联系家里，家里也可以打过来。但每次排队的人都特别多，有些还要说很久，所以我通常就等着母亲打给我。记得第一次跟家人通话是到学校一个月以后，有一天我们宿舍楼的大喇叭忽然传出"预科一班的卓玛快来接电话了，你妈妈给你打电话了。"一来广播，整栋楼就知道你要跟谁打电话了，即便条件比较艰苦，但每当广播里传递着亲人来电的讯息，你都会被一种幸福所包围。我特别清楚地记得我给母亲说的第一句话"妈妈，求你给我寄一箱方便面吧"，为什么记得这么清楚呢？因为这是我人生第一次给母亲提出的要求。

　　初中期间我先后当过宿舍长、生活委员、学习委员和班长，因为责任心强，工作认真踏实，受到了老师和同学们的一致认可。但即便如此，我的重心一直没有变过，就是学习。因为我还记得母亲的嘱托，记得她看我的眼神，记得我们之间的承诺，所以刚开始我还拒绝过当班委，因为特别害怕会影响学习。除此之外，因为身处他乡，我也会按时吃好每一顿饭，锻炼好身体，不让自己生病，不让母亲操心。因为心中的信念和坚持，每天凌晨四点我都会自然醒，但宿舍是6点钟才开灯，我就会在被窝里回想老师昨天讲的知识点，同时在心里计划今天要做的事情。我在学习上也有自己的理念和方法，比如，除了老师要求的，我从来不买那些课外辅导书，因为万变不离其宗，所以在任何时候课堂上的四十分钟是最重要的。因此，整个初中我的成绩都稳定保持在前三，其中多数时候是第一名。

试一下就好

中考来去匆匆，公布成绩的日子很快就到了，母亲带着我来到了拉萨市教育局，我们到那里时，院子里已经人山人海了，很多家长带着孩子在窗口前排队问成绩，等到自己的时候需要报考生编号。我和母亲足足等了有半个钟头了，记得我们前面的家长报了号以后，工作人员回了句"您这个编号的

◆ 2000年中国申奥期间与李岚清副总理在中国驻俄罗斯大使馆里，前排左二为卓玛

学生成绩是460分",旁边的家长都在说"哦呦,人家考了460,我的孩子该怎么办呀?"听到这句话,也让我和母亲更加紧张了,等我报完考生编号,工作人员回了句:"考生卓玛,总成绩692分。"所有家长都觉得太惊讶了,怎么可能考那么多分,我看到母亲的眼睛顿时湿润了,因为她为这一刻付出了太多,她是一个单亲家庭的母亲,也是一个女人,所有的泪水和汗水都在那个瞬间化成了她的微笑。旁边的家长都看着我母亲,投来无比羡慕的眼光,夸赞着"您的女儿真的太厉害了!"。以前刚从林芝来拉萨的时候,人生地不熟的,觉得母亲在人群之中显得特别渺小,但这一次,她的身躯真的无比伟岸,我到现在都清楚地记得,母亲满脸那种骄傲的笑容。

最终我以总分692分顺利升入北京西藏中学高中部,其中有五门考到了满分。跟以前一样,暑假时我就开始计划高中的学习生活了,这个时候我发现了一个问题,就是初中我自己绷得太紧了,几乎所有的时间都用在了学习上,导致的结果是成绩很高,但身体不好;名列前茅,但身无才艺。回想起初中的时候,自己因为压力过大,学习太用力,经常会无缘无故流鼻血,跟水龙头一样止不住,身体逐渐开始变得非常虚弱,情况不好的时候连洗袜子的力气都没有。还好当时有位叫丹增的特别热心的藏文老师,带我去北京安贞医院治疗,我才恢复了精气神。想到这些,就像企业发展得再好,也要在某个时期做一次大的转型一样,我觉得自己也要做一次转变了,决不能再像初中时候那样光做一台学习和考试的机器。

进入高中后,因为喜欢唱歌,我遇到了人生中的第一位贵人,我们北京西藏中学的张辛培老师,他是学校的音乐老师,不仅懂内地音乐,对藏族民歌也颇有研究。北京西藏中学从85年开始的第一批师兄师姐,都在张老师那里学唱歌,北藏校园里的好多一代代传下来的经典歌曲,几乎都是老师通过乐谱直接背下来,再教给学生的。对于我个人来说,老师是我最感激的人,因为他除了教我音乐本身,更教会了我受益终生的思考方式。

高三的时候北京大学正在举办一场全国性的歌唱大赛,等到决赛的时候我们才得到了消息,对于我来说报名晚了,也觉得自己不够格,根本不敢想象自己站在那种台上唱歌。这时候张老师就找到其中一位评委,是他之前在中央音乐学院的一位老师,请组委会以类似踢馆歌手的身份,通过列属编外的方式,把我和同校另外一个女生直接加到决赛里了。尽管如此,我们还是觉得力

◆ 2018年10月，作为西藏创业青年代表赴波黑参加中欧国际创新大会

不从心，根本没有勇气比赛，这时候张老师就语重心长地对我们说："我不要求你们拿第一，甚至不用拿到任何名次，我就希望你们去试一下。"

当我们来到比赛现场的时候，可以说直接被吓到了，首先在场的估计有上千人，其次每名选手都化有无比精致的妆容，穿着靓丽炫目的舞台装。还有一点，就是他们每个人都有家人陪在旁边，帮他们端水送纸，感觉就是万事俱备，只等比赛的架势。而我们两个呢，背着个书包，穿着北藏的校服，用现在流行的话说就是"弱小无助"。比赛其实也是在比心态，当时对方的那种阵势对我们的心理有极大的冲击，根本不是一个级别的选手。但令人没有想到的是，当我们俩的表演结束后，所有的评委和观众都站起来给我们鼓掌，其中一位评委问我会不会乐器，我觉得这下完了，因为除了唱歌外，我一窍不通。但那位评委又说，不懂乐器没事，乐感最重要，让我拍拍子，还夸我很有潜力。

比赛完后我们俩都快忘掉这个事了，一是因为从开始就对成绩没有报任何希望；二是因为很快要面临高考了，回校后每天都处在紧张的复习当中。有一天张老师忽然找到我们说："今天是比赛成绩公布的日子，你俩再去一趟北大瞧瞧。"我们都说："老师，求您了，我们的学习任务那么重，不要让我们再跑了。"但他不听，执意让我们过去，没办法，我俩又去了北大一次。来到北大后，我俩直奔北大百周年纪念堂，它后面有一块大空地，很多人挤着看成绩。但我俩半天也没找到自己的名字，也觉得正常就打算离开了，突然我那个同学就说："卓玛你快看，我们两个在最上面。"我往上一看，我和她并列第一名，我俩太激动了，抱在一起。旁边的家长们说："呦呵，这两个藏族姑娘拿了第一耶。"那一刻，就在那块空地上，那种骄傲不仅是自己的，更觉得是全西藏的。

回到学校后，校长找到了我们，说北大刚给学校打电话了，说这两个小朋友一定要，如果基本分数线及格，北大可以在这个基础上给我们降三十分，专业不限。校长说："你们赶紧去找张老师商量一下。"跑过去见到老师时，我们俩抱着他哭了很久，不用言语表达，这里面自然是无尽的感恩和蜕变的喜悦。因为一句"试一下"，我的人生就有了另外的结果，简单的三个字在我看来构成了我人生哲学的一部分，包括现在做企业，即便遇到竞争很大的项目，我都会给团队成员说"没事，我们先试一下。"

一个等待花开的过程

2004年，我进入北京大学法学院学习，虽然没有选择音乐专业，但唱歌仍然是我日常生活当中最重要的一个组成部分。来北大不久，我就加入了北京大学合唱团，凭借自己的天赋和努力，我被学校推荐去参加全国青

◆ 作为青年创业代表在纪念"五四"运动座谈会上发言

年歌手电视大赛，青歌赛是我们国家公认的声乐界的一大权威赛事，我看台下那些评委老师也都是平常只能在电视上见到的国宝级音乐家。但这一次，我却没那么紧张，因为我上台前跟母亲说了，我会上电视，而且是中央电视台，让母亲一定要在电视机前面看。等真正比赛，站在舞台中央的聚光灯下时，我觉得此时此刻母亲一定守在电视机前，我仿佛看到她像往常一样注视着她的女儿，整个人也就放松下来了。老师让我演唱了一首民族歌曲，说会

有优势，但我觉得这首歌不是来比赛的，也不是唱给评委的，无论名次如何，我一定要用自己最真挚的感情和最饱满的声音唱出来——因为，它是唱给我母亲的。

如果没有母亲，我就不会去内地西藏班；如果没有内地西藏班，就不会有今天的我。从北大毕业后，我加入了奇正集团北京分公司，开始真正为自己的事业打拼。北京是一个超级大都市，但它的大并不仅在于硬件上，更在于软件上，那些优秀的人，多元的文化，高效的节奏，让我真正打开了眼界，培养了我较强的职业素养和职场技能，赋予了我全新的生存本领。回到拉萨后我又加入了西藏传媒集团，任董事会秘书一职。因为刚好赶上国家"大众创业，万众创新"的热潮，加上自己骨子里从小有冒险精神和挑战精神，我毅然辞职，创立了西藏本土的管理咨询公司——"他喜"。"他喜"是藏文"方法"一词的音译，意味着成就他人之喜，这也是我创立这个公司的愿景。

如今，我实现财富自由了，但在中学时期每当收到母亲的回信时，她都会在那个牛皮纸信封里塞个十块或者二十块钱作为小奖励，但是我都不敢花，因为我知道那是母亲一个人用双手辛苦挣来的血汗钱。我就把这些零钱全攒起来，等我高中时候发现自己前前后后攒了有三千多块钱。说到这个，我真的很感谢国家，因为这个政策，无数普通人家的孩子可以花最少的钱享受到最优质的教育资源。

有些人觉得等待花开是一个漫长的过程，但我觉得等待花开这件事情却是最美好的。内地西藏班这七年，我觉得就是等待花开的这么一个过程。它让我从一个懵懂无知的小白蜕变为一个乐观自信的女生；它让我明白世界是彩色的，所以要带着包容和发现去主动融入；它让我明白每一个生命个体都有它独特的魅力，最重要的是你要主动出击，自我改变。

我的演员成长之路

阿旺仁青

受访嘉宾简介

阿旺仁青：藏族，西藏当雄人。重庆西藏中学初96级校友。2000年考入拉萨市北京高中，2007年毕业于上海戏剧学院表演系。曾陆续出演《唐卡》《藏族秘密》《金珠玛米》等多部影视作品。2011年参演历史题材电视剧《西藏秘密》；2013年凭借主演的电影《西藏天空》获得第15届中国电影华表奖"优秀新人男演员奖"；2013年领衔主演电影《天上的菊美》；2014年凭借《西藏天空》荣获第15届中国电影表演艺术学会奖（金凤凰奖）"新人奖"；2015年继续以该片获得第15届中国电影表演艺术学会奖（金凤凰奖）"新人奖"；2019年荣获第十七届电影表演艺术学会奖。现为中国内地男演员，西藏话剧团演员。

我出现在山城的那一端

我是1997年上的内地西藏班,90年代,考上内地西藏班是一份公认的荣誉。西藏这边不管是学校,家长还是学生本人,都会把内地西藏班当成是一种改变命运的重要途径。那时候我在拉萨市实验小学,尽管对内地西藏班的具体消息还不是那么清楚,但我唯一清楚的就是要尽最大的努力争取到录取名额。大概在六年级快毕业的时候,学校让我们报考了意愿学校。当时看到报考表上有四个字"山城重庆",很好奇,我就想报它。因为西藏这边的山基本都是光秃秃的,少了那种葱绿,但"山城"两个字就让人感觉自己即将要去一片繁茂而静谧的森林里学习,更可能是一种说不清道不明的缘份吧。

小学毕业在家的某一天,我们家那个红色的座机忽然响了,我妈接了电话,还兴奋地叫了一声,特别激动地跟我爸说:"儿子考上了!"我爸还不相信,把电话接过来确认了一下是不是老师打的,听到电话那头老师的声音后,他也乐开了花。我不仅考上了,数学还拿了全区第二名。一家人跟中了彩票一样,别提有多高兴了。

从得知儿子考上到出发去重庆的前一天,我们家里处处都弥漫着喜庆的气息,但真正要离家的时刻,我才看到了爸妈更多的是不舍,因为那时候我还是一个十二三岁的孩子。家里人带着妹妹,把我送到了机场,也是第一次坐飞机。在候机室,有一个阿姨带着一个小女儿,对我说:"弟弟,到学校之后一定要帮忙照顾一下我的女儿啊,她身子特别弱,胆子小。"我还看到有一个叔叔在一边独自念着:"飞机起飞了,起飞了,起飞了,怎么越来越小了?像乌鸦了,像小鸟了,最后像苍蝇了,啊!孩子不见了!"就在那里哭起来了。

当然,我也"不见了",但出现在了"山城"的那一端。

朝花夕拾

那时候的条件虽然比较艰苦,但今天我会觉得是最美好的一段回忆,包括当年一起面对困难的那帮同学，是我今天最怀念的一批人。物质匮乏的时代，大家虽然过得辛苦，但一些特别简单的快乐，正是今天的我们所缺乏的东西，比如说一瓶老干妈。

相信所有去过内地西藏班的学生都对老干妈"情有独钟"，不仅是因为它便宜好吃，更是我们生活的一份"小确幸"。我们那时候刚到学校吃饭，食堂的每个桌子上都放着一瓶老干妈，但谁都不敢打开。每个藏族小孩那个阶段都是有那么一点腼腆和拘谨的，我们小时候也会经常被家里教育，到别人家吃饭的时候要比自己家吃得少一点，更不能主动说想吃这个吃那个。大家就这么愣坐着，这时候班主任老师过来了，说："吃啊，吃啊。"所有小孩都异口同声地回答："不吃，不吃。"老师还以为我们不吃辣椒，再问了一句："你们是不吃辣椒吗？"所有人又齐声回答："吃，吃，吃。"老师这才发现我们是不好意思，帮着把老干妈打开了，等吃饭完的时候，我看到一瓶老干妈已经被"掏空了"。

我的寝室号是318，一共六个人，舍友有拉萨的、日喀则的、山南的，大部分情况下，内地西藏班的宿舍里毕业的时候，大家都会形成拉萨口音，好多人还会主动学。但我们寝室日喀则的那个兄弟，说话太有魔性了，而且会讲日喀则的段子。等毕业回去的时候，整个宿舍全是日喀则的口音。

我们的宿舍长是旦增，外号叫"加努"，长得有点像印度人，黑黑的，眼珠子转得贼机灵。但他是很有组织能力的一个人，集体观念也很强。那时候大家都处在青春期，多多少少也有些叛逆，不太喜欢被人强制指示去做什么。但他很懂管理的艺术，也是语言的艺术，每次安排宿舍卫生的时候，他就会说："来来来，看你那么勤劳，周一，你值日行不行？""行！"。"太棒了，不愧是我们318的人。"这种性格使他在班级里，尤其是在女生当中非常受欢迎。现在，旦增已经成了一名领导，其他几位舍友有在部队的，有在政府里的，也有当老师的。虽然大家都很忙，但只要是有时间，哪怕只能是三个或者四个人聚一下，我们都会非常积极。

上街通常是一周一次，一次两个小时，我主要就是去买明信片。初中的时候喜欢吴奇隆，觉得他特别帅，代表作《一路顺风》特别洗脑，就疯狂迷恋。其实初中的时候我是一个比较内向，甚至有点轻微自闭的男生，但因为喜欢吴奇隆，就会在寝室里唱他的歌，唱得也挺好的，舍友也会跟我一起哼两下。学校组织的自娱自乐的晚会，我也是每次的"固定选手"，如果是比赛，基本上都能拿前三名。高中的时候就迷恋贝克汉姆，因为男生长大了之后，就会比较欣赏那种硬朗的明星，而且除了有名外，会注意他身上的一些品质。贝克汉姆首先是颜值很高，但我更佩服他的能力，也被他的言行举止深深地吸引了。另外，他对妻子和孩子也特别体贴，让人觉得是一个事业和家庭都非常成功的好男人。所以高中时我就说一定要向他学习，即便未来可能没他那么成功，但要成为让别人觉得很舒服的人。

十年树木　百年树人

我初中预科班的班主任叫丁桂荣，在学习方面她对我们的要求很严格，在生活中却是无微不至。我刚入校时她的年龄就比较大了，临近退休，但她会像带自己的亲生孩子一样带我们，手把手地教我们做卫生，很少发脾气，更多的是教我们怎么做人，怎么样去实现自己的理想抱负。毕业多年后，我专门到丁老师家里去过一次，她已经不住学校里面了，但还是在重庆。她年纪大了，记忆也不好，加上耳朵几乎听不到了，所以听家属说之前带过的很多学生，她都不记得了。但她却认出了我，说"你是阿旺吧，就是阿旺！""丁老师好，是我。""好好好，你长大成人了。"虽然很开心老师记得我，但看到老师的样子，也是很有感触，因为我初中毕业回家的时候，发现家里所有家具都变小变矮了，还以为是家里装修把桌脚什么的给锯了，走近一看才发觉是自己长高了，时间过的真快。

初一我被分到了杨荣老师的班里，她也是班主任，而且后年当了年级组长。杨老师是特别喜欢打扮自己的人，每天都把自己收拾得干干净净，时隔一段时间还要烫个头，她的标志性的衣服就是一套红色的连衣裙。除了教课教的好，老师在生活方面对我们也非常上心。有一次学校组织我们去昆明旅游，在火车上她几乎都"坐不住"，每隔十分钟就要挨个座位转一下，顺便数一下人数才放心。在景区拍照的时候，她让我们排好队，在标志性的建筑或者牌子前，亲自给每个人拍照，然后再看一下照得怎么样，不行的还要重拍。而多年后，我们看到这些照片才会明白她当年的用心良苦。

我的数学老师是曾刚老师，他是一个特别有幽默感的人，个子不高，但喜欢健身，一身结实的肌肉。当时我们在田径队训练的时候他都会来看，我比较擅长标枪，也是队里投得最远的，体育老师就夸我说"仁青练得很好，爆发力很强。"曾老师就开始调侃了："是吗？看不出来哦"然后他就走出大概十五米的样子，说："你能扔过来吗？"我说："老师您再走远点。"当时我们的标枪不是真的铝制标枪，是竹子做的那种，但枪头是铁做的，也比较尖。我说完他就退了有个五步十步，就说："你扔过来吧。"我说："老师，再往前走点啊！"他说："别吹牛了，快扔！"我说："那我扔啦！"结果标枪直奔他而去，他一躲，就扎到后面一个过路的学生的书包上了。我吓坏了，立马跑过去一看，整个枪头都扎到书包里了，幸好人没事。而且曾老师如果没有躲开的话，也可能伤到他了。虽然虚惊一场，但我还有点颤，也怕被老师批评，结果他说了一句："果然是年轻气盛啊，看来我低估你了，继续加油！"这句带着一贯的"曾式幽默"，但给了我很大的肯定和鼓励，让我觉得自己是一个有潜力的人。

　　我不是一个喜欢表达情绪的人，每次跟老师打电话，也是聊一些家常，说不出特别感性的话。但挂了电话，就会立马想到和这些老师的很多往事，心里除了感动，也会很想念他们。可能是性格原因吧，假设他们现在就出现在我面前，我也说不出什么感谢的话，但一种独特的感情或者感激，永远都会在我的心里。

电影改变了我和我的人生

　　我的高中是在拉萨读的，在高三报志愿的时候，当时班里有个同学，现在在阿里当美术老师，他说上海戏剧学院正在招生，面试地点就在西藏话剧团里，他非常想考舞台美术，让我陪他一块去。等到面试地点了，他竟然拽着我让我一起陪考，还各种哀求，我就抱着试一试的心态，填了上戏的戏剧专业。那时候我根本不知道戏剧是什么，还以为是京剧，但主要看到了它既包分配，而且工作地点就在拉萨，我就觉得这个不错，父母也会同意。

　　初试那次，我就唱了首歌，跳了个舞，没想到我和他初试都过了。但在

共进与赋能 ▶
西藏班(校)35年35人口述史

◆ 荣获第十七届"中国电影表演艺术学会奖"

复试的时候，他就被刷下来了，挺遗憾的。我复试考得还不错，进了最终的面试，上戏的老师亲自过来了。总成绩出来后，我的文化课分数还算看得过去，但一加上之前的省级体育和美术奖项的加分，一下子就远远超过了分数线。我自己做梦都没想到，这么轻易就考上了。

刚到上戏的那段时间，说实话，我过得不是很好，主要是因为非常自卑。我发现但凡送到上海戏剧学院读书的小孩，从初中，甚至从小学开始就被家长非常有意识的在培养了，他们的言谈举止，才艺技能，镜头感，连形体都在上大学前做好了充分的准备。男的帅气，女的漂亮，有的钢琴十级，有的参加过国际比赛，所以在我的眼里他们就已经是明星了。但我呢？又瘦又黑，普通话也说不好。那时候我喜欢背单肩包，两肩还有点高低不平。所以到他们中间都觉得像做错了什么一样，压根儿抬不起头。

人需要被骂，同时也需要鼓励，才能进步。可能正因为自卑，我只要稍微懈怠，心里的那个理想中的自己就会批评我；同样，只要取得一丁点进步，"他"也会表扬我——这可能就是内心的力量。带着这种强烈的进取心，我每天都会加班加点地学习，周末也不去玩儿，躲在练习室里压腿，走步，做形体操。我们表演班每个学期都有一场汇报演出，也是一次重要的考核，全校所有表演系的师生都会过来看。足足练了一学期，我觉得一定要放得开，可以说使出了浑身解数，我们那个演出的小剧场叫"黑匣子"，大家都说那场演出直接"炸场"了，而我作为唯一的藏族学生，也被他们记住了。

这是我第一次"出名"，但对我影响很大，走在街上我开始昂首挺胸了，晚上在宿舍保养皮肤，注重和培养为人处事的技巧，周末还会抽出时间去健身。这些东西虽然都是独立进行的，却都为我注入了日新月异的自信。当演员必须要有这样的自信，敢哭敢笑，能静能闹，这样才能敢演戏。

在上戏的时候，我们有门必修课叫"解放天性"，目的就是要让我们抛弃一切害羞，真正走入角色。老师经常把我们带到大街上，专挑人最多的地方，他就藏在一边看你，让学生扮演乞丐去要钱，或者在桥上大声叫喊。有一次我在学校食堂，见到老师也进来了，他走到我的跟前说："阿旺仁青，你站到那个桌子上大声唱首歌。"我那时刚踢完球，头发也是乱的，还一身汗，但也没法拒绝，只好站到桌子上，唱了一首《团结就是力量》。食堂里所有人都在看我，但老师"仍不罢休"，不断喊着："大声一点，再大声一点！"等我唱到嗓子快哑了，老师才让我坐下。类似这种常人无法接受的要求，却是我们锻炼的家常便饭。

记得极少部分同学没有熬过这一关，就觉得自己报错了，也挺后悔。毕业了有坐办公室的，做生意的，但我能感觉到其实他们并不热爱自己现在的职业，更不是享受，而是在维持生活。但我很幸运的是大学毕业后我就成了一名专业的演员，我现在做的工作，是我爱的，对我来说不仅是一种享受，更是一种幸福。

越努力　越幸运　越幸福

每个刚出道的演员，可能都是"清高"的，都想演王子，演公主，不想演农民，不想演小丑，不想演扶不起的阿斗。我早期也有这种想法，但真正深入过剧组，精读过《演员的自我修养》，就会明白真正好的演员是演什么像什么，而不光挑别角色。带着这种纯粹的信念和坚持，2011年我参演历

◆ 荣获"中国电影华表奖"

史题材电视剧剧《西藏秘密》；2013年我被《西藏天空》的导演相中，让我演男一号，但因为同时有个《牦牛岁月》的剧组也想找我拍。犹豫不决的时候，《西藏天空》的导演、我上戏的大师兄，他跟我说"阿旺，你不来这个戏，后悔你一辈子！"我也觉得这个电影很适合我，同时也充满了挑战，说完就这么定了。

《西藏天空》的拍摄过程非常辛苦，从导演，演员，到后期的每一位老师，可以说都有较大的从精神到身体的压力，这也是目前为止关于西藏题材电影中投资最高的一部片子。虽然过程艰辛，也因为种种问题，前后增剪了很多内容，但真正上映的那一天，全国的反响都很好。一个电影，前前后后拿了大概十七个奖项，其中包括海外奖。很幸运是，在2013年第十五届中国电影华表奖颁奖典礼上，我和包贝尔一起入围"优秀新人男演员奖"。导演在颁奖之前就给我说："如果获奖了，一定要准备获奖感言。"我说："导演，不可能，入围已经很不容易了。"他说："有很大希望！"等正式开奖时，我的呼吸都定住了，只听见传来一声"获得第十五届中国电影华表奖'优秀新人男演员奖'的是——《西藏天空》阿旺仁青！"天呐，我都懵着上台了，章子怡亲自给我颁了奖，然后我要发表获奖感言了。其实真的有很多话想说，但发言时间太短了，只能捡最重要的说："我很容幸参加《西藏天空》的拍摄，这个片子大家一定要看。感谢父亲把所有的幸运留给了我，感谢母亲把所有爱都给了我，感谢《西藏天空》的导演以及台前幕后的所有工作人员，感谢拉旺罗布（演我搭档的男二号）...""好了好了，下去吧下去吧。"耳麦里传出这样的声音，我就草草结束，鞠了个躬就下台了。

这也是《西藏天空》唯一的个人获奖，但拍完就是拍完了，成绩永远属于过去。还没来得及短暂调休,紧接着我就领衔主演了以优秀共产党员菊美多吉的先进事迹为蓝本创作的主旋律电影《天上的菊美》,参演了古装玄幻电视剧《将夜》。此外,为了培养更多优秀的本土电影人,我现在也在带学生,平均年龄二十岁,主要教他们表演。看着他们挥汗如雨,卖力学习的样子,也时常会想起当年在内地西藏班、在上戏时那个奋斗的自己。

时代变了,像我带的这些学生很小的时候就知道什么是表演,有人还能讲出两三个表演的基本要素。但回想我那个时候,如果没有内地西藏班这个政策,可能我一辈子都不会跟表演、跟电影有这么直接的关联——除了我可能会是中国千千万万影迷当中的普通一员。所以这也是我为什么把内地西藏班称之为我人生的转折点的原因,我学过的歌曲、舞蹈和标枪;我遇到的老师、同学和那些陌生人;我见到的山城、雾都和大街小巷,回头想一想全是我的财富,对于现在来讲,更是我艺术创作的灵感来源。

一直以来,我认为自己只是一个演员,但我是一个幸运的演员,我热爱这份职业,享受做演员的状态。而这一切的一切都得归功于在内地西藏班的

◆ 在电影《西藏苍穹》中饰演男一号

求学经历，也要感谢那么多老师的关心和帮助，要感谢父母对当年那个叛逆少年的包容和大爱，还要感谢我自己一直坚持心中的信念，虽然说得有点像获奖感言了，但今天，我可以自豪地说我做到了！如果未来有机会，内地西藏班的这段故事，我希望能够拍成一部电影，和当年的同学们携手并肩，一起怀念那些年我们一起走过的青春。

援藏"后浪"的雪域情结

王东海

受访嘉宾简介

王东海：汉族，江苏宿迁人，1985年6月出生。洪山高级中学西藏班高02级校友。本科毕业于中南民族大学，在职研究生学历。2009年7月起，先后担任日喀则市仁布县帕当乡切村党支部副书记（大学生村官）、仁布县德吉林镇党委副书记、纪委书记、组织委员等职。2016年1月至今担任日喀则仁布县德吉林镇党委副书记、镇长。先后获得中国大学生村官十大新闻人物、全国十佳"村民贴心人""全国农业科教兴村杰出带头人""全国扶贫先进个人""全国职工劳动筑梦演讲大赛银奖""西藏自治区第四届先进工作者""第二届感动日喀则人物"等荣誉称号，受到李源潮、顾秀莲等党和国家领导人的亲切接见；个人事迹被中央电视台、中国组织人事报等多家媒体报道。

洪山求学，梦回西藏

"我的家乡在日喀则，那里有条美丽的河，阿妈啦说牛羊满山坡，那是因为菩萨保佑的……"每当听到这首歌，就会使我想起小时候在日喀则生活的一段经历。

我的老家在江苏宿迁，父母年轻的时候就来到西藏工作。我小学是在老家读的，后来沿着父辈们长年奔波的青藏线，走进了西藏，走进了日喀则。一路上颠簸、高寒缺氧带来的不适让我吃尽了苦头，也让我切身体会到了父辈的艰辛与不易。我是在日喀则市第一中学读的初中。日喀则地区撤地设市后，日喀则市一中更名为桑珠孜区第一中学。

记得在一中时，我最擅长的有三个方面：第一个是体育好。每次学校开运动会，200米、400米短跑和800米中长跑的冠军几乎都被我包揽，可以称得上"短跑健将"。第二个是人缘好。无论是汉族班还是藏族班，我都可以跟同学们打成一片，直到现在，我和一中的同学们都还有联系，他们如今都奋战在日喀则的各条战线上，为这座城市的发展添砖加瓦。第三个是学习好。每次考试我几乎都是全年级第一，还参加过全国奥林匹克数学竞赛，得过二等奖。

初中毕业我报考了拉萨中学，没想到发生了一个小插曲。考试成绩出来后，总分530分，我考了500分，觉得挺有希望的，但一直没有等到拉中的录取通知书，而我身边很多考了400多分的同学都陆陆续续接到了通知。原本我以为落榜了，一度情绪低落，很焦虑。有一天突然接到教育局一个办公室的主任的电话："你叫王东海吧？恭喜你，你被破格录取到内地重点高中了。"我有点懵，觉得不可思议，能够破格录取到内地重点高中散插班是多么荣幸的事情啊！他还跟我说："你考得非常好！"后来我才知道，我考了整个日喀则的第一名，全西藏第二名。当时各个地区的第一名都被破格录取到了内地西藏散插班，读的都是各省的重点高中。挂完电话，我激动得欢呼了起来。

2002年8月，我踏上了梦想之途——湖北省武汉市洪山高级中学西藏班。当时，考上洪山高中的，西藏一共五个人，其他四个是藏族学生，都来自山南。我们从贡嘎机场坐飞机到成办二所，然后坐火车去武汉。洪山高级中学位于郊区，学校背靠南湖，风景很美。记得到了学校后，老师给我们每个人发了一个汉堡包，那是我第一次吃到汉堡包，现在回想起来，真是十足的美味。到学校的第二天，广播体操刚做完，校长就在主席台上说："我要隆重介绍来自西藏的五位学生，大家一起欢迎他们！"校园里顿时响起了掌声。我的内地求学生涯正式拉开帷幕。

我们五个人被散插到了不同的班级，和当地的汉族学生一起上课。上课的时候老师还时常向当地学生介绍说我们是西藏那边选过来的尖子生，都是国家重点培养对象，我们还是很受鼓舞的。但是后来慢慢发现，我们和内地学生不管在学习能力上还是在思维方式上，差距都是很大的，名次也排在班级的最后，我们感觉到了前所未有的学习压力。校长在了解到这一情况后，还专门召开座谈会鼓励我们："你们能来到这里，已经证明自己非常优秀了，既然来了，就好好生活，先学做人，再谈学习，不要刻意和当地学生去比较，增加不必要的压力。"听了校长的话之后，我们的心情变得好了一些，但是对待学习，我们始终没有放松。记得当时为了追赶成绩，每晚下课后，整栋教学楼几乎就我一个人上自习到十点，而寝室十点半关灯，我一定要学到关灯的最后一刻，才匆匆跑回宿舍。高中三年我都是这种学习状态，当然，成绩也日渐起色，我们班里有45名学生，我始终能保持在班级前十五名左右。

2005年我高中毕业，先从武汉坐火车到了成都，然后又坐飞机到拉萨。在机场和随行的老师同学话别后，我就直接坐上大巴车回到了第二故乡——日喀则。虽然高考结束，可以好好放松一下，但因为分数还没有公布，所以我的心情并不那么轻松。2005年那个暑假，对我而言是一个焦急而又漫长的假期。为了排解忧虑，那段时间我喜

◆2005年在洪山高级中学西藏班宿舍中

共进与赋能
西藏班(校)35年35人口述史

◆ 校领导与西藏班学生共度中秋佳节

欢上了爬山,日喀则附近有好多山,我用一个暑假的功夫就把周围的所有山都爬遍了。爬山的过程其实很辛苦,也有点孤独,但每次到达山顶,站在山顶上,感觉自己就会静下来,心胸也会更加宽阔,一切烦恼也会随风而去。漫长的等待之后,我如愿考上了中南民族大学,巧的是,洪山高级中学和中南民族大学中间就搁了一堵墙。我在读高中的时候,我们宿舍旁边就是中南民族大学。藏族同胞说"登山能涨运气",莫非真是这么回事?

永不言败的"西藏班精神"

本科时我选的民族学专业针对性非常强,主要学习民族理论与民族政策,同时涉及民族史、民俗学的内容。此外,我还研究了藏传佛教,不敢说有多深入,但让我对我们国家少数民族历史文化和民族工作的基本政策有了较为全面的了解,也为我日后在西藏的工作奠定了一定的理论基础。

王东海
援藏"后浪"的雪域情结

2009年6月我大学毕业，处于就业的十字路口。当时是有机会留在内地工作的，但因为"前浪"父母年轻时就在这片热土上奋斗过，我作为"后浪"也从小沐浴着高原的阳光雨露，可以说对雪域的山水早已有了特别的情感。带着对第二故乡的无限热爱，带着从内地西藏班以及大学的所学，我毅然报考了日喀则地区的大学生村官，最终成为了2009年日喀则地区108名村官中的一名，经组织分配，我来到了仁布县帕当乡切村。目前担任仁布县德吉林镇党委副书记、镇长。

虽然我从小在西藏长大，但并不意味着我对西藏的农村就很了解。即便与过往的自己同在一片土地上，但身份却发生了改变——现在我是一名大学生村官，所以我必须在最短的时间内详细了解本村的情况。我刚去那会儿，村里的条件算是比较艰苦的，一天仅有两个小时的水电供应，没有网络，也没有手机信号，跟家人打电话都要跑到半山腰上把手机举过头找信号，村里上报的工作材料基本都要靠手写。全乡也没有一家饭馆，买菜买馒头都要到30公里外的县城。但这些困难并没有难倒我，早年在内地西藏班的求学经历，使我变得要强、独立。只要是村里老百姓能够适应的、能吃的、能住的，我就一定能适应、也能吃、能住。

在克服了高寒缺氧、饮食不便等困难后，一个新的难题接踵而至——不会藏语，无法与藏族群众交流。其实在西藏、新疆等民族地区，我们国家一直提倡和保护双语的使用，即普通话和本民族的语言都作为当地的"第一语言"。但在乡村里，很多老百姓还说不来且听不懂一句普通话，稍微懂汉语的年轻人要么在县城上学，要么在外地务工。我在西藏班读书的时候，因为身边的四个同学都是藏族，也学了一点藏语，但是真正到了基层之后发现词汇量根本不够用。于是我又重新拿出了在西藏班期间学习藏语的激情，开始学习藏语。我找到了乡政府的一名藏族干部，拜他为师，请他教我发音。每天晚上我也会按时收看藏语版的《西藏新闻联播》。工作不忙的时候，我还会从广播里收听藏语歌曲，并跟着一起哼。为了便于记忆，我用汉语谐音一字一句把它们的发音记下来，每天反复练习。走村串户与群众一起唠嗑时，哪怕是闹了笑话我也硬着头皮说藏语。一年下来，我足足记满了三个笔记本，也能用简单的藏语与村民们进行日常交流了。我的藏文老师知道后说："你是我见过的第一个学藏语有天赋而且那么努力的汉族同志！"

在基层工作的这些年，我获得过"感动日喀则人物""西藏自治区劳模""中国大学生村官十大新闻人物"等多个荣誉称号，但这些都没有获得"全县藏语演讲比赛第一名"让我激动。语言的互通能让我和当地群众没有隔阂地打成一片，真正走进他们的生活，聆听他们的心声。我们一直在提倡藏族干部学普通话，汉族干部学藏语。但是说实话，因为种种原因，我们不少汉族干部没能坚持这项学习，所以我也想给他们做个榜样。

语言的学习从来都不是轻松的，包括学藏语，都会有一定的难度，但困难是无处不在的，我们要始终保持一股韧劲，要想尽一切办法去克服它。一直以来，我之所以保持着这种韧劲，我觉得跟西藏班的求学生涯有着很大的关系。之前我提过的，2002年我以日喀则第一名的成绩考入内地重点高中散插班，原本以为在内地学习也能"如鱼得水"，结果遭遇的却是沉重的打击。面对当地重点高中的学生，我的成绩不值一提，但是我并没有气馁，而是奋力追赶，正是这种努力和坚持，我的成绩不仅名列班级前茅，还当了班长，赢得了当地学生的尊重和掌声。

2019年6月，"时代新人说——我和祖国共成长"全国演讲大赛之"劳动筑梦"全国职工演讲比赛隆重举行，此次比赛全国共有超过十万名职工参加。经过精心准备、反复练习，我从县、市、自治区三级比赛中脱颖而出，最后代表西藏参加全国决赛，与全国各地70名选手同台演讲并竞答，最终荣获全国总决赛银奖，在全国的舞台和全国人民面前较好地展示了西藏干部职工的形象和风采。比赛结束回到单位后，镇里的同事和群众为我举办了简单而又温馨的"庆功宴"，为我献上洁白的哈达表示祝贺。我跟他们分享说，不管做什么，一旦开始了就一定要坚持，哪怕再苦再累，那都是一时的，越觉得困难，说明胜利的曙光已经离我们不远了。而这种"永不言败"的精神也是我个人理解的"内地西藏班精神"。

一个基层干部的价值观：小事做踏实，贴心获信任

在基层工作，不能急功近利，也不能太理想化，而是必须从小事做起，一件小事、一个小忙，百姓都会看在眼里，记在心上。

王东海

援藏"后浪"的雪域情结

记得刚参加工作时，总感觉自己"无用武之地"，后来偶然间发现党中央、国务院为我们村配发的一辆轻型货车一直闲置着，没人会开。而我在大学期间又考取了驾驶证，便自告奋勇当起了村司机，开着这辆货车经常为村民们送牛犊、拉牧草、运水泥，还送生病的村民去县里看病。那一台货车，现在已经很旧了，但却是我们全村人共同的美好记忆。

令我最难忘的是一个大雪纷飞的夜晚，凌晨三点，隔壁村有个难产的孕妇急需接生，我立马起身开车，送村医上山。当时上山的道路险峻，山路刚好容得下"村车"车身，加上又下着大雪，视线模糊，稍不留神就会掉下万丈深渊。但我们救人心切，已经顾不上这些了。等安全到达孕妇家后，又帮着村医一起接生。经过将近四个小时的抢救，最后母子平安，这时天也已经亮了。当时他们一家对我们非常感激，记得户主给我们双手端了一杯热腾腾的酥油茶，那是我人生中喝过最香的一杯茶了，因为我见证了一个新生命的平安诞生。

还有一次是送一位去世的五保户老人到天葬台。按照当地习俗，人故去后要天葬。那位老人家里就她一个人，没有伴侣，也没有儿女，平时都由我

◆ 走村入户，了解村情民意

和村里的党员干部轮流照顾。老人去世后，我第一时间组织村"两委"班子成员，驱车来回400公里的路程，带着村干部一起前往天葬台，为老人料理后事。众所周知，天葬是不让外人参与的，但那个时候他们显然已经把我当自家人了。

2012年接受组织安排，我从偏远的帕当乡到德吉林镇任职，尽管我的职务发生了变化，但是为老百姓办实事的初心始终没有改变。以前我管着一个村，现在管着九个村，即便工作量多了，难度增加了，但我却更得心应手了，这其中的奥秘就是要带着感情工作，只要带着感情去做群众工作，就没有解决不了的问题。这是我的基层工作哲学，也是我的价值追求。

在乡镇工作的八年间，我走遍了全镇275户家庭，掌握了全镇贫困状况，建档立卡贫困家庭。依托城郊区域优势，重点发展产业经济，先后发展壮大了艾玛村藏香猪养殖业、德吉林村温室大棚、强钦村德旦康萨民族手工业等特色产业，开创了德吉林镇以种、养、加为主的各种产业纷呈的良好创业格局，真正让贫困家庭实现就近就便、不离乡不离土就业，过上小康生活。2018年底，在全镇干部群众的齐心奋战下，我镇九个行政村均达到了脱

◆ 2019年6月荣获全国职工"劳动筑梦"演讲大赛银奖

贫标准，顺利实现了脱贫摘帽。

  2017年5月，我荣获"全国扶贫先进个人"称号，作为西藏唯一代表走到了北京人民大会堂，并由国务院扶贫办刘永富主任亲自为我颁奖，我感到非常骄傲，因为这也是我们全镇的荣誉。我不敢说自己干了多少，但我一定是肯干的那类人，这种品质的形成和内地西藏班的求学经历是分不开的。在洪山高中西藏班时，我就有一个外号叫"妈妈"——是男生却充当着妈妈的角色。因为当时整个西藏班学生的很多事情都是由我作为代表向学校反映和协商的，比如食堂的饭菜种类需要增加，文艺节目活动策划的报告，学生集体外出游玩的请求等，我也是尽最大努力为西藏班学生争取学校的支持。而这种习惯一直延续到了我的工作当中，并转变为为老百姓争取最大的利益。

  我觉得每一代人有每一代人的使命，如果说父亲这一代人是西藏初期的建设者，那我们就是西藏发展的推动者。多少年来，我们远离故乡和亲人，从青涩懵懂的青春时光迈入了工作、结婚、生子的人生新阶段——西藏见证了两代人的成长。作为一名内地西藏班的毕业生，依然选择扎根这片雪域高原，是因为我对这片土地爱得深沉。我现在有一个宝贝女儿，在日喀则与我们一起生活，如果她以后能考上内地西藏班，我也会全力支持她去内地读书，将来继续为这片土地贡献力量。西藏的发展绝非靠一代人就能完成，而是需要我们几代人的共同努力，需要我们继续传承父辈们的"老西藏精神"，争做神圣国土守护者，幸福家园建设者。

心有方向 追光成长

次仁扎西

受访嘉宾简介

次仁扎西：藏族，西藏当雄人，1989年5月出生。常州西藏民族中学初01级校友，北京市第八十中学西藏班高05级校友。本科毕业于上海师范大学，2014年从拉萨市第二中学辞职创办拉萨迷蓝文化传播有限公司；2015年创办拉萨迷蓝服装有限公司；2016年创办广州迷蓝制衣厂；2018年合伙创办西藏门域茶业有限责任公司。热心公益，向2015年尼泊尔大地震中日喀则灾区捐赠了价值7万元的物资；2016年向曲水县贫困低保农户捐赠价值2万元的物资，同年资助两名农民工贫困学生并向母校北京市第八十中学校庆捐赠价值1万元物资；2017年至2020年先后为精准扶贫事业捐赠价值40多万元的物资。曾荣获"全国优秀青少年""拉萨市大学生创业标兵""中国青年创业奖"等。

次仁扎西

心有方向 追光成长

我终于找到目标了

在讲内地西藏班前，我想先讲一下我的父亲。他是一个牧民，但他在当地是一个有名的运动员。早年他在县里参加藏族传统的体育竞赛"抱石头"比赛，连续拿了七年的冠军。之后，被自治区体育局安排到区体校当了专业的举重运动员，他的成绩越来越好，最后调到了国家体育总局训练，期间还参加了全国少数民族运动会，拿了全国举重赛的第七名。由于身高太高，很遗憾没能参加国际比赛。但是在老家大家都很崇拜他，我也非常崇拜他，觉得就是自己的偶像。

我们家一共四个孩子，虽然父亲是个牧民，但他教育我们四个孩子的方式都不一样，特别而有智慧。记得我当面问过他："怎么样才能成为像您这么厉害的人呢？"只记得他说了句：要定一个远大的目标，然后为之不懈奋斗。当时我还是个小学生，也不知道什么叫目标。父亲就说向优秀的人学习就能找到自己的目标，他在家里还会故意在我们面前说哪个家的孩子有多优秀，而且会很细的把优秀的点说出来，我们也知道他是为了鼓励我们，让我们有一个榜样。我就在这样的教育方式下长大的，如果父亲说了谁谁特别优秀，我就告诉自己，我必须跟那个孩子一样，甚至比人家孩子更优秀。但是说实话，即便我一直向优秀的人学习看齐，但还是不知道自己真正的目标到底是什么。

在我四年级的时候，我们学校有一个孩子考上了内地西藏班，听说要去内地了，回来就是干部，整个乡一下子轰动了。我当时就觉得他就是我的榜样，而在那一刻，我似乎找到了自己真正的目标——考上内地西藏班。当年当雄县里考上内地西藏班的只有十个学生，我排名第九，是我们乡里唯一的一个。后面组织给边远的各县又增加十个名额，最后我们乡里一共去了三个人。当父亲得知这个消息时，我至今忘不掉他脸上那种骄傲而又欣慰的表情。

2001年，我考到了江苏常州西藏民族中学，如愿来到了内地求学。高中我以优异的成绩考上了北京第八十中学。大学在上海师范大学，当时的专业是教育技术，所以参加工作的时候我主要负责学校和城关区的电教工作。但

◆ 2017年荣获第九届"中国青年创业奖"，右六为次仁扎西

我心里一直有一个创业梦，也赶上了"大众创新，万众创业"的好时代，于是2014年我就辞职创业了，到目前为止我一共创办了三家公司，一个叫拉萨迷蓝服装有限公司；一个是拉萨迷蓝文化传播有限公司；还有一个叫西藏门域茶业有限责任公司，并荣获了第九届中国创业青年奖。目前可以说正满怀激情，和几个志同道合的朋友，一起朝着自己心中的方向迈进。但走到今天，这一切的一切都跟我在内地西藏班的学习和生活是分不开，所以下面我想好好回忆一下那段珍贵的时光。

能力源于压力，机会凭己把握

2001年，我从西藏出发到江苏读书，记得是当天下午两点左右的飞机，父母都来送我了，进安检和他们分别时，父母没有哭，我也没有哭。但我清楚的记得父亲说了句"记得不要丧失目标，相信你，你肯定没有问题！"这句话至今都鼓励着我不断前行。

到学校后，一进校门，就看到很多人在门口排着队迎接我们，这种阵势让我受宠若惊。接着由一个高年级的学长负责帮助我们的到校后生活，包括吃饭、铺床、洗衣服等等。我们刚去的时候是预科班，所以就由初一的学生来带我们，这几位大哥大姐，包括舍友，到现在为止还有联系。有些关系是注入到生命血脉里的，想断也断不了。

当时我汉语基础特别差，小学时候基本没有学过汉语，来到内地是从零开始的。刚开始老师讲什么都听不懂，尤其是数学，纯数字加减没有问题，但只要有文字的我就什么都做不了。问同学们他们又听不懂我说的当雄话，就很尴尬很无助，可以说我的汉语水平是整个年级最差的，另外年级还有两个汉语水平也不好的同学，也是从当雄来的。这样一来，就很害怕上课，更害怕说话，但我从不在别人面前哭，到了晚上或者午睡的时候在被窝里偷偷地哭。但想起父亲在机场临别时说的话"相信你，肯定没问题"，我就又会有了信心。当时班里一个跟我同龄的小孩，是拉萨来的，汉语特别好，每次考试他都在前十名左右，而我是倒数，我就会把他当成自己的榜样和目标，虚心请教。我们几个当雄的小孩也彼此鼓励，相互监督，相互一见面也会用普通话考对方。功夫不负有心人，这种状态在半年后有了改变，初二初三时我已经可以完全融入到用汉语交流的环境中。

来到内地之后，我才发现西藏和内地的教育方式和水平差别特别大。内地西藏班的课程安排更加合理，时间更加紧凑，我当时上课的状态是很认真，但你只要稍微往两边看看，就会发现其实不只是我，所有的同学都很刻苦努力。整个班级、整个校园的学习氛围特别好，老师上课效率也特别高，注重知识的衔接。在这样的学习环境下我的进步非常大，可以说每天都能感受到自己在一步一步地成长。

那时候寒暑假不能回家，所以初中四年我都没有回过家，后面慢慢的也就适应了，但是刚到内地西藏班的时候会经常想家。想家时就会拾起笔给家人写信，主要用藏文写，因为我的父母不识字，但同村有会藏文的村民，他们会念给父母听。然后父母说他们写，再寄给我。虽然信不是父母亲手写的，但我看到信仍旧像看到了父母一般。

四年中的春节、藏历新年也是在内地西藏班过的，虽然不在家里，但因为有好多兄弟姐妹，所以也不会那么孤单。你想想，一个学校几百人一起过年那有多热闹啊。印象特别深的是做面疙瘩，学校让我们自己做，大家都早早地起来，按照记忆里父母的动作开始做了，虽然弄出来的形状千奇百怪，但很开心，也很有收获。就这样，我们也一年一年的长大了。我觉得这种仪式感很重要，尤其是现在我自己有了孩子以后，如果没有任何仪式感，孩子对生活也会失去盼头，也会缺少对生活的热爱。像过年买年货我就会带着孩子，他可以看到整个年货的准备过程，在这个过程中孩子也会主动参与，感受到其实过年不是一天或者一时，而是大家一起张罗一起动手的过程，这些都是内地西藏班时候受到的影响。

另外，我现在创业从商，也跟内地西藏班的经历分不开，有两件事我记得特别清楚。第一件事是当年我是班里的藏文科代表，藏文水平不错，我们的藏文老师会让我们每周写一篇作文，写得好的他会投到《拉萨晚报》上刊登，刊登后作者还能拿到稿费，记得一篇作文稿费是十六到二十元的样子，但是对我们来说已经很多了。大家的积极性非常高，整个年级几乎都特别喜欢写作文，而且不少人都写得很好，登报都成了很平常的事。后来那位老师

◆ 2019年为当雄大学生做创业就业宣讲

回西藏教书了，但写作却成了我们自己一直坚持的一件事情。从那时起我就知道奖励机制特别重要，所以现在我非常清楚在公司里科学合理的奖励机制，对提高员工工作积极性作用很大。

第二件事是当时还没饭卡，饭点到了直接到食堂吃就可以了，但是学校规定必须吃完，如果浪费就会扣班级分。总有些女孩子不想吃的菜，我们几个男孩子就会帮着吃，条件是周三周六的大包子要给我们一个，或者直接交换一些我们喜欢吃的菜，后面就有类似于固定——"客户"的女孩，甚至男孩也会找你"合作"。

现在回想起来，那不就是做生意吗？自己的创业潜能原来在内地西藏班那个时候已经开始显现了。

您的坚守，我的力量

我们当年的老师绝大部分都是成家有孩子的，即便是刚毕业的年轻老师也是准备成家的或正在谈恋爱的，但他们一天到晚就会像"单身汉"一样围绕在我们身边，那时候也有一些学生觉得烦，感觉他们就是白天一直上课，晚上一直守自习，反正除了晚上睡觉之外，一直都在上班。但等到自己成年了之后才发现，首先建立家庭或者恋爱，别说家庭大事，还会有很多琐碎的小事情等着去办。老师们其实也是人，除了上课以外，也需要时间处理自己私事；第二自己现在有了孩子了，就算再忙，也会抽出时间去陪孩子和家人，但内地西藏班的老师们几乎把所有的时间都花在了我们身上，可想而知，他们放弃了多少跟家人团聚的机会啊。我想除了感谢老师们之外，也要特别感谢老师们的家人，因为他们的家人在默默的理解、支持老师们的工作，忍受着孤独，才会有今天的我们。

我印象特别深的是初中班主任仲崇开老师，他现在正在新疆援疆。他当了我们三年的班主任，很年轻就参加工作。毕业考试前两周，我们回西藏复习备考，以往这个时候每个科目的老师都必须跟着学生回西藏，为他们进行考前辅导，但我们那一届就只要他来就可以了，因为他确实非常有才，知识面广，一个人几乎可以解决所有的问题。给我印象最深的事情是他特别喜欢

◆ 在拉萨和初中物理老师商汉勇相聚

用文字纪录生活，比如说今天学校搞了一个课外活动，今天班里发生了什么重要的事情，这些他都会纪录下来，其实除了记录自己，也是记录我们共同的成长故事。

2017年，我回上初中的学校跟所有老师见了一面，2018年又去北京看望了高中老师。老师们都说我的变化很大，因为当时我很内向，也不爱说话，他们觉得我就适合当个大学老师，搞点学术的，没想到我会去创业，也是初高中所有同学里唯一一个创业的。但老师们可能不知道，我的成长变化和老师们的坚守教导是分不开的。

回母校发现什么都变了，校园、班级、容颜……但唯一不变的就是老师们还在专心教学，用心育人，一切好像都如从前。

初心就是使命

初中毕业后，我考上了内地西藏班知名的散插班学校——北京第八十中学。北八里更多的是汉族同学，所以我又成了"少数民族"。但真正的压力其实不在生活，而是在学习上，第一次出发去内地西藏班时，听说过农村的教学水平跟城里没法比，我担心我的成绩肯定比不上人家。第二次出发去内地时，身边都在说散插班学生的成绩"非常恐怖"，学习压力也特别大。进入高中后发现的确是这样，但是我心里其实也挺高兴的，因为身边都是特别优秀的同学，所以自己差也肯定不会差到哪里去。回想起我刚到常州的生活，不也是这样慢慢奋斗出来的吗？人生其实就是一个不断面对挑战的过程，所以高中我的班级名次虽然一直"举步维艰"，但我仍然坚持着，丝毫没有放弃。同时，在高中的时候，我们也接触到很多国际学生，记得北八一共有来自二十七个国家的学生，跟他们交往，不仅眼界慢慢变得开阔了，而且会更加注重个人形象和各方面能力的提升，特别是通过人际交际能力和表达能力的训练，我觉得自己的性格也更加开朗了。

我高考是在北京考的，填志愿的时候我比较有信心，第一志愿填北大，第二填的是复旦，不过可能是考试没有发挥好，最后被调剂到了上海师范大学。到了上海师范大学，我已经能够比较轻松地解决学业上的一些问题了，每门考试也都能顺利过关，我就会用更多时间去学自己喜欢的东西，也喜欢去外面多走走。此时的我已成年，想以一个成年人的身份和心态真正去接触这个社会。因为大一的时候我就有创业的想法，所以差不多大二就在尝试。刚开始在淘宝上卖一些自己设计的文化衫，和一些西藏的民族首饰，我还在学校里面摆过地摊，跟那曲的一些朋友合作卖虫草，也赚了些钱，尝试多了以后发现自己越来越喜欢创业这种感觉了。

大学的创业经历，使我更愿意接触新的事物、面对新的挑战和风险。感觉人生规划似乎都在随着自己变化而变化，小学时候想当老师，初中时想当科学家，高中时去过中央党校参加过一次学习，就想从政，而到了大学，便又想创业，但这次和以往不一样的是，我觉得自己真正找到了方向，用父亲的话说就是找到了那个自己愿意的奋斗一生的目标。

因为大学刚毕业时没有得到家人的完全支持，自己好像也没有做好充足的准备，所以我还是进入了体制内工作，但久而久之，觉得一个真正的自己一直在呼唤我，所以做好了随时辞掉公职的心理准备，等真正辞职的那一天，我都没告诉父母。辞职差不多半年后，妹妹说父母好像感觉到了不对劲，我才正式的告诉了他们，保证自己一定会对自己的前途负责，也请他们相信我。在我诚恳而坚定的态度下，最终他们同意了。

从一名内地西藏班学生到一名青年创业者，我首先要感谢我遇到了好的时代、好的政策，还有一批好人。希望我的孩子，还有千千万万的学弟学妹能够继续去内地西藏班学习，不仅仅是因为情怀，更是因为人生发展和家乡发展的实际需要。

这段旅程可以说对我整个人生轨迹的影响很大，我们那时候的使命感非常强，就觉得学成之后要回去建设家乡、报效社会。这些听起来稍显遥远的话，在长大后到今天，我觉得依然是自己的奋斗方向。我们那一批内地西藏班毕业的学生也都正昂首阔步地走在建设新西藏的路上……

父亲的三次落泪

白玛次巴

受访嘉宾简介

白玛次巴：藏族，西藏当雄人，1992年9月出生。洪山高级中学西藏班初06级校友，武汉西藏中学高10级校友。2017年毕业于南京大学社会学院，大学期间曾联合创办"绘梦西藏"大学生返乡服务团，该团成为西藏第一个具有办公场地、组织制度、成员超过300人的高校公益团体；担任南京高校西藏籍学生总负责人，组织举办"舞动南京·腾飞雪域"锅庄舞比赛等活动。本科毕业后，毅然选择赴基层一线工作。2017年成为中共那曲市申扎县委统战部科员；2019年1月至2020年1月在申扎县卡乡德朗村驻村；2020年1月至今任申扎县委统战部科员，荣获"2020那曲市民族团结先进个人"，是基层一线公务员的优秀代表。

那一年我成为了父亲的骄傲

我叫白玛次巴，出生在西藏当雄县的一个牧人家庭。家中除了父母外还有一个妹妹，如今妹妹成婚后又给我们家增添了两个新成员。

我是2006年进入武汉西藏中学，前身是首批内地西藏班之一的湖北沙市六中西藏班，我去的时候刚好是搬到武汉的第二年，叫武汉洪山高中西藏班，后来又改名为武汉西藏中学。读完初中四年，高中也是在武汉西藏中学读的，高中入学时，新学校搬到现在的东湖风景区。总的来说，我亲历了武汉西藏中学快速发展的那段历史。

父亲有10个兄弟姐妹，家境十分贫寒，难以维持生计。于是，父亲20多岁时就选择了另立门户，与母亲组建了新的家庭。虽然生活十分艰辛，但是父母秉承了吃苦耐劳的牧民天性，一直自力更生、苦心经营。后来，有了我和妹妹后选择在拉萨打拼。我的小学是在拉萨读的，小学一到三年级是在册苏私塾读的，后来拉萨市教育局把我们安排到吉崩岗小学，免学费让我们在那儿读完后面的三年。记得寒暑假的时候，父亲开着手扶拖拉机，带上我们一家人到日喀则和山南、林芝等地将当雄的畜牧产品和农区的粮食、水果等进行实物交换，过着十分清贫的日子，父母把我和妹妹当成了未来的全部希望，坚持供我们上学。

在我小学的时候，我有一个叔叔正在上内地西藏班，他经常给家里亲戚写信，因为父辈们几乎没有上过学，所以我会经常帮他们念叔叔的信。那时候特别向往叔叔在内地的生活。内地西藏班，在我们小时候的概念里，是整个西藏自治区小学的尖子生集中营，考上内地西藏班就意味着自己是非常出众和优秀的。当时去内地西藏班是我们家给我的硬性指标，我也一直向往去内地学习。

小考结束后我在家里帮着父母守台球摊位，一天中午当雄县教育局的工作人员打电话通知我父亲，说我考上了内地西藏班。那一刻父亲像个孩子一样高兴地跳了起来，激动地向在场所有人喊道："白玛次巴考上内地了！白玛次巴考上内地了！"回到家里，父亲抱头痛哭，久久不能平静，这是我记事以来第一次看到父亲掉眼泪。当时有说我是当雄县的第一名,也有人说是第二名,至今我也不清楚到底是第几,考上就已经很激动了,也没有仔细问过。

作为考上内地西藏班的奖励,父亲把我带到一个品牌专卖店里面挑衣服,无论是卖衣服的阿姨还是当时店里过来买衣服的客人,他见人就炫耀自己的孩子考上内地西藏班的事,我看到他内心如此激动,发现自己在这一刻成为父亲的骄傲,下定决心一定要成为更加优秀的人。

千里迢迢求学路

2006年青藏铁路正在建设阶段,所以我有幸成为最后一批乘飞机去内地西藏班的,2007年开始都是坐火车出发。当时从贡嘎机场出发到成都,在成都天湖宾馆住一晚,第二天坐火车到武汉,大概坐了三十多个小时。第一次坐飞机很奇怪,我的亲戚里面除了叔叔坐过飞机以外,其他都没有坐过飞

◆ 第一次出发去内地西藏班时在拉萨贡嘎机场留影

机，所以特别激动。我想知道飞机飞到高空以后，从天上看家乡的雪山、寺庙、各种建筑到底是什么样子。有两件事我至今记忆犹新，飞机上我的座位不是靠窗的，我跟同排的叫次吉卓嘎商量能不能我们轮流换座位。她也是第一次坐飞机，我想我们都有同样心理，特别期待吧，后来在我的软磨硬泡下她同意轮流换位，我也满足了自己的好奇心。还有一件事是父母不知道内地的天气，从贡嘎机场出发时让我穿了一件毛衣。在飞机上没有什么感觉，到了成都双流机场以后，飞机舱门一打开，完全像进入桑拿房一样特别热，怕跟丢队伍只好忍着，后来越来越热，脸都是通红通红的，带队老师发现以后，让我们到洗手间把毛衣脱下来，放到包里。

在武汉火车站，学校专门派了三辆大巴车来接我们回"家"，进入学校大门，第一眼就是一排整齐的林荫大道，看到很多学长学姐在打篮球，一下就特别激动。负责接待我们的学长把我们送到了自己的宿舍，宿舍的床已经铺好了，蚊帐也搭好了，我们什么都不用自己来，那时候看到哥哥们这么用心，心里有一股暖流在涌动，特别想跟他们多交流，从他们身上了解学校的更多情况。学校食堂印象比较深刻的就是肉饼，吃起来特别香，味道有点像

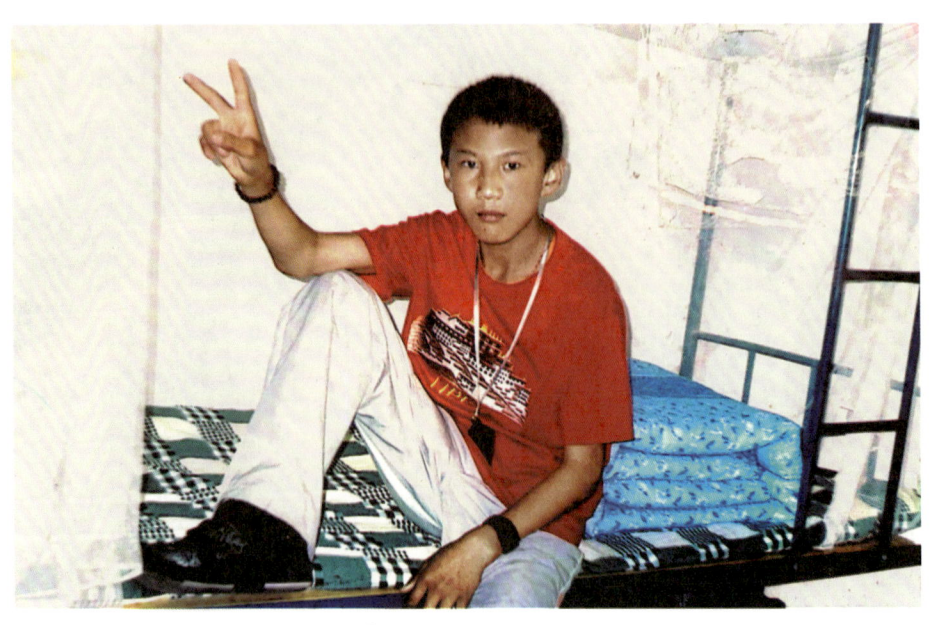

◆ 2006年上初中预科班的白玛次巴在寝室里

藏族的油饼。因为一人一份，所以需要早点过去，拿加餐的份，后来，肉饼成为了我们早点起床的动力之一。

　　武汉西藏中学寝室管理也很严，当时是全军事化管理，宿舍楼每层都有生活老师在看管我们这群捣蛋鬼，值班老师每隔一两个小时就来巡视一圈，管得特别严，生怕我们搞出什么不知深浅的"大事件"。那时候周末我们经常想在宿舍里组织点寝室聚会，但是生活老师会告诉班主任，所以后来我们胆大一点的同学，会在凌晨老师休息的时候，悄悄把门锁上，不让他出来，我们就可以随意走动串门。有一年我那个内地西藏班的叔叔来看我，当时他已经在上大学，他准备带我出去逛街吃饭，他带着我去跟值班老师请假，老师说只有家长和亲属才能带出去，要他证明他是我叔叔，后来我也不记得是怎么证明的，最后还是带出去了。当时我很不理解学校为什么管得这么严格，听到其他学校并没有像我们这么严格的时候，心里更加烦闷。现在回想起来，学校的管理还是对的，家长把孩子送到内地去上学，学校在管理上稍微有点疏忽，造成不可挽回的后果，对一个家庭来说是毁灭性的打击。

最好的教育莫过于感染　　最好的管理莫过于示范

　　大学时候，为了锻炼自己的能力，作为联合创始人，我和几位志同道合的伙伴创办了"绘梦西藏"大学生返乡服务团，通过我们大学生的力量，在西藏扶贫方面做一些力所能及的事情，绘梦西藏主要是以公益活动为主，其中教育扶贫是我们的主要阵地。每年寒暑假我们回到西藏时，西藏的学校也刚好放假，在城市的学生，寒暑假家长会安排去一些培训学校补习。但是像我们农牧区的孩子，只能在家里放牧或者干农活，没有补课条件，我们就组织大学生下到各个村庄里，给孩子们上课。当时有个理念就是"走出去，是为了更好地回来。"反哺家乡——这也是我在内地西藏班期间的最大愿望。在农牧区补课期间，因为寒暑假最多只有两个月，两个月里不可能让他们的成绩突飞猛进，但我始终认为最好的教育是感染，最好的管理是示范，一个好的老师不是教育了多少学生，而是影响了多少学生。所以我们支教的最终目标不是在成绩上提升，而是孩子们心理上的建设。我们跟他们一样，也是从农牧区出来的，知道农牧区的孩子需要什么，在跟孩子们交流中，我们把在内地的所见所闻讲给孩子们，在他们心里播下一粒种子，让他们从我们身上看到他们自己的未来，看到自己的出路。这比我们在这里教他们一百个字更有意义，当然我们也能从孩子们身上，重拾我们当年的梦想。

刚入大学时，舍友们知道我是从西藏来的，我能感觉出来他们对我非常好奇，也能感觉到他们对藏族了解得很少。我可以在宿舍跟他们交流，做介绍，但不是每一个寝室都有藏族舍友，所以他们没有一个很好的途径了解真实、立体的新西藏。所以我在大学里做的第一件事情就是想举办一个藏文化节，让更多的同学能够了解真实的西藏。在大一时，我们成功举办了南京大学第四届藏文化节，从社会、经济、人文、艺术等全方位介绍西藏。在学校取得成功之后，我们又把传播面扩大。2015年，我们组织在南京的14所大学，通过网络直播举办了"舞动南京·腾飞雪域"锅庄舞比赛。2016年，我们又举办了藏装派对，有很多汉族朋友在派对上体验藏装，说是藏装派对，实际上活动吸引了维吾尔族、哈萨克族、汉族、彝族等众多民族的学生聚集在一起，变成了民族服装的大派对，各民族学生通过派对展示自己的民族服装，成为了各民族文化交流、交往、交融的大舞台，唱响了民族大团结的主旋律，活动取得了意想不到的效果，我也被大伙儿称呼为"巴爷"。

人生第一次登台演讲

内地西藏班的学生虽身在异地，远离父母，但在异地他乡总有陆阿妈、张妈妈们给予我们无微不至的爱和温暖。我在武汉也跟大家一样有一个爱我、疼我的侯爸爸，他就是我上初中时的学校政教处主任侯伯云，也是我们的体育老师。初一时的中秋节，是一个周末，我在宿舍睡觉，突然有同学找我，说政教处主任来找我。当时特别紧张，因为政教处主任一般找的是问题学生，被政教处主任叫，我心神恍惚，脑子里立马过了一下最近自己的行为轨迹，心想也没做什么坏事，怎么突然找我？很害怕，来到学校林荫大道的时候，老师开了车门叫我上车。开了一段路告诉我："今天是中秋节，我带你去我们家吃饭。"他就把我带到他老家，湖北省仙桃市家里。在跟他们一家人一起吃中秋团圆饭的时候，侯伯云老师正式向家人介绍说："这是我在内地西藏班的干儿子"，让我倍感惊喜和温暖。学校整个食堂要给四百多个学生做饭，所以菜都是大锅饭，味道跟小炒比起来相对差一点。吃多了就不想吃大锅菜，侯爸爸经常会给我买教职工饭。

内地西藏班的老师自称是"365247部队"，平日里老师自嘲说我在"365247部队"工作。我当时也不是很了解，后面才知道，"365"就是365天，"24"就是24小时，"7"就是一周。内地西藏班老师就是365天，24小时，一周7天都在学校里面，为了孩子们能够在学习上有更好的突破，生活方面把我们照顾得更好，舍小家顾大家。侯爸爸也是这样的伟大老师，为在武汉求学的广大学子们献出了自己的光和热。而我在高中阶段并没有成为他所希望的那个干儿子，甚至最后他还为我向学校校长苦苦求情，如今想来甚是惭愧。即便如此，我们也还一直保持着联系，后来得知我在大学里的种种表现和取得的成绩，侯爸爸邀请我返回武汉为学生们讲一讲"成长和逆袭"的故事，那时候侯爸爸已经荣升为学校副校长，我也欣然答应了。

回到武汉，走进熟悉的校园，勾起了我的各种回忆。不经意间我发现了父亲陪读时我们一起居住的那个招待所，我毅然决定在那里住下。那天晚上，侯爸爸请我吃饭，并且叫来了我曾经的老师们，我们吃得很开心、聊得很愉快，我倍感自豪，老师们甚感欣慰。第二天的演讲我有些许的紧张，我以我的蜕变成长为主题，讲述了自己在内地西藏班求学路上的改变和进步，赢得了广大师生的掌声与喝彩，人生第一次演讲取得满意的效果。晚上回到招待所后，我把演讲时的照片发给了父亲，开始在手机上预定第二天返回南京的火车票。这时突然接到父亲打来的电话，电话那头是他哽咽和颤抖的声音，我顿时以为家中什么亲人去世了，而我听到的是父亲又一次操着家乡话说"现在你真棒"，并对我说出了平生第一次"谢谢"，我明显地感受到了父亲激动的心情和他落在脸颊上眼泪的温度。

我和父母的情感纽带——妹妹

那时候跟家人沟通的方式主要是座机电话和书信。学校里有8个电话亭，我们从超市买IC卡跟家人联系，至今最让我怀念的是跟妹妹的书信联系。我们会经常写信，我告诉她我在学校的各种经历，并嘱咐她好好学习，以后一起到内地西藏班学习，她也会写信告诉我家里的日常生活。每次我还会买一些在拉萨买不到的小卡片、小东西随信寄给妹妹。她也会随信给我寄5块或10块钱。当时学校统一给我们办了邮政银行的存折，只有班主任的签字才能取钱，学校一周生活费规定75元，妹妹随信寄的钱，对我帮助很大。

妹妹从小在父母身边长大，可是我，十三四岁就离开家了，现在又离开家到基层工作，从十三岁到现在跟父母相处的时间加起来估计不到三年，我们之间接触交流得太少，我已经习惯在外面，遇事也习惯自己一个人默默地扛着，不跟家里说。现在我们一家人在一起，妹妹跟爸爸妈妈能聊得很开心，跟父母开玩笑、恶搞父亲，但是我跟家人聊的时候，内心还是有一种距离感，应该是习惯了独立生活，亲情方面还是有一点小隔阂。当然，我也在慢慢主动改变这种现状，但这种情况应该也是很多内地西藏班学生共同面对的问题。

我选择做一名基层公务员

其实，我在内地西藏班的时候，心里就默默决定，回来一定要当基层公务员。在当雄牧区时候，那些没有文化，不懂政策的人，到乡里、县里办事，总是会遇到很多困难，办件事来回要跑好几趟。因此未来当一名合格的基层公务员成为我的一个目标。高二分科的时候，我觉得历史、地理、政治对以后从事公务员会有很大的帮助，所以毅然决然地选择了文科班。大学的时候，也选择了社会学，就读于社会工作与社会政策系。大学专业课程，对我现在的工作帮助很大。

大学快毕业的时候，学院组织我们在南京的成贤街社区实习。我还记得那家社区服务中心大厅墙面上挂着"我待群众如亲人，群众待我如家人"的字样，实习期间我看到了社区阿姨们真的把群众当做自己的亲人一样对待。实习结束之后，回到拉萨，我一直想到基层单位实习。前面提到的那个叔叔正好也在那曲申扎县农牧局工作，我就坐9个多小时车来到那曲申扎县农牧

白玛次巴
父亲的三次落泪

◆ 组织开展基层防灾减灾工作。右一为白玛次巴

局体验基层工作，在那里我初步了解了基层公务员的艰辛和困难。

毕业后，有南京的企业让我留在那里，也有拉萨的朋友让我加入他们公司，最后我还是选择了去基层当一名公务员。但真正到了申扎县的时候，心里还是有一点落差的，身边很多同学在拉萨工作，环境好，跟父母又近，各种娱乐设施齐全。当时的申扎县城连一条像样的马路也没有，冬天需要生火取暖，电也是时有时无。真的是"风吹石头跑、夏天穿棉袄"。县里的老干部自称有"老干部病"，在高海拔地区工作了二十多年的，大部分有风湿病，也有的叫"企鹅病"，因为走路一摇一摆，跟企鹅走路姿势一样。想到未来的某一天我也会变成这样，心里的确有落差感。直到2019年，我被安排到卡乡德朗村驻村，那里海拔4788米，是未来整体搬迁的对象。在那里，我找到了我在基层的存在感，在那里，我能够真真正正地解决群众的生活生产问题。我经常跟队友开玩笑说：我是申扎县驻德朗村的电信营业中心、农行营业所、纠纷调解中心。群众会把自己家里的风干羊腿送给我们并感激地说："你们辛苦了，一定要好好吃饭，在这里辛苦了！"这种感激，这种举动，让我心里特别有成就感，觉得来这儿真的值了。

不负青春担使命

　　中国共产党的初心和使命，就是为中国人民谋幸福，为中华民族谋复兴，永远把人民对美好生活的向往作为奋斗的目标。打赢脱贫攻坚战决胜全面小康是党中央对全国人民的一项庄严承诺。我非常荣幸自己是参与者，驻村期间，我把自己所有的精力和热情都投入到扶贫事业上，做民情登记，填写一户一档，走村入户，宣传扶贫政策，一对一帮扶，上级规定的扶贫工作桩桩不少，件件不落。给村里争取到电信信号基站的项目、给孩子们赠送学习用具，给贫困户做思想工作，重大节日去慰问低保户，帮村里解决合作社销售问题。2019年10月，是我们申扎县"国考"交卷的时间，我们村通过了层层考核，顺利摘下了贫困帽。

　　脱贫攻坚实施以后，县城的基建有了很大的改善和突破，整个县的公共服务水平有很大的提升，人们的生活环境也有了很大的改善。对于我们年轻的基层公务员来说，最大的困难还是自我心理的管理。刚开始时，找不到自己的价值，甚至会自我怀疑，找不到工作方向，心理上会有很大的挫败感，甚至是无所适从。工作两年，现在自己内心不浮躁了，开始了解、融入基层，在一般的工作中慢慢把自己在内地西藏班的所学运用到工作当中，运用到建设美丽西藏的具体事情上。

　　我是从农牧区出来的，现在工作也是在农牧区。很多偏远农牧区的教育资源和师资力量薄弱，并且各县区的教育水平差距仍然较大，考上内地西藏班的比例也会低一些，我希望录取政策能够向偏远农牧区倾斜一点，他们走出来不容易，考进内地西藏班是他们改变人生、改善家庭生活的重要途径，甚至是唯一途径。未来我自己成家有孩子了，作为一个父亲，如果还有内地西藏班，我也一定会让自己的孩子上内地西藏班，让他成为内地西藏班二代。内地西藏班这段经历，对个人素质、文化水平、为人处世都会有很大的帮助。

　　正在上内地西藏班的小学弟、小学妹，老师对你们的严格行为，你们可能会不理解。但是你们也要记住他们也有家庭、也有自己的孩子,他们日夜不归,是为了什么?老师对我们负责,对于整个国家来说,是民族团结的重要体现。希望学弟学妹珍惜现在的学习机会,没有一段经历是我们可以重新开始的。

  我非常荣幸能成为内地西藏班办学35周年口述史的采访对象,希望通过我的亲身经历和切身体会,为内地西藏班的发展提供一些借鉴和参考。衷心祝愿内地西藏班越办越好。

行走在温暖的筑梦路上

次旺多杰

受访嘉宾简介

次旺多杰：藏族，西藏江孜人，1992年11月出生。济南西藏中学初04级校友，东营一中西藏班高08级校友。2011年，以山东省西藏散插班理科第一名的成绩考入清华大学法学院，大学期间曾担任《雪子》杂志主编。2015年本科毕业后作为西部计划志愿者参加清华大学研究生支教团赴西藏职业技术学院支教一年；2016年至2019年于清华大学法学院攻读经济法方向研究生，并获得法学硕士学位，期间参与若干国家部委、顶尖企业的反垄断法课题研究，并在金杜律师事务所实习；2017年在清华大学读研期间录取进入瑞士苏黎世大学攻读国际商法方向研究生（LL.M），期间多次赴多个国际组织交流学习；2018年以Magna Cum Laude（极优等级）成绩毕业，获得法学硕士学位。现供职于国家开发银行西藏分行。

第一次与"外面的世界"亲密接触

1992年，我出生在拉萨。因为父母工作原因，出生不久便随姥姥到日喀则的一个小县城——江孜县生活。2001年，我和姥姥搬到日喀则市区，和当时在那里工作的父母一起生活。记得大概是在我上小学六年级时，父母和亲戚会时不时在我周围讨论一些对于当时的我来说有点"奇怪"的问题——要不要把我送到内地去读书，如果要送，那应该送到哪个地方。当时的我，无法理解他们的种种考虑，单纯地想内地有没有日喀则好玩，有没有像课本里画的那么繁华。

◆ 清华大学硕士毕业时

小学毕业考试我名列班级前茅，被山东济南西藏中学录取。2004年，我在贡嘎机场既兴奋又有点不舍地和家人告别，戴着吉祥的哈达，踏上了七年的求学之路。出发那天前来送孩子的家长特别多，我家人也挤在他们中间一直目送我。在回头的一刹那，我看到了母亲和姥姥正笑着向我挥手，眼里却泛着泪光。

飞机落地成都，领队老师通知我们要在成都暂时休息两天，再坐火车去济南。所有学生都太兴奋，尤其是男孩子，两天的时间里似乎一直在领队老师容忍度极限的边缘试探——不是尝试偷偷溜出宾馆大门，就是在房间里大玩大闹。那时我对内地的第一印象是：内地真的太热了！

从成都前往济南的火车里，很多时间我都是在很好奇地盯着窗外，看一闪而过的高楼大厦，看铁轨边上的石粒，看火车头和火车尾在哪里，很多同学也和我一样。当时我们坐的是那种可以开窗的老式绿皮火车，火车上发生了一件趣事。有位同学要把水杯里的水往窗外洒，结果因为风力，洒到后座正在欣赏窗外风景的同学脸上了，两人因此争吵起来了，幸好领队老师及时出现才得以解决。

从火车站坐大巴到学校时已是晚上十点左右了，我们的班主任和学生辅导员（比我们高两届的学长学姐）还在校园里等我们。找到自己的班级后，我们在深夜的教室里开了第一场班会，主要有两件事：一是把随身携带的钱交给班主任保管；二是强调纪律。当时转账汇款不方便，很多父母都把现金缝到了孩子的内衣内裤里，嘱咐他们到学校立即交给班主任。不过有些贪玩同学早在成都就偷偷把缝线拆开，拿钱去买各种好玩的玩具了。班会结束后，我们由各自的辅导员带往宿舍休息。经过长途奔波，在宿舍里稍微休整一下，便睡了。

那是我第一次离开家人，离开日喀则，离开西藏，与"外面的世界"亲密接触。那段旅程，一路上充满了激动、好奇和懵懂，我与内地西藏班的故事，也从那一段奔波的旅程正式开始。

异乡的"父母"

但凡有内地西藏班求学经历的孩子，他们大多数都会对自己初、高中时期的老师有一种特别的情愫，说白了，是一种"亲情"。

初中时期，我的班主任是一名语文老师，她姓金，我们班管她叫"金妈妈"。除了教授我们知识，学生日常生活中遇到的很多困难和问题，她都会事无巨细地帮我们解决应对。渐渐的，学生们都和她有了特殊的亲近感，"金妈妈"的称谓应运而生。

刚到学校时，同学们都挺怕她的，这可能是学生对老师天然的畏惧，但也是因为她对我们的要求确实十分严格。平日里上课、开班会、找学生谈话，她都比较严肃；批评教育调皮的学生，更是神情威严，像一个"护法"似的。可是后来随着她的"小子"和"丫头"们越来越懂规矩，越来越知分寸，她也逐渐开始变得随和起来。她会和我们在冬天的操场上打雪仗，会在过藏历新年的时候挨个串门拜年，会在察觉到我们可能遇到问题时主动找去谈心并悉心开导。有一天我们忽然发现，她被同学们逗得哈哈大笑时，也跟孩子一般可爱。

曾经有段时间，可能是因为进入了青春的叛逆期，我突然觉得每天重复上课、做作业、考试已经不再有趣，于是开始沉迷于看课外书、追漫画、偷偷打游戏，导致成绩一落千丈，从最开始的年级前几名退步到年级几十名，情绪也变得十分暴躁，开始与班上的同学为了鸡毛蒜皮的小事起冲突。金老师似乎发觉了我那段时间的状态异常，就找我去她办公室谈话。我心里觉得这次死定了，等待我的肯定是最严厉的批评和最长的检讨书。可万万没想到，颤颤巍巍的走进办公室连报告都忘记喊了的我，竟然没有受到惩罚，而是被金老师突如其来的嘘寒问暖给搞得有些不知所措。她耐心的询问我最近在忙些什么，生活上有没有什么困难，关心我家里的情况，最后，还表扬我在班级里是学习效率最高的一个。从她办公室出来的那一刻，我内心五味杂陈，好像突然间对责任、理想、价值这类抽象的词汇有了一点朦胧的理解，便开始追问自己要承担起什么样的责任，自己的理想是什么，自己活在这个世上到底有何价值。那天晚上我久久无法入睡，白天金妈妈说过的那些话一直回荡在耳边，我知道她清楚我这段时间的状态，但没想到她还对我有那么大的期待，自己做过的"无厘头"、荒诞的事情也一件件浮现在眼前，内心里憋着一股劲儿想：我一定不能让老师和父母对我失望，是时候对自己负起责任来了！尽管睡着的时候估计是凌晨，但第二天我是整个寝室最早起来的，也是从那天开始，我把大部分精力和时间投入到了学习中，不再盲目做那些同龄人觉得很"酷"的事情。我想，这应该是我迈向成熟的第一步，但如果没有"金妈妈"，这一步恐怕是要晚许久才会迈出去，甚至永远迈不出。

"随风潜入夜，润物细无声"，虽然自己毕业已经十几年了，但恩师们对我的影响到现在都是清晰可见的。至今我都清晰地记得炎热的夏天他们在仅有两台电风扇的教室里挥汗如雨的样子，记得他们千方百计让课堂变得更加有趣所付出的种种努力，也记得他们在深夜查完寝室后渐渐消失在黑夜里的背影。他们教会我谦卑，提醒我"仰望星空，脚踏实地"；教会我坚持，鼓励我"咬定青山，一鼓作气"；教会我好学，警醒我"业精于勤，行成于思"。

所以，对内地西藏班老师的这种情愫，对我而言早已超过了单纯的师生情，超越了民族与语言的差异，超越了高原与平原的距离——这是一种在内地西藏班语境下形成并凝固的"永恒亲情"。我深深的感谢每一位内地西藏班的老师无私付出,你们是黑夜里的烛火,燃烧自己,照亮了我们。

在独立中淬炼心智

  最初父母考虑是否要把我送到内地读书时,他们最大的顾虑可能在于我年纪太小不能好好照顾自己,担心我在异乡受不了苦,无法这么早独立生活。可怜天下父母心,我相信多数父母都会有此顾虑,尤其是当条件所限,四年见不到自己的孩子时。我刚到学校时确实也会有些不适应,习惯了衣来伸手饭来张口的日子,真正到自己需要处理好自己的事情,照顾好自己的生活时,不得不说是个挑战。

  第一年冬天,学校发了白色的过冬棉服,很容易脏。有一次我去水房洗棉服,泡在大桶里撒上洗衣粉就开始用脚踩着洗,因为凭我当时11岁的小身板,把那件浸了水的棉服提起来几乎要费九牛二虎之力。但问题来了,我该如何把洗好的棉服拧干晾好呢?拧是完全拧不动的,当时周围也没有其他同学,于是我只能靠自己把棉服平展在水池里,一点一点把水往边上挤,挤了十几分钟感觉终于可以晾了,把棉服拖出来的瞬间,棉服又脱手掉进桶里浸水了。我累瘫在地上,一种无力感侵袭而来,特别希望自己的父母或生活老师能马上出现帮我把衣服晾好,可是谁都没有出现,最终只能靠自己再一次重复之前的流程,值得欣慰的是最后我成功了。阳光下,我看着那件依旧湿淋淋的大棉衣沉甸甸地挂在阳台晾衣架上,再看了看我冻得通红的手,嘴角不自觉地扬起来,一种斗牛士刚把一头西班牙公牛打倒直至它无力反抗的成就感油然涌上心头。事情虽小,后来每每想起这件事情也会不禁自嘲,但那的确是我第一次为我自己独立完成一件较有挑战性的事情而感到喜悦。

  内地西藏班的学生,到学校后要学的第一件事应该就是生活上独立。这不仅意味着你要开始自己动手做那些不得不做的生活琐事,还要自己去主动支配你可以支配的有限资源,比如时间、生活费、精力等。虽然学校纪律严明,但是仍有不少可以自己支配的空间。因此,课余时间怎么安排,生活支出怎么计划这些问题都会接踵而至。从自身成长角度来说,内地西藏班的经历让我在成长过程中较早遇到并解决了这些问题，较早锻炼了自身的规划能力、执行能力和抗压能力等，对人格的完善、自律的培养大有裨益。最初独立的过程可能是不适的、痛苦的，但是收获到的成长是飞速的、巨大的。

在集体中滋养灵性

人是社会的人，生活上要尽早独立自强，但精神却不能没有寄托。内地西藏班时期，我们个体的精神寄托应该就是我们的班集体了。从班主任、到班委，再到普通同学，一旦涉及集体荣誉，那一定是要拼了命地认真对待的事情。

第一次感受到集体的力量，是在内地西藏班第一年参加军训时。军训刚开始时，我们应该是气氛最轻松的班级，因为教官脾气好，我们总是不认真训练。后来阅兵分列式练习，很明显，我们班的队伍是最不整齐和士气最低落的一个。班主任和教官召集我们说，"我们三班绝对不比任何一个班差，绝对有实力拿阅兵第一名，相信我们三班的每一个人都是在为这个集体着想，我们不能让任何一个人掉队……"。教官训话间隙，我看到有几位同学在偷偷流眼泪，那些平日里最不认真训练的几位同学也神情凝重。接下来的几天里，一些微妙的变化发生了，所有人训练都更认真了，班委也在带头

◆ 与苏黎世大学法学院国际商法LLM班级的部分同学合影

管纪律，不需要教官再一遍一遍吼。最后的正式阅兵分列式上，我们得偿所愿，取得了理想的成绩。此后每一次班级活动，类似运动会、各类竞赛、日常评比等，我们都会举全班之力维护和争取班级荣誉，我们班级的凝聚力也随之不断得到增强。

班级是一个温暖的集体，每一天都与同样的人相处，一起上课、吃饭、运动，久而久之确实变成了彼此的依靠。我记忆里，那些最热血、最喷薄涌动的瞬间都与集体有关。每当我们的集体历尽艰辛，取得成就时，内心总有个柔软的地方会被触动。我想，被触动到的应该就是人最富灵性的层面，应该就是人之所以为人的层面，是彼此凝聚在一起时产生的共鸣和魔力。就像当我们看着五星红旗在奥运会场上伴着慷慨激昂的国歌冉冉升起时会热泪盈眶一样。

内地西藏班的生活，教会了我在集体中要做一个"柔软"的人，要有为一个集体而"被触动到"的灵性，要有集体意识，也要踏踏实实地为集体做些实事。

走出去是为了更好地回来

2011年，我以山东省东营市一中西藏散插班第一名的成绩考入清华大学。大学是学生从身到心真正独立的阶段，而我正因为有先前内地西藏班的经历，刚入学时在生活方面的适应速度便要略快于同届的其他同学。学业方面面临大大小小的困难是必然的，但我早已调整好心态，给自己设定合理、具体的目标，与过去的自己比较，日积月累，逐渐进步。

本科毕业后，我又继续攻读并顺利获得清华大学与瑞士苏黎世大学的硕士研究生学位。十几年求学历程弹指一瞬，毕业后，我选择回到西藏工作。因为认同开发性金融"增强国力，改善民生"的宗旨，便投身开发性金融领域，为自治区内各类基础设施、能源保障、"一带一路"等相关项目建设的融资工作贡献自己的绵薄之力。曾有不少同学问我毕业后为何不继续留在内地，甚至国外工作，每次被问到这个问题，我脑海里时常会想到这句话——走出去是为了更好地回来。

次旺多杰
行走在温暖的筑梦路上

◆ 赴WTO交流学习并参加国际贸易法律研讨会

经过七年内地西藏班的学习生活以及在国内外顶尖学府的深造，如今回到家乡，作为这一政策的受益者，我终于理解了家人曾经与我告别时内心的骄傲和种种考虑。但现在，我能心怀感激地告诉他们，你们曾经的选择是无比正确的，因为在内地西藏班有一群可爱的老师，如在异乡的"父母"一般，教授我们知识做指路明灯，照料我们的生活做贴心父母；在内地西藏班的我们能很快学会了自立自强，不断磨练心智，快速成长；在内地西藏班的我们有一个充满爱和包容的集体，那里有我们最珍贵的回忆和最真挚的情感；在内地西藏班我学到的很多知识和道理让我受益终生，得到的历练更是我之所以成为现在的我的前提，并为我后来人生观和价值观的形成打牢了坚实的基础。

"走出去是为了更好地回来"，这句话早已被人熟知，但这句话用在过去35年期间内地西藏班万千学子身上，我认为再恰当不过。我们年幼时背井离乡远赴内地求学，可能还无法意识到这一切意味着什么。但当我们渐明事理，会意识到自己当初走出去的"初心"，就是更好地回来，更好地建设我们热爱的家乡，更好地为祖国作出力所能及的贡献。

295

一段青春·多少风华·几载时光

马艾乃

受访嘉宾简介

马艾乃：藏族，西藏林芝人，1994年6月出生。上海共康中学初05级校友，晋元高级中学西藏班高09级校友。本科毕业于浙江大学，期间作为交换生赴美国伊利诺伊大学进行学习。2016年毕业后进入苏宁集团PP影视工作，获得集团"年度优秀员工"称号；2018年担任陕西天仁雪农业科技有限公司副经理；2019年响应国家"大众创业，万众创新"的政策，回乡担任西藏昊冉环保科技有限责任公司董事、总经理。曾先后获得林芝市"双创工作先进个人""西藏自治区民族团结先进个人"等荣誉称号。

严母训导巧立志，少年成学远家乡

我叫马艾乃，来自林芝。我有一个弟弟，现在某部队服役，妈妈属于家庭主妇，爸爸做一些生意，我是2005年去的上海市共康中学，毕业以后考上了上海晋元高中，大学就读于浙江大学。之前也有国内外交换的经历，我大三的时候去了一次美国，在UIUC交流了差不多半年时间，当时想过要不要深造的问题，后来因为自己一些职业规划，觉得可能还是先就业更符合人生的规划，毕业就直接自己找工作去了上海，在苏宁工作。目前响应大众创业的政策，自己开了一家环保公司叫昊冉环保科技公司，专门做一些垃圾分类的工作。

2005年大家都觉得考上内地西藏班是非常光荣的事情，我身边的家长还有同学的爸爸妈妈，都非常希望自己的孩子能考上内地西藏班，首先他们觉得从教育资源角度来说，是将这个时段的精英聚集在一起，氛围好；其次是他们觉得在孩子成长的时间段，内地的气候更合适。那时候我对内地西藏班的理解，或者说认知，大部分是来自一个学姐，她叫拉珍，那个学姐会给我们寄信，说她在广东的内地西藏班怎么样，老师怎么好，学习氛围有多好……

我的成长过程中母亲对我的要求非常高，因为我并非学霸，没有上过幼儿园、学前班，直接就上了小学，年纪比同龄人小一些、性格皮一点。从一年级到三年级一直是班级倒数第一，从来没有考试是个很正经的事情，是一种竞争，是对自己这一年或者半个学期的总结的概念，还是个小孩子。四年级上学期的时妈对我说："我对你太失望了，我以后就不管你了。"那天起，每天早上我妈仍会叫我起床，如果我赖着不起床，她就不叫我。我想就快要上课了，为什么还不叫我，早上起来也没有爱心早餐可以吃。她说柜子上放了一箱泡面，你自己想怎么吃，是你自己的事情。她就做自己的事情，也不搭理我。那时候就觉得可能是因为不学习，会被家长抛弃，特别紧张特别害怕，我开始好好地上课，认真对待考试，那个学期成绩就上来了，而且比较夸张，从班级的倒数第一，直接升到了班级第四。那次的家长会，我拿

共进与赋能
西藏班(校)35年35人口述史

◆ 2005年西藏农牧学院附属小学班级毕业照。前排右四为马艾乃

了成绩单对妈妈说："妈妈，你今天一定要来开家长会。"然而家长会后，妈妈却揍了我，当时觉得考了那么多年的倒数第一名，你都没有揍我，现在考了第四名却挨揍，我问为什么。她说："你就不能再努力一点吗，这样你就进前三了，就有个奖状了。"当时可能不理解，现在理解了。

我们那个小学只有7个藏族学生，当年就我一个人考上了。当时得知自己考取了内地西藏班，我天天跑到教育局去看有没有出结果。真的出结果那天，我又不敢去，心里很害怕，因为我看到有家长在那里揍自己的孩子，觉得不争气，有些家长在哭，有些在笑。那个时候我心里很纠结，不知道要不要去看，之前是每天都去看，那天却是不敢去，就接我弟弟回家了。第二天是带着妈妈一起去看的，看到分数以后，当时心里觉得稳了，往年的分数线大概是260左右，而我的分数比这高出很多，心想不管怎么样都应该被一所内地西藏班学校录取。后来教育局打电话给我说今年有政策，每个地方会破格录取一些学生，就把我安排到了上海。听到这个消息后妈妈激动地哭了。那时候对上海是什么概念呢，只在电视里面见过，然后就特别开心。

当时林芝地区就我一个人考到上海，所以没有统一的大巴车，爸爸开着车，我们一家人从林芝到拉萨，那一路我就觉得这么好的地方，我要很久都不能回来了，当时心里特别的难过，就想把这些景都刻在自己脑子里。我妈妈是蛮会持家的一个人，她说睡衣这种，你到了上海去买就行了，没有必要从这里买。因为我当时看到有很多考上内地西藏班的，就会在当地扫货。妈妈当时给我准备的东西就是一张全家福，我记得还有一个香囊，六年级的时候很紧张，总会睡不着，我妈就给了一个香囊，用藏香调制的，她觉得我到上海了之后，睡觉的时候感觉还像自己家里一样吧。再剩下的就是满满一箱零食，从干肉到糌粑。她甚至想过把酥油熔化以后装到瓶子里，让我带走。

到了拉萨以后，要坐第二天的飞机，我之前从来没有坐过飞机，当时我爸爸妈妈都有事情没办法送我去上海，所以是叔叔送我的。那一路上我从拉萨到机场，我一直掉眼泪。到了机场以后，叔叔在那儿等我，过了安检，拿着机票就不想进去，不想跟家里人分开，我爸爸倒是非常淡定，他觉得这是一个更高的起点，应该高兴着去。因为家里父母都比较年轻，还有弟弟可以陪在爸爸妈妈身边，他觉得没有什么好担心的，多好的事情！他真的是欢送，但妈妈一直在哭。快进安检的时候妈妈叫了我一声，我本来觉得不能哭，要坚强一点，我妈又叫了我一声，我一回头，俩人就抱在一起痛哭。上了飞机后，叔叔坐在我后面，我旁边坐了一个上海阿姨，她一直在安慰我，我望着窗外，眼泪止不住地流，叔叔就在后面说："能不能帮忙换个位置，因为我侄女要去上海学习，刚跟家里人分开，心里非常难过。"那位阿姨人也很好，帮忙换了座位，叔叔坐在旁边，心里好受了许多。想到内地西藏班的寒暑假是不能回家的，那个瞬间，压抑的情绪甚至让我有不去内地班的想法，真的有那种想法。

七载异乡求学路，不识愁来不言苦

从拉萨到上海我哭了一路，都不知道是怎么到的，我到了酒店还在哭。机场离学校很远，我记得在浦东机场，我叔叔带我坐了很长时间的大巴。他当时带我去南京路，在那个附近住下了，因为我妈妈叮嘱他要给我买一些生活用品，当时去买东西的时候觉得大城市很不一样，左看右看充满了好奇，比电视上的更美好。在南京路待了两天，第三天去学校报到。我原以为学校所在的地方就像南京路一样繁华，一路走过去，楼越来越矮，越来越旧，心里有一点落差，可能一开始去了太热闹的地方，回到学校觉得变化比较大吧。

进学校大门有一个门卫室，我就站在那里看，我根本就没有听到我叔叔在跟老师说什么。后来叔叔跟我说了一声，先去见一下班主任，我就记得这个。当时觉得学校伙食很好，虽然菜系偏甜，但大部分属于中和，不会太辣也不会太甜，学校会统一配好饭菜，也不用往饭卡里充钱，觉得蛮好的，因为除了三餐，晚上有夜宵，中午有水果，觉得比在家里吃得还要好。其中让我印象很深刻的就是茶叶蛋，我之前没有吃过茶叶蛋，因为茶叶蛋是自己拿的，我之前每次挑蛋都是挑完整的蛋，就觉得为什么那个蛋破了壳还要给我，后来是偶然吃了个破了壳的茶叶蛋，觉得比完整蛋壳的好吃多了。

我的寝室在三楼，当时房间号是618，八个人，因为家里条件不是特别好，在家里有做家务的历练，对我帮助很大，刚到宿舍时让我特别新奇的就是凉席和外面的蝉叫声，我从来没有体验过的。当时发凉席时，我都不知道怎么弄，生活老师就教我，凉席怎么铺，当时还发了牙缸、牙刷、保温瓶，她在那儿看着，看我自己独立能力怎么样，还跟我叔叔说："她比我看到的好多学生都强多了，自己还会套被套。"。

前一个月我基本都没有睡好，每天晚上都会哭还是觉得家里好。白天还好，因为白天要上课，都是有行程安排的，会觉得有事情做，没有那么多时间想家。等晚上自习结束了，回到宿舍后一个多小时，就会时不时地想家，来之前妈妈曾说："你想家的时候，就看月亮。"我知道此时妈妈也会在看月亮，这便成了一种寄托。

2008年我得了急性肠胃炎，我平常很少生病，但一病就感觉快要死了。当时肚子特别疼，疼了两天，去医务室躺了两天，晚上一会儿热一会儿冷，室友整晚都轮流照顾我。生病的时特别想家，我当时迷迷糊糊的嘴里说的全是林芝话，全是爸爸妈妈之类的。共康中学宿舍跟教学楼是分开的，我们班有两个男生跟我玩得很好，是他们两个背我到女生宿舍的，当时疼的走不了路，整个人头皮发麻。弄的人家校服上全是鼻涕眼泪。当时大家都是小孩嘛，到宿舍后也不知该用热毛巾敷还是冷毛巾敷，我发烧了他们还用热毛巾敷。我隔壁宿舍也是我们一个班级的姑娘，她也跑过来照顾我。那天晚上生活阿姨看我特别痛，一个晚上没有熄灯。宿舍里轮流照顾我，一直到天亮，第二天送我去了医院。后来妈妈来了，当时是初二，那是离别之后第一次见妈妈，大概有三年没有见到妈妈了，那一瞬间忘了所有的病痛，更多的是感动，觉得妈妈在就有一种归属感，觉得住院也不怕了。

我发现到内地之后在学习上主动了很多。过去是老师做规划，做总结，但去了内地以后一切只能自己去做。从一开始父母督促，老师监督，再到后来自己去学，自己整理出计划等。还有一开始我还不太愿意把自己的学习方法告诉其他人，可后来大家一起讨论，他把他的方法告诉你，你把你的方法告诉他，大家一起学。再一个就是因为在大城市，见识广了，会有一套自己的逻辑，不管是处事的方法，做人的格局，还是做事情的格局都会大的多。初中时，有三个藏族班，汉族班有两个班，班里学生大概是45到50个之间，高中差不多每班50多个，一共十二个班。慢慢的，我的成绩持续进步，初中第一次考试是143名，第二次在80名左右，第三次就是在40名次左右，到后来一直保持在年级前10名。

初中上课的时候我其实比较懒散，但是成绩依然比较好。那个时候做作业我都是两支笔三支笔夹在一起写的，高中就完全不一样了，你的作业没有人会来收，讲台上放了几个筐子，对应的是每个科目，你的作业可以交，也可以不交。老师也不会说你没交，但大家都是很自觉地把作业交上去。初中没交作业觉得没什么大不了，高中时却是大家都交了，我也必须交。总之就是从被动到主动学习的过程。当时我记得有一个习题册，十一假日七天让我们做五十页的习题，大家就开始分配了，你做前面十页，我做中间二十页，再找人做后面剩下的。其实我们的水平差不多，可能他做不出的，我也做不出，但大家就会在一起商量着完成作业，这也是我们当时觉得比较有趣学习方法。再一个就是周六周天做作业时，大家觉得说话会相互影响，于是会找个安静的教室学习，过一个小时以后，我们就会跑到专门的内地西藏班学生的活动室，里面的装饰全部都是藏式的，大家就会在里面放松一下，坐一下，听听歌，跳跳舞，完了以后又开始学习。那时候真的学习态度改变了，以前是我差就差，破罐子破摔。现在不行，破罐子也必须要努力。

每次考试完，学校都会给家里寄成绩单，学校还有一个红榜，但好在是没有白榜。榜单设立了相应的奖状，比如说"最佳学习进步奖"。考试前几名的学生当然会被表扬，但也会重点表扬成绩不那么靠前，但很努力的学生，而且会表扬得很细。他们有的在整体的名次上有进步，有的在某个科目上有进步。整个学校的氛围就是尽量的鼓励你，表扬你，让你去爱上学习。当时的学习氛围我觉得是分层次的，越是学习好的同学竞争越激烈，以前有种像矿灯一样的充电灯，晚上熄灯后，同学们会在被子里开灯看书。我觉得我也是蛮奇葩的一个人，当时宿舍衣柜是分上下两层，为了多学习，我将下面那层柜子里的衣服全部装到透明的塑料箱里放到床上，人就钻到柜子里面挑灯夜读。

学校也会有一些不错的课外活动，比如陶艺课，剪纸课，橄榄球课还有电子阅览室也可以去。我对电脑感兴趣，一直跟我们电子阅览室的老师沟通想学，老师就带我跟汉族班的同学一起，参加了一个上海网页制作大赛，我们还拿了个三等奖。现在我觉得学校做得很棒，不仅让我们专注于学习书本上的东西，课余时间也会"想方设法"让我们不想家，让我们找到自己喜欢的东西，并且花时间去钻研它。

学海指路苦磨工，师恩难忘情意浓

初中时我最喜欢上物理和化学课，物理老师是个女老师，她常说："大家都觉得女生学物理不行，但是我觉得我们二班的女生还是不错的。"因为每次宣布成绩时，前三名中总有我。她讲课非常生动有趣，该骂的时候也会毫不留情地骂，不会顺着学生。化学老师姓马，叫马海宏，是一位身材高大高度近视的老师，我毕业的时候才知道他近视这么严重，他上课从不戴眼镜，他一米九的身高，让大家敬畏，所以他的课大家都非常认真。其实他只能看清楚第一排到第二排。

我印象比较深的藏文老师是扎琼老师，他是一个特别可爱的老师，他会讲一些很冷的笑话，但他不会笑，全班却笑得人仰马翻。他寝室里有电视有电脑，他也会带我们看电视玩电脑，我们没有钱了，老师也会救济一下。

上学期间我特别喜欢看乌龙院漫画，每每课上觉得知识点巩固得差不多了，老师讲的东西我都会了，就看一些小说，漫画。我坐在窗户边上，很

◆ 时任上海市委代理书记、市长韩正到上海共康中学与藏汉学生欢度藏历新年，右二为马艾乃

危险的，一旦被走过去的老师发现，不管是不是我们班的老师，也会照常没收。现在回想起来，内地西藏班的老师很辛苦，我们真是没有少让班主任操心，班主任有个女儿叫王雪鸢，周六周日她会带着女儿来。有一次她闺女发高烧住院，当时我们班纪律也差，有段时间男生打群架，蛮严重的，还差点把教室的电视都给打坏了。当天校长就把她叫过来问责，其实大家都觉得这只是流程而已。可后来才知道她闺女那天发烧住院，她却丢下女儿来解决我们的事，那天她哭了，我们才明白了老师的不易。我们学校的老师都有一个行动纲领，叫"二四三六五"，就是24小时在你身边，365天也在你身边，班主任必须要做到这样。那时看到班主任哭了，第一次觉得班主任好辛苦，觉得自己应该懂事一点。

今天我想跟老师说，在我们最需要父母陪伴，最需要家人关爱的时刻，是你们一直陪着我们，把我们当自己亲生孩子一样，关心我们心里是怎么想的，关心我们吃得饱不饱，穿得暖不暖，学习上有没有困难，生活上有没有困难，特别感谢你们！

七年时光酸甜苦辣，三十五载岁月悠悠

我在内地西藏班学习生活了七年。这段时光回忆起来就像彩虹，五颜六色。刚离开家时很难受天天哭，到后来才慢慢适应，友情、师生情给我带来情感上的慰藉和鼓励。经过自己的不懈努力，学习成绩逐渐向好。每次我从共康、晋元回来，跟老家这边的同学一起交流，大家基本不会聊成绩只会聊起一些生活上新鲜有趣的事情，无论是谈吐，还是气质方面，都充分证明上内地西藏班是正确的选择。这段经历都成为我以后人生路上的宝贵财富。我以后也会让我的孩子上内地西藏班。

在内地待了七年，我想跟学弟学妹们说，在内地西藏班，除了要好好学习以外也要尝试做一些其它事情。比如多培养课外兴趣爱好，像可以利用内地西藏班条件学习乐器。要培养综合素质，一个人优不优秀并不是只看成绩，也要看处理事情的能力和格局，所以要锻炼独立思考和创造实践能力。学习是一部分，生活也是一部分，在加强学习的同时也要学会体验生活，感受生活，在生活中扩展自己的视野。我们可能觉得有些人走在大街上没有什么不一样，但他们说的话，做的事都会让我们学到很多东西。来内地西藏班，要真正奔着学习知识、充实提升自我的目的，这样才能有所得。

来内地西藏班也要学会体验当地的文化。从内地西藏班回来，当别人问起你上学所在的城市怎么样，有什么样的民俗风情，你要肚子里有货，对当地文化有所了解，才能充满自信侃侃而谈。

另外想跟大家聊的是大家都比较关心的就业问题。我们现在的教育，包括大学教育，应该多培养年轻人的社会生存、适应能力，教会他们怎样更好地在社会上发展自己，也要改善社会环境，激起年轻人不断奋斗的勇气和动力。

我回来以后接触了很多内地西藏班的学生，很有感触。为什么家长愿意把孩子送出去，就是想让他们在更广阔的空间学到更多的知识。我希望在这个层面上，学校能有更多的要求，不是仅仅追求升学率，在提高教育质量的基础上，要教会学生树立正确的人生方向，引导他们学会选择，主动适应社会。需要提高学生对世界的认知度和对多元文化的包容度，努力把他们变得更加优秀，要让学生知道为了什么而学习，而不只是告诉他们要好好学习就够了。

今年是内地西藏班办学三十五周年。我首先非常感谢政策，因为我本人就是政策的受益人。我现在的创业，与这七年的学习是密不可分的。我特别幸运，能赶上这样一个好时代，我希望内地西藏班办学能初心不改——为西藏培养更多有用人才。希望这个政策能更加完整化、规范化、体系化。并能与时俱进，使每一届学生都能成为社会精英。

◆ 被评为自治区"民族团结进步模范个人"

内地西藏班
——托起我梦想的支点

陈煜文

受访嘉宾简介

陈煜文：藏族，西藏昌都人，2001年6月出生。重庆西藏中学初13级、高17级校友。在校期间曾担任学习委员、校图书管理员、科技社团社长等职。曾在全国信息技术创新与实践活动中三次荣获全国一等奖，三次荣获重庆市一等奖，一次荣获重庆市三等奖，并荣获该赛事最高奖项"恩欧希教育信息化发明奖"；同时荣获FLL机器人工程挑战赛重庆市三等奖、重庆市中小学生智力运动会飞叠杯花式循环、3-6-3个人赛及花式循环团体赛沙坪坝区一等奖、全国中学生英语能力竞赛全国三等奖、重庆市沙坪坝区科技创新"市长提名奖"、感动校园之星等，被评为"西藏自治区民族团结进步模范个人"。在2020年全国高考中，他以优异成绩考入中国科学技术大学。

陈煜文

内地西藏班——托起我梦想的支点

我是藏汉情融的血脉

我叫陈煜文，光耀之"煜"，文化之"文"。我是藏族，准确地说是半藏半汉。我爷爷是一名在昌都八宿援藏了几十年的老干部，他为民族事业献出了自己一生；爸爸是藏族，一直在西藏工作；妈妈是汉族，虽然她特别不习惯藏餐的口味，却在年轻时就来到了西藏，还在这边安了家。而我本人也是西藏自治区民族团结进步奖最年轻的获奖者之一。纵观我的家族，完全就是一个汉藏融合的大家庭，因为早至我奶奶的爷爷奶奶辈，再到我们家庭，都是汉藏联姻，换句话说，汉藏情融的血液早已流淌在我的血脉中，我是藏汉情融延续的血脉。

去内地西藏班上学其实一直是我小时候的梦想。那时候，听说国家在内地许多城市开设了专门招收藏族学生以及援藏干部子女的学校，那里的老师、教学设施、住宿条件等都比在西藏要好很多。但是那时候能考上内地西藏班，对我们来说，既不易又神圣。不易，因为小考要考入内地的竞争压力比中考甚至高考更大；神圣，因为内地西藏班对于我们来说，就是精英读书的圣地，我们都向往。小学的时候，几乎所有同学的目标就是考上内地西藏班，老师们也都会强调考上内地西藏班的重要性，并且以考上内地西藏班作为荣誉来鞭策我们，我也暗自立誓将来一定要考上内地西藏班。

记得我老妈当时就跟我说，"如果考不上内地，就等着去初级中学念书吧！"现在感觉就像在说："考不上一本，就等着在二本混吧！"其实初级中学也挺好，是昌都市最好的中学，但与内地西藏班相比还是有些差距，所以父母对内地西藏班很重视，都希望自己的孩子考到内地。

我能够考上内地西藏班可以说是一波三折，至今仍历历在目。记得小考结束后，并已经过了一段时间了，我正在家里焦急地等待成绩，暑假的一天，爸妈突然跟我说成绩好像已经出来了，我便飞奔到家里的座机前，拨通了查询成绩的电话，成绩果真出来，有几个科目有点失误，不过总体上还算差强人意，分数具体多少忘了。但当时分数线还没出来，心里还是放心不下，不知能不能考上内地。过了几天，分数线出来了，我按捺不住激动的心情，却又有些忐忑，最终我还是拨起了电话，我记得我的总分似乎比分数线高了30分，瞬间感到无比畅快，那种心里一块大石头落地的感觉，太爽快了，竟然比分数线高了那么多，我长舒一口气，赶紧抛开一切开始玩起了电脑，笑得合不拢嘴。

但才过了一天，坏消息就来了，爸妈告诉我之前分数线是农户的，而我是城户，分数线比这高些，让我再去查一次。这下我就有点不淡定了，但又觉得自己的分数还是不错，应该没问题，鼓起勇气又去查了一次，电话那头传来的声音如一道晴天霹雳从天而降，正中我的头上，我竟然比分数线差了0.33！我不知道说什么，只是抱着一丝侥幸问爸妈："只差0.33，应该可以吧？"爸妈却说："这恐怕很悬，毕竟名额有限，除非你前面的人主动退出。"我眼泪"唰"的一下就流下来了，跑回房间，关上房门，独自一人哭起来，我在床上翻来覆去地哭，我不知道该如何面对这残酷的现实。考上内地西藏班是我一直的梦想，也是父母老师对我的期望，还是我和伙伴们的约定。现在回想起来，这次可能是除了挨揍而哭外，哭得最伤心的一次了。我多想去内地读书啊！最后，奇迹居然真的发生了！爸妈竟然告诉我，我被录取了！因为有学生体检没有过关，不能去西藏班，我就正好补上来，成了昌都市考到内地西藏班里的最后一名。这是一种得而复失而后得的感觉，最后能够考上，让我和爸妈都特别庆幸，特别开心。我老妈拿我哭得稀里哗啦的情形调侃、激励我，要知道，这么好的运气可未必在以后的人生中一直有。就这样，2013年，我终于考上内地西藏班，来到属于我的内地西藏班学校——重庆西藏中学。

美丽初印象　雏鹰靠自强

重藏，就是重庆西藏中学的简称，在本校老师、同学之间都这么称呼，顾名思义，"重藏"就在重庆市。当时记得是从成都坐的动车到重庆，很快捷，只花了一个多小时。是老妈和姐姐送的我，途中，望着窗外飞驰而过的田野和农庄，我憧憬着学校，憧憬着新的生活。一到重庆，给我的第一感觉就是"热"，感觉天上地下都是热水，重庆"火炉"之名，果然名不虚传；重庆也是一个夜景特别美的城市，身在歌乐之巅，整个重庆的夜景，尽收眼

陈煜文
内地西藏班——托起我梦想的支点

底，灯火通明，霓虹绚丽；"山城""雾都""火炉""小香港""革命圣地"，一个特色多元的城市。

当时对重藏也没有太多的了解，只听说是在革命圣地歌乐山上。如果现在有人问我重庆西藏中学到底是个怎样的学校？我会这样告诉他，这是一所国家为了援藏，专门接收西藏学生的学校，学校条件很好，吃饭也不用花钱，国家会有补贴……还有很多很多关于重藏的故事。

记得刚进重藏的那场景，就一个字——美！整个学校背靠4A级森林公园，校门前的路旁都摆满了五颜六色的花，到处都是花草树木，天气也格外好，校园沐浴着阳光，特别美。想到自己要在这花园般的校园里度过初中四年，我情不自禁的流露出了微笑。

就这样，我第一次离开父母的怀抱，开始了学会自己照顾自己的生活，开始了属于我的念家而砥砺的内地西藏班生活，那时我才12岁。一开始独立生活，自己当时感觉相当不适应。因为我自理能力特别差，可以说几乎为零，衣服不知道添减，脏了不知道换洗，泡了准备洗又会耽搁几个星期，泡到衣服发霉发臭，自己的东西不知道收捡，堆得乱七八糟，不会叠被子，不会套被套，不会收拾行李，很久都不洗澡……但在内地西藏班的日子，老师教会了我如何照顾好自己，如何独立生活，我也学会了很多生活常识，我慢慢独立长大，就这样，我的衣服没有再发过霉。

性格上，我的改变也是很大，甚至可以说是判若两人。刚来重藏时，我与周围很多的人都合不来，我那时完全不懂什么叫玩笑，也完全开不起玩笑，时常因为别人的玩笑就吵起来，我也比较小气，不懂分享，不太懂得忍耐，不太会替别人着想，还喜欢给老师打小报告，总之还是太幼稚，不知道怎么与人交往，不懂得一点人情事故，情商为负数。我也因为人际交往的事，常常向父母诉苦，不知道该怎么办，父母也跟我说这个只能自己体会，慢慢来过，我很无助，有时就窝在被子里痛哭，那时候感觉自己真是倒霉透了，真是很艰难的一段时期。后来在老师的引导下，我渐渐地改变了，慢慢地，我学会了分享，学会了玩笑，学着换位思考，我的人际交往能力有了很大进步，我也更深地感受到了与同学相伴的快乐。

在内地西藏班的日子，细微之处，雏鹰砥砺，我慢慢独立，衣服和性格都远离了"发霉"。

309

七年弥足珍贵的师生缘

除了性格的改变，内地西藏班还带给我另一样弥足珍贵的东西——中学阶段七年的美好回忆。回忆中很多珍贵的人、事，都将永远留存在我的心底，成为那"粉红色的回忆"。

内地西藏班属于寄宿制学校，我们从西藏来内地求学，远离故土和亲人，长年吃住都在学校，所以内地西藏班的老师大部分都要长期驻扎在学校，对我们来说，他们既是老师，又是父母，而对自己家中的幼子和父母，却很少有机会去陪伴，我觉得是相当辛苦的，心里总是默默地感谢他们。过去，从我还是一个12岁的小孩起，那些可爱的老师们就与我相伴，到现在我已经是一个成年的大小伙子了，七年以来，老师们一直陪伴在身边，见证我的成长，见证我的蜕变，我很感谢这可贵的"七年之缘"。

七年里，最要感激的是我初中和高中两位班主任，代美老师和何勇泉老师，一位替我遮风挡雨，一位教我浪子回头。其中，何勇泉老师，在学习上他像父亲一样严格要求我，让我养成了很好的行为习惯，不过不管他对我们有多么严格，他每次外出考察，总会给我们带礼物。高中四年，他每次都早早地到教室督促我们学习，我们的作业他也决不拖延，及时批阅。何老师对我也非常关照，记得以前天天上课睡觉时，他几乎天天找我到办公室，帮我想办法克服，给我提了很多的建议，严厉要求我，帮助我尽早回归了正常的学习状态。没有何老师，我真的不知道我还会毫无方向的迷茫多久，何老师心里一直装着我们，我们都特别感激他。

还有那些所有教过我知识，或给予我帮助，给过我鼓励的老师，感谢7年来的陪伴，即使毕业，他们也将永远在我心中。在重藏学习的日子，李宗良校长对我的帮助特别让我感动。上初三那年，填报中考志愿时，我很纠结是要填散插班还是报回重藏，家人都希望我去散插班，一来散插班只用读3年，不像在内地西藏班要多读一年（当时高中是4年制），可以早点进入大学；二来去散插班，也可以顺便换个环境，拓宽视野。而我也在想，如果继续在重藏读高中，老师们对我的情况更为了解，可以更好地因材施教，或许对我更有益，况且如果去散插班，高手云集，万一丢掉自信，自我放弃，自甘堕落，也不是什么好事，回到重藏是更稳妥的选择，但如果我在散插班适

陈煜文
内地西藏班——托起我梦想的支点

◆ 既是李校长也是"李爸爸"

应了更强的竞争，实现了自我超越呢？我想来想去也不知道该报哪？正当我陷入两难境地、一筹莫展之时，李校长找到了我，还专门给我提了一些有针对性的学习建议，知道连校长对我都这么重视，我很是感动和惊讶，最后为了自己更好的未来，我坚定了留下来的决心。

不过真实情况也并没有辜负我的决定，后来李校长对我无论在学习上还是生活上都给予了很多关心和温暖。他把我和班里另一名叫做尼玛扎巴的同学认做干儿子。尼玛扎巴是他们村里第一个考上内地西藏班的，家境不是很宽裕，李校长了解到他的情况后，跟他说："我也是农村出来的，我知道你现在的处境。我以后会多帮助你的，你有什么困难也都可以来找我。"于是，每次节假日，我和小尼都能收到来自"校长阿爸"的特别关心，过年还会给我们压岁钱。同时，生活中也常常提醒我们多加衣服，问我们生活过得如何，考试考得怎么样，学习上有没有遇到什么困难，让我在异地也能真切地感受到家人般的关爱。不仅如此，他还单独给我提供了许多学习资料，让老师给我补短板……对我的帮助很大。在我成长路上有这样一位校长"阿爸"的陪伴，我感到莫大的幸福。

学科教师，初中时，我最喜欢罗志燕老师的政治课，我觉得政治课可以学到很多技能，加上罗老师特别睿智，上罗老师的课我感觉我的思想境界提升了很多。高中，最喜欢李游老师的物理课，老师上课风趣幽默，我们常常被他举的生动例子逗得哈哈大笑，同时又极大加深了对知识的理解，他常常给我讲很多道理，他的课，不仅是物理课，也是人生课。

　　如果要说在学习上有没有一位老师曾不遗余力地帮助过我？我第一个想到的是我高中最后一任语文老师——李早老师。为什么说是最后一任？因为我们班的语文老师从预科算起，那时已经换了5次了，此时，再过20天，我们就要结束高二后半期的学习，马上进入高三了，我们班听说又要换一次老师，我们都不知道该说什么好了，因为换老师也换习惯了，所以并没有对新老师抱有很大的兴趣。可是这次来的语文老师确实真不一样，因为在李老师来之前，就听隔壁年级说她特别厉害，她带的学生有很多都能逆袭成功。因为我的语文成绩特别糟糕，所以对这位老师也充满了期待。后来，随着我们多次接触，发现她真的很与众不同，是一个不慕名利、简简单单，一腔热血教书育人的老师。后来听说，她来重藏，是因为她面试之前看了重藏的宣传片，看到这里的老师与藏族学生之间发生的感人故事。就这样，李老师慢慢地成了我真正的良师益友，在课上她是我敬佩的好老师，在课下她是我真挚的好朋友。工作上，她更是一丝不苟，她把教学计划精确到了每一天，她在教案上做的笔记，比我们在卷子上写的多好几倍，她让我们做的题，都是她精心挑选的，我也默默地模仿着她工作的方式，将之用到学习中。在李老师的英明教导下，我们班的语文成绩也是很有提升，我和一些同学的成绩更是一路"飚升"！总之，能遇上这样的好老师，是我这辈子最大的幸运！

　　今天我能够有这样朝气蓬勃，对未来充满希望的模样，非常感谢7年来这弥足珍贵的师生缘，我相信我们的故事还将继续……

站在全国一等奖的颁奖台上

　　重藏的课外活动是非常丰富多彩的，有十多个各种各样的兴趣班，可以根据自己的喜好来挑选。影迷社、阅读社、雪鹰文学社、英语空间社、桥牌

陈煜文

内地西藏班——托起我梦想的支点

社、羽毛球社、跆拳道社、舞蹈社、古筝社、吉他社、科技社、书法社,还有针织社、魔方社……特别特别多,选择面很广,除了到毕业时忙于学习,其它时候课余时间还是很多的,尤其是到周末,可以好好放松自己,或是培养自己的各种兴趣爱好。

我的兴趣爱好比较广泛,各种活动都能看到我的身影,平时生活里,我喜欢阅读、下象棋、听音乐、拼装乐高积木、打乒乓球、打篮球等。但是我最喜欢的还是科技社,这可能是源于我参加全国机器人大赛的比赛经历吧。

那是高一的暑假,我和班长强巴次成代表重藏去内蒙古包头参加全国中小学信息技术实践创新"变形机器人"项目决赛的那次。比赛那天,我和强巴怀着忐忑不安的心情来到这次比赛的主办场地——内蒙古科技大学,我们都心知肚明,即将面对的是来自全国各地的强劲又睿智的对手,尽管我俩已经为此准备了几十个日夜,仍然不敢有丝毫懈怠。在和带队老师告别之后,我俩找到我们对应的号位,立刻拿出电脑和机器人,投入到比赛中,准备调试机器人。紧张的两小时调试时间很快过去了,终于到这个检验我们日夜辛苦训练成果的时刻了,但是这个经过几十成百次修改的程序能否带领我们走向胜利还是一个未知数。试跑完毕后,真正的好戏开始了,强巴把机器人放在场地上,检查机器人的结构、线路是否有问题,我就去检查清理场地。没有问题后,强巴打开机器人的开关,机器人就这样承载着我们的光荣使命出发了。前两个任务很顺利地通过了,到了第三个任务,机器人站起来时竟然歪了!它非常"完美"地避开了按钮,没有得分,我就自我安慰道:"没事,没事,后面还有任务呢。"但就是因为这一歪,机器人在变回车形时,直接偏离轨道了,寻不到线的机器人像无头苍蝇一般乱蹿,五秒钟过去了,机器人还在外面"蹿",裁判就直接宣布第一次比赛结束。第一次操作结束,我们都担心得不得了,因为如果这是程序问题,就根本无法挽回,如果第二次和第一次的结果没多大差别,我们的汗水可能即将付诸东流。我沉重地叹了口气,还是把机器人拉了回来,准备面对第二次比赛。

相比第一次,我们更加认真地检查机器人和场地,我紧闭着眼,一咬牙,打开了机器人的开关,这是最后一次机会。第一个任务成功了,第二个任务也成功了,像往常一样顺利,我却握紧拳头,手心全是汗。到了第三个任务,机器人用手撑起自己,很艰难地站了起来,变成了人形,看着机器人

313

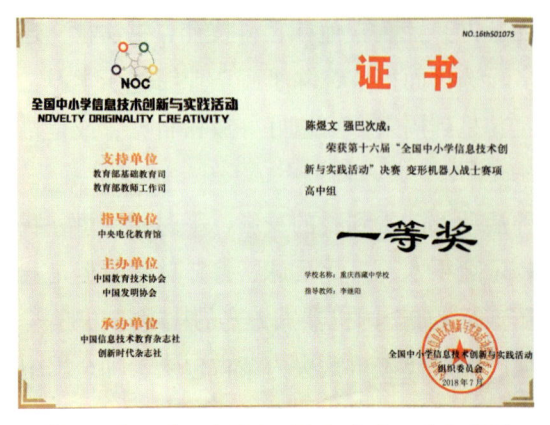

◆ 在全国中小学信息技术创新与实践活动中获得一等奖

动作吃力的样子，想必它也尽力了吧，尽管如此，它还是歪了一点，我顿时觉得沮丧，但我不得不把比赛看完，那感觉就像是硬着头皮看一场早就知道结局是悲剧的电影。但这次机器人歪的比第一次少一点，竟按到了按钮的边缘，场地上传来"嘀"的一声，任务完成了，心想，"至少比第一次分数高一点吧……"。机器人变为车形，重重地砸向地面，奋力作最后一搏，不出所料，车头还是偏离了轨迹，机器人也察觉到它的方向歪了，使劲矫正方向。通常情况下，因为偏离较大，它会过度矫正转一个大弯而与轨迹垂直，之后它就会神经错乱，陷入混乱。这一次，它努力矫正着，在即将转到与轨迹垂直之时，它竟又往回调整了一点，循回了轨迹！我都不敢相信自己的眼睛，心想是咱们的机器人太争气了，还是上天在眷顾我们？这是何等的幸运呀！但是我悬着的心还是无法放下，因为后面还有很多任务在等着它呢。但随后场地上一个又一个"嘀"声的传来，后面的任务接连成功，到了最后一个任务，机器人一歪一扭地走向炸弹高地，"呼"的一声，"炸弹"以及我和强巴悬着的心一起落到了地上，最后一个任务也成功了！我们获得了满分！我激动地跳起来，一把抱住了强巴，那一刻，我感觉我的灵魂第一次真正地触摸到了成功，那是真正的喜悦，所有的努力，终究有了回报。

在全国一等奖的领奖台上，我沉思着，成功的背后，除了无数的辛酸和努力之外，最需要的一个重要条件便是机遇。我想我和强巴之所以能够获得全国机器人大赛一等奖，很大程度上要取决于内地西藏班这个学习平台，正是因为有了内地西藏班这个学习平台，我们才能在学校中练成本事，才能够站在台上看到外面广阔的世界，并且我坚信，未来我们会通过这个平台行得更高、更远。

除了丰富的社团活动之外，学校每年还有固定的"和泽文化科技体育艺术节",艺术节中,内容丰富,包含了校运会、歌舞大赛、智力运动会、"雏鹰杯"球赛、"中华魂"诗歌朗诵会等等许多项目,不胜枚举,每个同学都有大显身手的时刻,大家都能享受到极大的精神愉悦。

除此之外,学校还非常注重军民共建,学校也是军民共建社会主义精神文明先进单位。重庆西藏中学每年都会组织我们进行军事训练,还会组织我们到有历史意义的重庆著名的景点去游玩。七年来,我们去过重庆人民大礼堂、讲述重庆历史的三峡博物馆,有着各种文化、各种景观的重庆园博园,民国特色浓厚的民国街,中国三大石窟之一的大足石刻,讲述红岩精神的红岩村,重庆市中心解放碑,重庆著名码头朝天门,网红打卡地洪崖洞,陈列重庆抗战时、解放后各种文物的建川博物馆等地方。军训每年都锤炼着我们意志,使之更加坚韧,培养我们有军人般吃苦耐劳的精神,而每次去"重庆一日游",我们都感叹外面的世界真精彩,结束了无比美好一天的我们,在洒满夕阳的余辉中总是不自觉地描绘起未来的模样,也时常谈起自己的梦想,而这些都将汇聚成此生最美的时刻。我想这就是我们青春的样子,是我们最美好的样子。那时我们的欢声笑语,我们的憧憬和真挚的情谊将永存我心中。

◆ 在校运动会100米赛道上挥汗如雨

奏响"新冠疫情"中高考冲刺的号角

  2020，新年钟声敲响之际，突然爆发的"新冠"肺炎疫情，在我国肆虐横行。开学遥遥无期，高考对我们高三生来说，显得格外紧迫。尤其疫情期间，在组织的几场考试中，我感觉成绩有所下滑，心里更加着急。不过在只剩几十天的时间里，也只得自己尽全力，怎么也得撑过这黎明前的黑暗。

  压力其实蛮大，但我觉得能无愧于心，最终成绩怎样也没有关系。我所认为的问心无愧，不仅仅是抓紧时间，要好好努力，更是要确保努力的效果，不只求一个麻痹神经的努力，毕竟高考看的是成绩，看的是效果，而不是你投入了多少时间，付出了多少努力。感到压力很大时，我还会想，如果高考没考上自己理想的学校，只能证明自己能力不够，不足以进入那样好的学校学习，要么是学习成绩不够，要么是心理素质不够，不能怨天尤人，只能怪自己曾经没好好努力，没正确地努力。这样想着，心里会宽慰许多，压力就没那么大了，而且学习动力也更足了，这是李早老师给我们讲的，个人感觉很受用。总之就是要多给自己一些积极的心理暗示，能有效缓解压力，然后就要踏踏实实地努力，把剩下的几十天里学习的效果最大化，做到真正的问心无愧，压力就可以减小很多。2020，我希望考上一所一线城市的大学，让自己的视野能更开阔。

  此外，在疫情期间，特别感谢我们重庆西藏中学的老师，因为我们过年没有回家，他们就一直陪着我们，特别是我们高三年级的尤小红老师非常辛苦，已经连续值班快两个月了。尤老师对我也一直非常关心，像自己的亲爷爷一样，默默地关心着我，这些虽然他嘴上不说，但我心里能够感受得到。我希望自己的大学是个有很多牛人的大学，让我能以他们为榜样，脚踏实地继续深造；希望自己的大学是周围的人同样奋进的大学，我能和他们一起，为了梦想拼搏；还希望自己的大学是个学术氛围浓厚的大学，是个有很多志同道合的人的大学……期待自己在大学里能收获更多学识，收获更多技能，收获更多友情，能更多地挖掘自身的潜力，发展自己的兴趣，取得更大的进步！总之，我希望我的大学时期是一个更加奋进的时期。

  一个支点托起一个梦想，一个支点撬起一段人生。感谢党和国家的政策让我有机会来到内地求学，感激重庆西藏中学给我成长的机会，感激学校领导以及老师们对我的辛勤栽培，这些都是我的幸运。内地西藏班托起我梦想的支点，未来我也将把它当做梦想的起点，努力奔跑，不负韶华，不负青春，练就"过硬本领"，为建设美丽新中国奉献自己的力量。

我非常荣幸能成为这本意义非凡的口述史著作中最年轻的访谈嘉宾，我们这些00后新一辈，一定会以往届优秀的学长学姐为榜样，向他们看齐，努力把自己培养成祖国的人才，回报社会，为实现自己的理想与人生价值不懈奋斗！最后，诚挚祝愿我们内地西藏班越办越好，为社会培养更多的人才，让民族教育桃李满天下。

后记

AFTERWORD
西藏班（校）
35年35人口述史

记录背后：为谁辛苦为谁甜

一、故　事

我是喜欢听故事的人。

记得小时候每晚入睡前，母亲都会靠坐在我床边，给我讲各种各样的趣事——内容丰富，讲述生动。但最厉害的是，她永远不会重复讲述，所以只要没睡着，我都会异常珍惜那一次的分享，因为我知道它们即将成为历史。

二、遗　憾

后来，我长大了，母亲也不再用故事来哄我入睡，我只能开始寻找新的故事人。他们当中有老拉萨八廓街的地摊商贩，有和强盗血拼过的退休警察，有见过毛主席的藏族红卫兵，有一辈子没有出过县城的老农民……平均年龄都在70岁以上。

那个退休警察还给我看了看背部和腿上的伤疤，说了一句："80年代在光天化日下直接抢你包包的都不是什么稀奇事儿，我是真的跟强盗大干了一场，你看我没有骗人吧？"

我数了数，现在，他们当中的绝大多数人都已经过世了。

三、贪 心

其实故事即历史。故，指过去；事，乃事件。故事，就是过去的事情。记得高中毕业，当自己第一次正式接触"口述历史"这个概念时，竟有一种老友久别重逢的激动和喜悦——原来这就是我一直想做的事情：为家国和民族留下她的珍贵记忆！

始建于2002年的崔永元口述历史中心在创始人崔永元教授的带领下，目前已成为中国影响最大的集实践、教学与传播功能于一体的口述历史研究机构。中心的首席记者、抗战老兵项目负责人郭晓明老师告诉我，从2002年起，他们团队先后采访了一千多位抗战老兵，其中将近一半的老人已相继去世。今天，那批受访老兵中，究竟还有多少人健在？

我不敢问，更不敢自己统计。

从此，一种莫名的责任感和紧迫感不断催促着我——去搜集！去抢救！去记录！说实话，力不从心也时常令我身心俱疲。但口述历史就是一场同时间的赛跑，稍不留神，就会有遗憾。有朋友安慰我说这是难免的。难免，难道不也是一种遗憾吗？

对于口述历史，我从来都是一个"贪心者"。

四、寻 思

还想再谈谈写这本书之前的故事。

2018年夏天，我去拜访著名表演艺术家洛桑群培老师，并在家中给他做了口述史访谈。访谈正式开始前，我就跟老师说明，这不是一次媒体采访，这下他才轻松了起来，说："太好了，电视台一来我就成'哑巴'了。"

这么一说，三个小时过去了，老爷子依旧很兴奋。最后，他还是没有

"辜负"我此行的期待，要带我一睹他生命中最重要的一份荣誉——金马奖"最佳男主角"。

作为华语电影最重要的三大奖项之一，金马奖历来和成龙、周润发、刘德华、梁朝伟、梁家辉这些人的名字联系在一起。只见老爷子破例把专门安放在佛龛里的金马奖小心翼翼地取了出来，双手递来道："我给孩子说了，我死了不用按照藏族传统立一尊佛像，这座奖杯就是我的佛像，也是我的全部。"

当晚，我请老爷子和前不久刚接受我访谈的藏汉英资深翻译家斋林·旺多老先生共进晚餐。84岁高龄的旺多老先生深居简出，竟接受了我的邀请，还带了一瓶威士忌让我品尝；戒酒好几年的洛桑老师当晚酒兴高至，站起来给大家唱起了老家桑日县的民歌。

一年后的夏天，我对洛桑老师进行了回访。他说："等会儿完了咱们出去吃点吧，我老伴刚病逝不久。"

一位在荧屏上被公认的老戏骨，在他夫人眼里是什么样的形象，又会得到什么样的评价呢？

五、真 我

一个政策，一本通知书，十二三岁，二十多座城市，三十五年春秋，十几万人……内地西藏班的意义可能已经超过了"异乡求学"本身，俨然成为几代人共同的精神家园。这种精神是坚强勇敢的，是独立自主的，是锲而不舍的，精神背后的故事是鲜活的、细腻的，是真实的，更是独一无二的。这就是记录的意义。

世上有一万名读者，但只有一个《哈姆雷特》。在这"一"和"一万"之间，第一视角和独立思考就显得最为重要。同样，内地西藏班这个主题的呈现方式也有一万种，但最终我选择了口述历史的研究方法。口述历史是一种搜集历史的重要途径，通过访谈曾经亲身活于历史现场的见证人，用录音、录像等现代技术手段，记录历史事件当事人或者目击者的重要回忆，形成具有多重价值的口述史料。

关于内地西藏班的报道，从官方到民间从来都没有少过，但那些终究都是"别人"在讲"自己"的故事。口述历史的魅力就在于，永远尊重当事人的主角地位，亲历、亲见、亲闻，自己讲自己的故事。

六、折　腾

通常，中国的教育教我们要选择最好的，后来发觉，人应当选择最适合自己的。为了使自身的口述历史理论和实践能力得到进一步专业性的提升，本科毕业后我毫不犹豫地报考了中国传媒大学的硕士研究生，原因很简单，前面提到过中国目前最好的口述历史研究中心就位于中传校园内（但目前国内还没有口述历史这个学科专业）。我开始如饥似渴地自学了中外最重要的口述历史著作，诸如唐纳德·里奇先生的《大家来做口述历史》《牛津口述历史手册》，唐德刚先生的《张学良口述历史》《胡适口述自传》，陈墨先生的《口述历史门径（实务手册）》，杨祥银教授的《美国现代口述史学研究》，阿列克谢耶维奇的《切尔诺贝利的回忆：核灾难口述史》等，都被我读了个通透；密集拜访口述历史学者，自费参加口述历史研习营，观看口述历史纪录片，担任2019年中国口述历史之夜主持人。回京前我特地数了数卧室里的"口述历史角"，光是相关书籍就买了110多本。当然，因时间原因，还有一大部分没能仔细研读。但未来在家中建一个"小型私人口述历史图书室"，我看还是有希望的。

现在，我差不多准备好了。

七、选　择

从去年秋天开始，我就紧锣密鼓地进行着项目的一切筹备工作，并于11月底带着项目方案，从北京只身飞往拉萨。第二天早晨，父亲建议我休息两天再工作，我开玩笑说好多人都不在乎倒时差，我倒点海拔又算什么。

对于内地西藏班这个主题，我是既有信心又有压力。信心来源于这是一个我太熟悉不过的主题，而压力也同样来自于此。就像做饭一样，不熟不太健康，太熟又容易糊。所以在最熟悉的事物面前更要警惕过满的自信，过多的感性和过分的赞誉。因为我知道，记录内地西藏班的故事，实质就是在记录一段历史，所以真实和客观应当是我自始至终坚守的原则。

内地西藏班办学至今，已经为西藏培养了十几万名学生。他们当中有中央（国家）机关和地方的领导干部、联合国高级别会议代表、军队首长、党的十八大代表、全国人大代表、全国政协委员、感动中国年度人物、全国三八红旗手、中国电影华表奖得主、享受国务院特殊津贴专家、中国大学生村官十大新闻人物、藏族首位药物化学博士等。如何从这些"琳琅满目"的内地西藏班优秀毕业生当中，选出35年来最具代表性的35人，我尽量做到"五覆盖"：

第一是人物职业背景全覆盖。35位受访嘉宾均来自不同的行业，且在同一行业之下再做垂直细分。比如，我把公务员代表细分为省市领导干部和基层一线公务员；把企业代表细分为大型国企领导、民营企业负责人以及青年大学生创业者；第二是人物家乡背景全覆盖。35位受访嘉宾的出生地囊括拉萨、日喀则、林芝、昌都、山南、那曲、阿里等西藏七地市，并且在嘉宾介绍中将其家乡精确到了县一级；第三是人物民族背景全覆盖。以往公众认为内地西藏班的学生全是藏族学生，忽略了藏族学生从属于西藏学生范畴，因此本书特地列出了来自门巴族的优秀代表格桑德吉、桑果和德吉措姆，以及汉族援藏干部子女王东海；第四是人物毕业城市全覆盖。截至今年，全国共有21个省市的76所中学开办了内地西藏班，其中有"老牌"的北京西藏中学、成都西藏中学、重庆西藏中学等，也有近几年新增的学校，因此本书尽可能覆盖了多地多校；第五是人物年级段全覆盖。本书最"年长的"毕业生代表为85级首届内地西藏班学生，如遇相同年级再按年龄大小排序，位列"榜首"的是首位在证券行业工作的藏族前辈顿珠先生；最"年轻的"毕业生代表为2020级毕业生陈煜文同学，他是一位"00后"，也是我母校重庆西藏中学培养的优秀师弟，在国家和省级竞赛中屡获殊荣。今年高考，他以优异的成绩考入中国科学技术大学，当我得知这个消息后，也及时更新了书中有关他的介绍。

对于人物的选择，我尽力在最大范围内进行了搜集和确定，但是我觉得这里有三个"肯定"，一个是除了书中的35位嘉宾之外，肯定还有很多内地西藏班的优秀毕业生；第二就是此次他们肯定没能被列进来；第三则是我自己提出的"五覆盖"肯定不是衡量的唯一标准和"上榜"的必须条件，如同学习成绩第一的学生不等于社会的好公民。但今后只要有机会，我会再去寻找特别的主人公，挖掘不同的故事去记录。我也相信35人的出现，一定会给更多的青年学子，包括给非内地西藏班的青年学生，一种可资启迪与借鉴的发现自我、突破自我、创造自我的可能性。

简而言之，就是要努力让"35"这个数字不断翻倍与出新，使其成长为一种推动社会蓬勃发展的新生力量。

八、讲　述

信任，永远是访谈"保真"的关键。别人在接受你的访谈前，我觉得首先是接受了你这个人。

作为口述史过程中的核心环节，访谈本身就是让人期待和激动的。但要想取得预期的效果，则要做好全面精细的准备工作，力求万无一失。其中，除了查找和了解嘉宾相关背景，提前拜访嘉宾"联络感情"以及硬件设备上的准备等常规操作之外，我觉得至关重要的就是对访谈提纲的精密设计。如何让"真佛说家常"，如何巧妙应对不同性格的嘉宾，如何挖掘出更多从未见世的故事？如何让这些故事又有一种历史脉络的讲述？正如白岩松老师所言"在一场访谈中，问题是你唯一的武器"。这就首先要求我的访谈提纲一定不能是"泛大空"，而是要细到当年学校食堂一份宫保鸡丁的价格，离家到校第一晚窗户外月亮的形状，隔壁班里自己暗恋的那个女生在高一时留的发型…当然，有人会觉得这些问题像是"一个个刁钻的回忆"，但口述历史很大程度上就是且就该从当事人那里寻求历史的细节，并对细节再次进行追问。试问，如果每位受访者张口就来一句主义，闭口就喊一句口号，那么口述的意义又何在？

庆幸的是，这35位嘉宾在接受访谈时都"顺利地"从冗杂的社会关系中暂时脱离了出来，化作当年那个青涩的模样，诉说着自己心海中的朵朵浪花。当年崔永元口述历史研究中心的老师在采访那些抗战老兵时发现，尽管他们近乎年过八旬，但谈到自己年轻时的恋人时，略显紧张的脸颊还会微微泛红——多么可爱而美好的一瞬间啊！正如一首流行歌当中所唱的，他们"还是从前那个少年，没有一丝丝改变。"

在做学问时，我们常说师徒双方是教学相长的；在访谈过程中，我感受到问答双方是心弦相扣的。时而会爆发出一阵响亮的笑声，时常也会在沉默中留下泪水。多数时候我不会主动去安慰嘉宾，我觉得他们本身可能就需要这种时刻。但在下一个拐角处，我会特别期待平复情绪后的他（她）说一句："这段我第一次跟别人讲哦！"此时，如同"截获重要情报"的一股激流通常使我手中的笔也随之颤抖。

本书35位嘉宾的访谈前后历时近4个月，每人平均访谈3个小时，总共访谈近100个小时，形成口述文稿约1050000字。在此，我必须说明，文稿有删减，但绝未增改。这两点是有本质区别的。"原汁原味"的确是口述史追求的风格，也是准则。但就因为源于个体的主观意识和其他不可避免的局限性，口述文稿时常也会有逻辑不清，重复赘述，甚至错误的部分。我称之为"口水历史"，而文中删减并加以整理的就是这些"口水"的部分。

不管如何，从记录本身来说，哪怕是这些"多余的口水"，多年后也可能是一滴滴液态黄金。

九、致　谢

今年突如其来的疫情让原本就紧张的计划更加飘忽不定，幸运的是身边有这样一些前辈和朋友的鼎力相助，本书才得以如期面世。

口述历史资深实践者、崔永元口述历史研究中心首席记者张明巍老师无疑是拙著的贵人和这段时期对我帮助极大的人。他曾在央视从事节目编辑、策划工作，并于2010年开始正式从事口述历史工作，已为上百位各界人士做过口述历史访谈，包含"中国民营经济""百科百家"等口述历史项目。我们一见如故，第一次就在老师堆满口述历史资料的办公室聊了一个下午。这种缘分，自然而又及时。

口述历史在中国一直处于一种"赔本"或"半赔本"的状态，它的资金来源和衍生产品的传播问题更是当今口述历史界共同思考和面对的困境。当得知我要做一部内地西藏班的口述史时，书中的三位嘉宾无偿为本项目提供了资助。他们分别是西藏昊冉环保科技有限责任公司董事、总经理马艾乃、迷蓝系列公司创始人次仁扎西和卓梦教育创始人罗布占堆老师，其中占堆老师还专门为本次访谈提供了免费的空间。三位在生活中都可谓我的良师益友。艾乃姐以环保为目的，以科技为手段，在创造个人价值的同时，立志为家乡留住青山绿水，着实让人敬佩；扎西哥起初靠"迷蓝"服饰起家，又以"迷蓝"传媒为载体，同时创造出"迷蓝"藏文字体，以创新创业的方式践行着他的文化初心；占堆老师在西藏是家喻户晓的教学专家，也是创业明星，他一手创办的卓梦教育为西藏教育培训注入了全新的Idea，老师也是我少见的愿意无偿为梦想之士买单的人。在此，我要特别感谢他们。

随着现代科技的进步，对于口述历史的记录也从纯笔录发展为了录音和录像。值得高兴的是，本项目摄制组的成员不仅为书中35位嘉宾留下了珍贵的影像记录，而且做成了一部意义非凡的内地西藏班纪录片。现为卓梦传媒公司负责人的罗布兄是摄制组的组长，也是这部片子的导演和剪辑。他曾在北京知名影视传媒公司学习专业拍摄与剪辑技术，导演过《谁说我们不努力》《大昭寺复刻世纪》《纳木错观测》等多部影片，加上他本人也是内地西藏班毕业生（湖北省天立中学西藏班高06级校友），让本片更具有一种特殊的情怀；曾凭借《偷闲躲静》入围第十四届PSA·China国际摄影大赛的大四学生洛桑达瓦在访谈期间负责现场的拍摄和录音工作，冬天很冷，访谈的地方又是个空调失灵的剧场，他裹着一条毛毯"驻守"在摄影机前的那个无比专注的样子至今令我难忘；卓梦传媒的仁增扎西、登珍两位兄弟也深度参与了访谈的全过程，负责部分摄影、灯光和场记等工作。我要同时感谢并祝贺今年考上武汉西藏中学初中班、担任纪录片主人公的白玛格桑弟弟和他的父亲次旺仁增先生。他们作为"纯素人"不仅出色地完成了在老家山南市乃东区结巴乡地新村的系列拍摄，还同摄制组一道从拉萨火车站出发，一直拍摄到了那曲市。在此，我还要感谢我重庆西藏中学的两位师兄。自治区教育厅内地西藏班管理中心的加旦师兄帮助协调了本片主人公的选拔和火车内景的拍摄工作；书中嘉宾、"摄绘主义"工作室创始人达娃师兄在访谈期间无偿为我们提供了摄像机。

我要感谢母校重庆西藏中学用她的一草一木滋养了我最美好的七年青春；感谢学校党委书记、校长李宗良老师对本书的关心和大力支持，正如书中最年轻嘉宾、我的师弟陈煜文所言"台上他是校长，台下是我们的阿爸"。今年10月李校长还被评为"全国爱国拥军模范个人"，相信在李校长的带领下母校一定会更上一层楼；我要感谢母校语文组的十二位优秀老师参与本书初稿的整理工作，并提出了宝贵意见。他们分别是：尤小红老师、肖愁老师、李素英老师、冯专老师、汤朝扬老师、陈敏（小）老师、何文老师、李早老师、李燕老师、周娴老师、邓燕老师、李爽老师。其中，尤小红老师作为主要负责人和联络人先后做了大量工作，对访谈提纲设计和陈煜文的访谈工作也给予了很多关心和指导；我也要感谢母校德育处陈敏主任、校办陈曦主任所做的协调工作。借此机会，我要特别感谢我初中和高中的恩师们，记得书中的嘉宾谈及他们的老师而禁不住落泪时，我也会异常想念你们。你们是上天派来的天使，按照敲定的顺序一一进入我生命的每个阶段，每当临近毕业，你们总热泪盈眶，却从来都不说我掉过眼泪。你们永远扎根在西藏孩子的心里！

我要感谢全国政协常委、中宣部原副部长、中国文联原党组书记胡振民先生亲自为拙著作序，并提出大量宝贵建议。感谢恩师白岩松先生为我的口述史处女作写推荐语，并先后推荐多部经典历史书籍作为参考。感谢自治区教育厅学生处的金海处长，赠送我内地西藏班办学30周年的纪念册，为本书的嘉宾选择提供了重要的参考资料。她是内地西藏班建设和发展的重要参与者，重庆西藏中学前校长季福群老师眼中"不知疲倦的老黄牛"，也是本书的恩人之一。同时要感谢她的得力干将次旦央吉姐姐一直对我的帮助。感谢西藏人民出版社刘立强社长对本书的关心和大力支持。感谢出版社汉文编辑部的计美旺扎主任和张慧霞副主任所做的大量工作，他们是真正的"幕后英雄"，是任劳任怨的业务骨干，为本书的顺利出版付出了大量心血，牺牲了无数休息时间。虽然同属出版界的资深工作者，阅稿无数，两位却从来都像一位"严苛的高三老师"，连个逗号都会再三琢磨。感谢我的导师、中国传媒大学新闻播音系主任翁佳教授，为我进行了专业的访谈指导。感谢资深口述历史学者陈墨老师、中华口述历史研究会秘书长左玉河教授、中国传媒大学王宇英教授从学术角度对本书进行指导。感谢我本科的大师兄、中央党校援藏干部、自治区党校万代玺副校长对拙著的大力推介。还要感谢具有家国情怀的企业家徐井宏教授和孔祥平先生、西藏自治区政协平措主任、西藏自治区社科院白玛措博士、好友普布次仁、资深公益人刘群姐姐、《中华儿女》杂志社采编部副主任陈曦姐姐、内地西藏班优秀毕业生巴桑次仁前辈、西藏风马儿文创公司创始人龚艳姐姐、青年创业领袖王昭赢哥哥对我个人和拙著的关心和支持，这本书同样有他们的功劳。

我要特别感谢书中的35位嘉宾接受了我的访谈邀约，受访嘉宾按照年龄和年级先后排序。其实好几位嘉宾和我就相识于访谈当天，但基于信任，他们给我的东西远比我预期的多很多。其中努木老师、慈旦书记、德吉措姆姐姐、卓玛姐姐、巴次导演、旦增大师兄、平罗董事长帮助我联系了书中其他部分嘉宾。鹰萨·罗布次仁哥哥毕业于我现就读的中国传媒大学，也是内地西藏班纪实文学《西藏的孩子》一书的作者，先后多次为项目方案进行了指导。他们用自己真实的故事，为这一段历史留下了鲜活的记忆。

最后，感谢我的家人一直对我的包容、支持和祝福，你们是我乘风破浪的精神风帆。每当访谈结束拖着疲惫的身体回家时，那碗温热恰好的酥油茶和刚出锅的土豆丝是我永远的幸福。

十、使 命

至此，晚唐诗人罗隐在《蜂》中写的那一句"为谁辛苦为谁甜"的千年之问，于我而言终于有了答案：搜集、抢救、记录、传承——这16个字是口述历史义不容辞的使命，也是我要坚持的奋斗目标。希望能以有限的生命，为未来人类、明日家园和子孙后代留下一段家国记忆。

丹臻群佩

2020年11月20日完稿于北京